A Night in Persia

JN394499

STEREOMIND

"모든 사진은 저자가 아이폰 13 프로와 니콘 D750 카메라로 직접 촬영한 사진입니다."

A Night in Persia

한지훈 지음

이란으로 여행을 갈 때
가장 필요한 게 뭘까요?
이란으로 떠날 때 가장 필요한 건
'용기'입니다.

Centents

Seoul, Korea
대한민국, 서울 / 12

Istanbul, Türkiye
이스탄불, 튀르키예 / 44

Tehran, Iran
이란, 테헤란 / 78

Isfahan, Iran
이란, 이스파한 / 120

Yazd, Iran
이란, 야즈드 / 146

Shiraz, Iran
이란, 쉬라즈 / 176

Persepolis, Iran
이란, 페르세폴리스 / 194

Zarrin Dasht, Iran
이란, 재린 데스 / 210

Qeshm Island,
Bandar Abbas, Iran
이란, 반다르아바스, 케슘 / 252

Bandad Abbas, Iran
이란, 반다르아바스 / 270

Isfahan, Iran
이란, 이스파한 / 278

Tabriz, Iran
이란, 타브리즈 / 286

Tehran, Iran
이란, 테헤란 / 302

Istanbul, Türkiye
튀르키예, 이스탄불 / 310

prologue

어느 순간에서부터인가 거울 앞에 선 제 눈에는 매사 시큰둥한 사람이 서 있었습니다. 이 세상 맛있는 건 혼자 다 먹고, 이 세상 재밌는 건 혼자 다 경험해본 사람이 왜 저런 표정을 지으며 살아가고 있을까? 생각하게 됐죠.

여러 이유가 있었겠지만, 그중의 하나는 무료함이었을 겁니다. 이미 남들 해볼 건 다 해봤기에, 그 끝에 뭐가 있는지 알기에 시큰둥했던 것이겠죠. 그런 그에게 필요한 건 이전의 경험보다 강렬한 자극이었고, 그런 강렬한 자극이 필요한 그에게 이란이라는 나라는 새로운 도전이었을 겁니다.

수천 년을 이어온 찬란한 문화유산과 연일 들리는 흉흉한 보도 기사, 공존이 불가능해 보일 정도로 양극단에 서 있는 두 개의 이미지를 한 몸에 가진 나라, 가까이는 이스라엘과 그 뒤에 있는 미국과 대립각을 세우면서도 "어디 한 번 쳐볼 테면 쳐보시든지!"라고 말하는 그 끝 간 데 모를 자존심은 제 몸속 깊은 곳에 잠자고 있던 도전 의식을 일깨우며 결국 이란행 항공권을 사게 했습니다.

만약 이란이 언제든 마음먹으면 갈 수 있는 나라라면, 달러나 유로를 쓸 수 있는 나라라면, 영어가 통하는 나라라면, 안전하게 밤거리를 걸을 수 있는 나라라면, 갔다 온다고 하더라도 미국을 여행하는 데에 아무런 문제가 없는 나라라면 제가 이란행 항공권을 예약했을까요? 아니요, 그랬을 것 같진 않습니다. 이렇게 불편한 나라이기에 저는 이란에 끌렸을지도 모르죠. 마치 <무뢰한>이라는 영화에서 재곤(김남길 扮)이 혜경(전도연 扮)에게 빠져들었던 것처럼요.

그렇게 시작된 이란 여행은 당사자인 제가 봐도 액션, 활극, 스릴러, 서스펜스, 범죄, 드라마, 로맨틱 코미디, 블랙 코미디에 가족물까지, 에로를 제외하고는 매일매일 새로운 장르의 향연이었고, 이런 제 여행의 과정을 정리하고 싶어서 글로 남기다 보니 일반적인 여행안내기도, 그렇다고 이방인의 이란 체험기도 아닌, 뭔가 딱히 정의할 수 없는 그런 글이 만들어졌습니다.

고등학교 때 모의고사 문제에 이런 문제가 나왔었습니다. "조선 시대 병자호란 당시 남한산성에서 한 궁녀가 한글로 지었다고 전해지는 전쟁일기로 병자호란이 일어난 배경과 원인, 전쟁의 상황, 눈물겨운 항전, 치욕적인 항복, 전쟁의 뒤처리까지 역사적 사실을 자세히 기록하고 있어 사료적 가치가 매우 높은 이 작품의 이름은 무엇인가?" 정답은 '산성일기'. 하지만 내신에 들어가는 시험도 아니고, 뜬금없는 장난기가 발동한 제가 쓴 답은 '르뽀! 어느 궁녀의 체험수기'였습니다. 당시 유행했던 선데이 서울이나 주간경향 류의 잡지에 수록될 만한 제목이었죠. 굳이 제 이란 여행기에 제목을 붙인다면 '어느 한량의 이란 체험 수기' 정도가 어울리지 않을까요?

어느 한량의 이란 체험 수기답게 이 책은 철저하게 제 의식의 흐름을 따르고 있습니다. 순간순간의 기쁨, 슬픔, 분노, 환희, 회한 등이 마치 초창기 UFC처럼 무규칙 이종격투기의 모습으로 섞여 있죠. 그렇기에 마치 제 머릿속을 독자 여러분께 민낯으로 보여드리는 그런 책이 만들어졌습니다. 타인에겐 숨기고 싶은 부분까지도요. 하지만 어쩌겠습니까? 제가 그런 인간인 것을, 그런 글밖에 쓸 줄 모르는 인간인 것을요. 이런 제 의식의 흐름이, 제 민낯이, 그리고 제 발걸음이 독자 여러분에게 전달되어 작으나마 기쁨과 즐거움이 되길 바랍니다.

늘 그랬듯이 많은 분의 도움이 있었기에 무사히 이란에 다녀올 수 있었고, 이 책이 세상 밖으로 나올 수 있었습니다. 늘 제 인생의 든든한 버팀목이 되어주신 걸 넘어 이번 여행에선 컨트롤 타워 역할까지 맡아주시며 제 내비게이터가 되어주신 태안군 보건의료원 소아청소년과의 이병선 과장님, 언제나 '믿는 구석'과 '누울 자리'가 되어 다리를 뻗을 수 있게 해주신 강창열 기술사님, 항상 중심을 잡아주시며 물심양면 후원을 아끼지 않아 주신 광신기계공업의 권환주 대표이사님, 마치 본인의 책을 만드는 듯한 관심과 정성으로 새 책이 나올 때마다 제 인생의 마스터피스를 갱신하게 해주신 디자인 고흐의 민순영 대표님, 마지막으로 혼자 사는 세상이 아닌 더불어 사는 세상이란 걸, 나도 사랑받으며 사는 사람이란 걸 알려주신 수많은 블로그 독자분들에게 감사의 말씀을 전합니다. 이분들 덕분에 저는 남들이 차려 놓은 밥상에 숟가락을 얹을 수 있었고, 그 덕분에 저는 왼손이 되어 거들기만 했습니다.

어머니는 저 높은 곳에서 이 모든 걸 지켜보며 흐뭇한 미소를 지으시겠죠? 어머니의 영전에 이 책을 바칩니다.

늘 행복하세요. 감사합니다.

2024년 4월, 작업실에서.
한지훈

추천사

한지훈 이라는 존재를 알게 된 것은 한참 전의 일이었다. 태안에서 갈만한 곳을 찾다가 그의 블로그를 알게 되었다. 도시를 떠나 태안에 정착한 카페주인이라고 생각했던 그의 블로그는 뭐라 말하기 어려운 이상야릇함의 향연이었다. 거친듯 하면서 부드럽고, 상 마초스러움이 넘치는 것 같은데 여성 심리에 대해서는 누구보다 정통한 듯 보였다. 그런 그가 오디오 전문가라는 사실은 한참 후에 알게 되었다. 2023년 지구본연구소에 출연을 요청하면서 만나보게 된 그는 생각했던 이미지와 똑같은 존재였지만 훨씬 다정다감했고 부드러웠다. 하지만 예상했던 대로 중간이 없었다. 대충은 없고, 생각만 하다가 그만두는 경우도 없었다. 일단 한다고 결정하면 즉시, 그것도 완벽하게 시행에 옮기는 극단적으로 모순된 존재였다. 하고 싶은 일만 하는 것처럼 보이지만, 무엇이든 하면 최고가 되어야 하고, 무슨 일이든 하면 자신이 할 수 있는 최선을 다하는 그런 인물이었다.

그런 그가 어느 날 갑자기 이란을 다녀온다고 해서 '왜 하필?'이라고 생각했는데 책 서문을 보니 그 이유를 알 수 있었다. 역시 그 다운 결정이었다. 그렇게 시작되는 이 책은 여행안내책자는 절대 아니고, 그렇다고 일반적인 기행문도 아닌 뭔가 표현하기 어려운 '한지훈스러움'이 뚝뚝 떨어지는 체험기이다. 의외로 나긋하고 자상한 그답게 이 책의 곳곳에는 꼼꼼하면서도 상세한 정보가 풍성하게 담겨있기도 하다. 차근차근 읽다보면 자연스럽게 '나도 한번 다녀 와볼까?'라는 생각을 하게 만든다.

이 책은 의식의 흐름을 절묘하게 따르고 있다. 한지훈이라는 사람이 당시에 어떤 생각을 하고 있었는지를 잘 묘사하고 있다. 처음에는 조금 어색해보이지만 시간이 지나면 마치 그와 함께 여행을 하고 있는 듯한 느낌을 들게 만든다. 분명 책을 읽고 있는데 어느 순간 어디로 튈지 모르는 위험한 형(또는 오빠)을 어떻게 말려야 할지 고민하는 자신을 발견할 수 있다.

여행기는 보통 방문한 곳의 특징, 아름다움을 묘사하기 바쁘다. 내가 좋은 곳을 다녀왔다는 것을 자랑하고자 하는 심리가 있기 때문이다. 그렇기에 유쾌하지 못하거나 나쁜 경험과 이야기는 잘 언급되지 않는다. 하지만 이 책은 그런 것 없다. 사람 사는 동네는 다 비슷하듯이 관광객을 벗겨먹기 위해 혈안이 된 인간 군상이 등장하기도 하면서 갑자기 하늘에서 내려온 천사들이 인도해주기도 한다. '이 양반은 왜 이렇게 힘들게 여행을 할까?' 라는 생각을 하다보면 '우리가 왜 여행을 하지?'라는 근본적인 물음을 던지게 만든다. 여행은 익숙한 곳을 벗어나 낯선 곳에서 낯선 사람들과 만나는 경험을 통해 인식의 지평을 넓히는 것이지만 언제부터인가 우리는 뻔한 경로, 리스크 없는 계획을 짜고 사진을 찍기 좋은 곳으로 여행을 하는 것을 당연하게 생각한다. 관광객들을 위해 만들어진 세트장 같은 공간을 돌고 오는 것이다.

이 책은 그런 세트장을 마구 때려 부숴버리고 그 안쪽 사람들의 동네로 훅 치고 들어가 휘젓고 나온다. 오디오 전문가라고 하지만 사실 한지훈은 사진 전문가이기도 하다. 자신의 순간적인 감정을 순간적으로 사진을 통해 낚아채서 사람들에게 툭 던져놓는 그의 모습은 얄밉기도 하고 부럽기도 하다. 신은 한 사람에게 너무 많은 재능을 몰아놓은 것이다. 이 책은 그의 사진 재능이 곳곳에 녹아있다. 사진 한 컷이 천 마디 말보다 위력 있다는 것을 이 책은 잘 보여준다.

호기심 많고 짓궂은 그나 차도르와 니캅을 슬쩍 들어올리고 들여다 본 것만 같은 이란은 우리 생각과 달리 다양한 사람들의 군상들이 만들어낸 다양함을 갖춘 곳이라는 것을 알게 된다. 세상 모든 나라가 좋은점과 고민이 있듯이 이란도 그렇다. 단지 우리와 생각하는 방식이 다르고 사회가 작동하는 규칙이 다를 뿐이다.

남들과 다른 무엇인가를 꿈꾼다면 그와 함께 여행을 해보라고 권하고 싶어지는 책이다. 단 고생할 각오는 해야 할 것이다.

2024년 4월.
법무법인(유) 율촌 전문위원,
<최준영 박사의 지구본 연구소> 진행자
최준영

Seoul, Korea

대한민국, 서울

여행을 떠나기 전에

이란으로 여행을 갈 때 가장 필요한 게 뭘까요? 여권? 비자? 잘 짜여진 계획? 여행경비? 편한 운동화? 물론 이런 것들도 필요하겠죠. 하지만 이란으로 떠날 때 이보다 더 필요한 건 '용기'입니다.

인간은 자신이 모르는 것에 대한 근원적인 두려움이 있습니다. 게다가 우리나라의 뉴스에서 들리는 이란의 소식은 데모를 하던 23세 여성의 의문사를 한다거나, 찢어진 청바지를 입었다고 태형笞刑을 당하거나, 간통을 하다 걸린 여자는 파묻고 돌을 던지는 투석형을 가한다거나, 심지어는 길거리에서 교수형을 집행한다거나 하는 무시무시한 소식이 대부분입니다. 한 마디로 뉴스만 본다면 "저런 곳에서 어떻게 살지?" 싶죠.

이뿐만이 아닙니다. 주변 사람들에게 이란에 관해 물어보면 "거긴 낙타 타고 사막 건너는 그런 나라 아니야?" 하는 사람이 대부분일 정도로 우리는 이란에 관해 잘 모릅니다. 좀 안다 싶은 사람이 "거기야말로 진짜 미녀의 나라 아니야?" 정도를 이야기하고, 연식이 좀 된 사람이라면 "호메이니 옹이 이란 사람 아니야?"라고 말합니다. "이란이 페르시아 아니야?"라고 묻는 사람이 백에 열 명, "시아파의 나라지."라고 말하는 사람은 백에 한두 명이나 될까요?

Seoul, Korea

이 정도로 이란에 관해선 잘 모르니 테헤란 이맘 호메이니 국제공항에 내려 테헤란 시내로 들어가는 택시에서 테헤란의 만년설을 보면 '여기가 내가 알고 있던 그 이란이 맞나?' 싶은 생각이 듭니다. 낙타 타고 사막을 건너야 할 나라에 만년설이라니!

하지만 진짜 문제는 이런 것이 아닙니다. 여권이야 만들면 되고, 비자야 받으면 되죠. 경비는 마련하면 되고, 운동화는 사면 됩니다. 이란에 관해서는 공부하면 되죠. 이란 여행의 진짜 문제는 이란에 한 번 다녀오고 나면 미국 및 미국령에 여행하기가 쉽지 않습니다. 왜냐하면 이란 여행 기록이 있으면 미국의 무비자 입국ESTA 신청 자체가 안 되기 때문입니다.

바로 이 지점에서 많은 분이 잘못 알고 계시는데요. 이란에 가기 전에 '이란에 갔다 오면 미국에 못 간다.'라는 말을 너무 많이 들었는데 이는 사실이 아닙니다. ESTA 신청을 못할 뿐, B1/B2 비자가 있다면 얼마든지 미국에 갈 수 있습니다.

다만 미국 본토뿐만이 아니라 미국령인 괌이나 사이판, 푸에르토리코도 마찬가지이고, 미국을 경유해야 하는 멕시코를 비롯한 중남미 국가에 여행할 때도 애로사항이 꽃피기에 B1/B2 비자가 없는데 미국에 자주 갈 일이 있다거나, 자녀가 미국으로 유학 갔다거나, 중남미 여행이 꿈이라거나 하신 분은 이란 여행은 생각하지 않는 게 좋습니다.

왜 이란일까?

2021년인가? 연초에 사진작가 윤광준 선생과 KTS 오디오를 운영 중인 김태성 사장과 KTS 오디오에서 우연히 만난 일이 있었습니다. 그래도 각자

나름대로 오디오 바닥에서는 이름이 있는 사람 셋이 모였는데 무슨 이야기를 하겠습니까?

네, 여자 얘기합니다. 남자 셋이 모여서 고스톱 칠 거 아니면 여자 얘기죠 뭐. 설마 우리가 미국의 테이퍼링이 한국 금리와 증권시장에 미치는 영향에 관한 전망을 하겠습니까? 그렇다고 이란의 핵확산 방지를 위한 사우디아라비아의 역할에 관한 담론을 나누겠습니까?

그러다 뜬금없이 제가 이야기의 주제가 됐죠. "우리 지훈이도 장가가야 할 텐데. 근데 내가 볼 때 지훈이는 한국 여자가 감당할 수 있는 스타일이 아니야. 외국으로 눈을 돌려보자." 뭐 이렇게 시작된 이야기는 김태희가 밭을 간다는 우즈베키스탄에서부터 시작해서 소비에트 사회주의 공화국의 연방 구성국을 모두 돈 다음에 엘살바도르를 비롯한 라틴 아메리카까지 갔다가 티베트를 건너 신장 위구르 자치구에까지 이르렀습니다. 이러다 장가가려고 남극 가겠네 그러 그러다 윤광준 선생의 한마디에 귀가 번쩍 뜨였죠. "이란 어때?" 오! 이란. 그래 내가 왜 이란 생각을 못 했을까?

하지만 이때까지만 해도 페르시아와 아랍의 차이가 모를 정도로 이란에 무지했습니다. 이란에 다녀온 사람이 없으니 우리나라에서 접할 수 있는 정보도 거의 없었고, 외신을 통해 접한 정보는 아무래도 이란과 적대적인 미국의 시각에서 바라본, 편향된 시각에서 전해진 소식이 대부분이기에 "거기 나라 맞아? 거기도 사람 살 수 있는 데야?" 뭐 그런 생각이 들기에 충분했죠.

게다가 치매로 고생 중인 어머니의 병수발부터 여러 할 일들 때문에 이란은 그냥 마음속으로만 품어왔던 나라였는데 연말에 마음 불편한 일이 생겼고, 계속 그렇게 살다가는 폐인이 되거나 알코올 중독자가 되겠다는 생각에 '그런 잡생각 없이 오직 생존에만 신경 쓸 수 있는 일이 뭐가 있을까?' 생각하다가 '그래, 이란에 가야겠다.' 생각하고 이란행을 결심했습니다.

어찌 보면 산에서 MTB를 타는 것과 비슷했는데요. 처음 자전거를 타고 산에 올라갈 때 조금이라도 삐끗하면 크게 다친다는 생각에 다른 잡념 없이 오직 페달을 밟으며 산을 오르고 내리는 데에만 집중하게 됩니다. 실제로 다치는 건 로드 사이클이 훨씬 크게 다칠 수도 있는데요. 그게 내가 앞니에 임플란트를 한 이유. 그렇게 몇 시간을 타고 나면 온몸은 땀에 젖지만 내 마음속 상념을 그 시간만큼은 잊을 수 있었습니다. 불편한 마음을 더 불편한 상황으로 잊는다는, 바로 그렇게 자전거를 타고 산에 오르는 마음으로 무작정 비행기표를 끊었습니다.

항공권 예약

대한민국에서 이란에 가는 방법에는 비행기를 타고 가는 방법과 육로로 들어가는 방법이 있습니다. 비행기를 타고 가는 방법에는 다시 카타르 도하나 아랍 에미리트의 두바이, 튀르키예의 이스탄불과 중국의 우루무치 등에서 환승해서 들어가는 방법이 있고, 육로로 가는 방법에는 튀르키예나 아제르바이잔에서 입국하는 방법이 있습니다. 중요한 것은 모두 한 번 이상 환승을 해야 한다는 것이고, 매우 돌아간다는 것이죠. 더구나 환승 대기 시간이 길어서 대한민국에서 이란에 들어갈 때는 어느 항공사를 이용하건 꼬박 하루가 걸립니다.

사실 대한민국에서 이란까지의 거리는 우리가 막연히 생각하는 마음속의 거리보다 훨씬 짧습니다. 이란이 그리 멀리 있는 나라가 아니라는 뜻이지요. 하지만 직항로가 없기에 돌아가는 겁니다. 최선반응. 그렇다면 환승을 위해 도착한 나라에서 괜히 공항에서 의미 없이 시간을 보내는 것보다 차라리 나와서 며칠 지내다 이란에 들어간다면 그 나라도 여행할 수 있으면서 이란에도 갈 수 있으니 일석이조 아닐까요?

도하와 두바이, 이스탄불과 우루무치 중에서 골라야 하는데 일단 우루무치는 딱히 볼 것이 없어서 패스. 도하와 두바이, 이스탄불이 남았는데 두바이는 한나절이면 다 둘러볼 수 있는 작은 도시이고, 도하는 모든 게 비쌉니다. 진정한 기름 부자의 나라이기 때문이죠. 그렇다면 남은 건 하나, 이스탄불.

이스탄불? 이스탄불은 볼 게 많은 도시이기도 하고 굳이 이스탄불이 아니더라도 튀르키예는 볼 게 넘쳐나는 나라입니다. 그렇다면 한 달 일정 중 이스탄불에서 열흘 정도 있고 이란에서 3주 정도 있으면 딱 제가 원하는 여행 일정이 만들어질 것 같습니다. 오케이, 이스탄불 당첨.

자, 그렇다면 비행기표를 두 번 끊어야 합니다. 인천에서 이스탄불까지의 왕복 항공권과 이스탄불에서 테헤란까지의 왕복 항공권. 어차피 이스탄불에서 테헤란까지는 비행시간이 짧기 때문에 어떤 비행기를 타든 크게 문제가 될 것이 없습니다. 문제는 이스탄불까지의 여정.

저는 허리에 문제가 좀 있어서 불편한 좌석에서 오래 비행기를 타면 도착지에 내려서도 하루 정도는 움직이지 못하기에 비행기를 탈 때는 전 세계 최저가 항공권을 찾아 비즈니스 클래스를 타고 다녔습니다. 더구나 요즘에는 비행기 좌석을 예전보다 훨씬 더 촘촘하게 배치해서 이코노미 클래스로 열 시간 가까이 타고 가면 고생이 이만저만이 아니죠. 하지만 이번 여행은 급작스럽게 시작된 여행이기에 여행 경비가 충분치 않고, 그렇기에 최대한 경비를 아끼려면 이코노미 클래스를 타고 갈 수밖에 없습니다. 그렇다면?

큰 비행기를 타는 게 답입니다. 아무래도 비행기가 크면 좌석의 앞뒤 간격이 조금이라도 더 넓기 때문입니다. 터키항공은 주력 기종이 에어버스 A321과 보잉 737이고, 에미레이트 항공은 주력 기종이 A380, 현존하는 여객기 중 가장 큰 항공기입니다. 에미레이트 항공 당첨!

항공권을 예약할 때 굳이 기체의 종류가 뭔지를 찾아보지 않아도 내가 탈 비행기가 얼마나 큰 비행기인지 알 수 있는 팁이 하나 있습니다. 무료 수하물의 무게를 보면 됩니다. 일반적으로 비행기가 커질수록 무료 수하물의 무게도 늘어납니다. 예를 들어 인천에서 이스탄불까지 갈 때의 기체였던 에어버스 A380에서는 수하물 허용 중량이 25kg이었지만, 이스탄불에서 테헤란 들어갈 때의 기체였던 A321에서는 수하물 허용 중량이 15kg이었습니다.

숙소 예약

이란의 비자를 받으려면 온라인으로 먼저 E-비자를 신청한 후, 서류가 통과되면 한남동에 있는 이란 대사관에 가서 수수료를 내고 비자를 받으면 됩니다. 하지만 생각지도 못한 문제가 발생하는데요. E-비자를 신청하려면 반드시 이란 내의 숙소 주소와 그 숙소를 예약했다는 걸 증명하는 체크인 바우처가 있어야 합니다.

바로 여기서 문제가 발생하는데요. 이란은 미국의 경제제재 조치 때문에 우리가 쓰는 신용카드를 쓸 수 없습니다. 그런데 어떻게 숙소 예약을 하나요? 심지어 호텔스닷컴이나 호텔스컴바인 같은 여행 관련 앱에서는 아예 이란의 숙소가 나오지도 않습니다. 너무 막막해서 대사관에 전화하니 "다른 사람들은 잘해오던데? 방법이 있을 거야. 잘 찾아봐." 뭐 이런 반응을 보이고요.

이렇게 이란 여행을 계획했다가도 포기하게 되는 첫 번째 허들이 바로 숙소 예약일 겁니다. 하지만 제가 예약한 항공권은 가장 싼 항공권으로 환불이 안 되기에 어떻게든 숙소를 예약해야 합니다. 열심히 구글링을 하고 찾아봤는데 호텔이 아닌 호스텔로 검색하니 트립닷컴에서 테헤란의 호스텔이 검색됩니다. 트립닷컴에서 검색이 된다는 이야기는 예약이 된다는 의미겠죠?

혹시나 싶어 트립닷컴에서 호텔을 검색하니 호텔도 검색이 되긴 하는데 이게 웬일? 호텔이 제가 생각했던 금액보다 비싸도 너무 비싼 겁니다. 이란의 2023년 1인당 GDP는 4,250불에 불과하고 이란의 환율을 고려한다면 이란의 실제 물가는 적어도 이란 국민이 아닌 외국인에게는 매우 싸게 느껴져야 하는데 우리나라의 미아리 모텔만도 못한 호텔 하루 방값이 100불이 넘는다니요?

자, 이제 고민의 시점입니다. 어차피 E-비자를 신청할 때 써넣을 주소와 체크인 바우처만 있으면 되니 하루만 예약해도 비자를 받는 데 문제가 될 것은 없습니다. 호텔을 예약할 것인가, 호스텔을 예약할 것인가?

제 선택은 호스텔이었습니다. 일단 가격이 호텔의 1/10 수준이고, 그렇기에 정 못 자겠다 싶으면 그냥 나와서 현지의 호텔을 예약해도 크게 부담될 가격이 아니었으며, 무엇보다 저는 '관광'이 아닌 '여행'을 하고 싶었기 때문입니다. 어쨌든 이걸로 비자 발급을 위한 숙소 예약 문제도 클리어!

비자 발급

다시 3월 7일에 E-비자를 신청하니 5일 기다리라고 나옵니다. '그래, 기다려져 뭐.' 생각하고 기다리는데 2주일이 지나도록 'Waiting for Verification' 상태입니다. 뭔가 잘못되었다는 뜻이죠. 게다가 3월 21일은 이란의 설날인 노루즈이란은 우리가 쓰는 그레고리안 달력이 아닌 자신들만의 달력을 씁니다 이고 연휴가 이어지기 때문에 그 전에 비자를 받아야 합니다.

대사관에 전화해보니 온라인으로 접수하고 서류를 가져와야 진행이 되는 거랍니다. 뭔 소리야? 지난번에 전화했을 때는 Verification이 끝나면 서류 들고 오라고 했는데?

서류여권 사본, 신분증, 항공권 바우처, 숙박 예약 바우처 등를 들고 시간에 맞춰 대사관에 찾아가니 분명히 근무 시간인데 문이 잠겨있습니다. 뭐지 이건? 밖에서 20여 분을 기다리니 안에서 사람이 나오고, 다시 벨을 누르니 그제야 문이 열립니다.

접수된 것 확인했고, 가져온 서류 역시 문제없습니다. 게다가 이란의 비자는 여권에 도장을 찍는 게 아니라 출력된 프린트물 형태로 발급되기 때문에 여권 진본이 필요 없고, 이는 주한 이란이슬람공화국 대사관 홈페이지에서도 확인할 수 있습니다. 그런데…

통화했던 한국인 직원이 여권 진본이 없으면 확인을 할 수 없기에 비자 발급이 안 된답니다. '중동 지역의 공무원 꼬장이 어마어마하다는데 드디어 시작됐구나!' 싶었죠. 분명히 그들의 홈페이지에는 '여권 진본'이 아니라 '여권 사본'만 있으면 된다고 했기에 여권 사본만 준비해간 건데 갑자기 진본을 내놓으라니요?

평소 같으면 당장 따졌겠지만 이럴 때 화내면 될 일도 안 됩니다. 화를 내더라도 어떻게든 비자를 받은 다음에 화를 내고, 욕을 하더라도 비자를 받은 다음에 욕해야 합니다. 그렇게 생각하니 저도 모르게 눈으로는 욕을 하는데 표정은 웃고 있네요. 신교대 조교의 눈빛이랄까?

"선생님은 아니지만 이란 대사관 직원과 통화를 할 때 여권 진본을 가져오라는 말은 없었는데요." "비자를 받으러 온다면 당연히 여권 진본을 가져와야 하는 것 아닌가요? 너무나도 당연한 일이라서 설명을 안 한 것 같은데요."

순간 몸속 깊은 곳에서 잠자고 있던 건달의 피가 잠을 깨고 온몸을 휘저으면서 깊은 빡침이 올라왔지만, 심호흡을 하고 이 상황을 어떻게 타개해야 할지 잠깐 생각하는데 그 대사관 직원 뒤에서 이란 아줌마가 이 상황을 지켜보다가 눈이 마주치니 미소를 짓습니다. '아, 저 양반이 오야(!)구나. 저 아줌마만 오케이하면 되겠네.' 생각되었지만 어떻게?

그 영사처럼 보이는 아줌마는 한국말을 못 하는 듯하고, 저는 페르시아어를 할 줄 모릅니다. 하지만 저는 그 이란 아줌마에게 제 부당한 상황을 전해야 합니다. 그렇다면 그 아줌마도 알아들을 수 있는 언어로 지금 제 상황을 이야기해야겠죠? 한국인 직원과의 대화지만 갑자기 방언 터지듯 영어가 터지기 시작했습니다. 뭐 대충 너희 홈페이지에는 여권 진본을 가져오라는 말 없었고, 그다음부터는 약간의 협박과 소위 말하는 정치적인 수사였는데요. 평소에는 입도 뻥긋 못하는 놈이 꼭 이런 일이 있을 때만 방언이 터집니다.

한국인 직원은 황당한 표정을 짓고, 제 말을 들은 이란 영사가 이란 여행은 처음이냐고 물어서 그렇다고 대답하니 한국인 직원을 안으로 부릅니다. 그리고 5분 후, 제 손엔 한 달간 이란에서 체류할 수 있는 비자가 들려 있었습니다. Merci.

여행 일정 계획하기

처음 계획은 이스탄불을 거쳐 테헤란에 들어간 후, 이란을 둘러보고 아르메니아와 조지아에 갔다가 다시 테헤란을 통해 튀르키예로 가서 안탈리아로 향한 후, 한국에 들어오는 것이었습니다. 튀르키예에서 10일, 이란과 아르메니아, 조지아에서 3주면 충분히 가능할 줄 알았죠.

하지만 지도상에서 거리를 살펴보니 이는 정말 황당한 계획이었습니다. 테헤란에서 이스파한 가는 걸 서울에서 수원 가는 정도로 생각했으니 이런 계획을 생각할 수 있었지만 이란은 대한민국보다 16배 넓은 나라입니다. 옆 동네처럼 보이는 곳이 500~600km는 예사인 그런 나라이죠. 그러다 보니 한 도시에서 2~3일씩 있겠다고 해도 이동하는 데에 하루가 꼬박 걸리니 도저히 아르메니아와 조지아에는 갈 여유가 없을 것 같아 그냥 이란에 집중하기로 했습니다.

일단 도착지가 테헤란이니 테헤란에서 며칠을 보낸 후, 다음 행선지는 이스파한으로 정했습니다. 이란 제3의 도시이자 사산 왕조와 부와이흐 왕조의 중심지였던 도시이죠. 이란 하면 떠오르는 명소 중 하나이자 전 세계에서 두 번째로 큰 광장인첫 번째는 천안문 광장 이맘 광장이 있는 곳이기도 합니다. 우리나라에 비유하자면 경주쯤 되는 도시랄까요?

다음 도시는 야즈드. 실크로드 무역의 거점 도시이면서 페르시아에서 이슬람교 이전의 종교였던 조로아스터교의 중심지입니다. 게다가 척박한 지형 탓에 비교적 외세의 침략이 적어 고대의 건축물이 매우 잘 보존되어 있습니다. 덕분에 야즈드는 도시 자체가 유네스코 세계 유산에 등재되어 있죠. 심지어 사막 투어도 할 수 있는 도시입니다.

야즈드 다음으로 방문할 도시는 쉬라즈. 이란 남부 지역의 거점 도시이자 이란의 모스크로 검색하면 가장 먼저 나오는 핑크 모스크가 있는 도시이고, 그 유명한 페르세폴리스가 아주 가까이 있는 도시입니다. 워낙 볼 것이 많아 쉬라즈에서는 좀 오래 있을 생각입니다.

쉬라즈 다음은 반다르아바스입니다. 이란 남부 호르모간 주의 주도이자, 페르시아만과 접하는 도시로 전 세계 유조선의 1/3이 반다르아바스에 있는 호르무즈 해협을 지나갔습니다. 배를 타고 40여 분 이동하면 이란의 제주

도라고 알려진 케슘 섬에 들어갈 수도 있죠. 일정을 생각해보니 이쯤 되면 거의 피곤함에 지쳐 움직이기도 힘들 것 같아 여기서는 좋은 호텔에 묵으면서 낮에 바다 구경이나 하고 다음 행선지를 위한 재충전의 시간으로 삼으면 될 것 같습니다.

지도를 보면 아시겠지만 지금까지의 일정은 이란의 서북부에서 남부로 계속 내려오는 일정입니다. 다시 테헤란에 가려면 올라가야겠죠? 왼쪽으로 가느냐, 오른쪽으로 가느냐에 따라 봐야 할 것들이 완전히 달라집니다. 오른쪽은 마슈하드, 왼쪽은 타브리즈.

먼저 마슈하드는 이란 제2의 도시이자 이란 시아파 이슬람의 성지이면서 영화 <성스러운 거미>의 배경이 된 도시이기도 합니다. 시아파 무슬림이

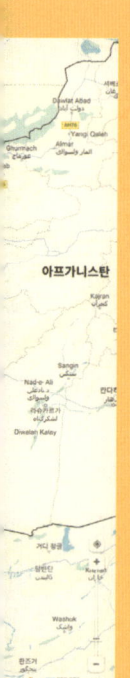

라면 누구나 죽기 전에 한 번은 가야 하는 도시로 일 년에 2,500만 명이 방문하는 도시죠. 그렇기에 숙박시설이 매우 훌륭하고 볼 것도 많은 도시입니다. 다만 투르크메니스탄과 아프가니스탄과 접해있는 도시이다 보니 고원 지대의 스텝 기후로 매우 덥습니다.

반면 타브리즈는 이란에서 다섯 번째로 큰 도시로 이란령 아제르바이잔주의 도시입니다. 비행기가 아닌 육로를 통해 아제르바이잔, 아르메니아, 튀르키예로 넘어갈 수 있으며, 아제르바이잔주의 도시이다 보니 이란의 주된 민족인 아리아인이 아니라 튀르크계 아제르인이 훨씬 더 많습니다. 한 마디로 이란이지만 이란이 아닌 그런 도시죠. 게다가 서울과 위도가 비슷해서 마슈하드보다 훨씬 시원합니다. 아니 이 모든 것보다 이란에서의 여행이 생각보다 마음에 들지 않는다면 빨리 타브리즈로 와서 아르메니아로 넘어갈 수 있으니 마슈하드보다는 타브리즈에 마음이 가는 게 사실입니다. 하지만 어떻게 될지는 오직 신만이 알겠죠? 인샬라.

*　　인샬라

페르시아어로는 ان شاء الله 라고 쓰며, 직역하면 '신의 뜻대로'라고 번역됩니다. 하지만 실제 상황에서는 호남 방언의 '거시기' 만큼이나 다양한 뜻을 가진 단어인데요. 보통 어떤 일이 이루어지길 원하지만 그게 그저 희망 사항일 때 인샬라라는 말을 주로 합니다.

예를 들어 이스탄불의 호스텔에서 만난 튀니지 친구가 있었는데 이 친구가 호스텔에서 처음 만난 이집트 여자에게 돈을 빌려주었고, 그날 이후로 그 여자가 여권을 남겨둔 채 종적을 감추었답니다. 옆에 있던 중국인 친구가 놀리듯 "너 당한 거야." 하니 그 튀니지 친구는 "오늘까지 연락이 온댔어. 오겠지. 뭐." 이런 식으로 말하니 다른 튀르키예 친구가 "진짜 연락이 올 거 같아?"라고 물었고, 그때 그 튀니지 친구의 대답이 "인샬라."였습니다.

나중에 한국에 들어온 다음에 그 튀니지 친구에게 물어보니 돈을 받았다고 하네요. 신이 도왔나 봅니다. 보통은 이런 경우에 쓰이지만, 완곡히 거절할 때도 쓰입니다. 예를 들어 소개팅을 한 후에 남자가 "우리 다시 만날 수 있을까요?"라고 물었을 때 "인샬라."라는 대답이 돌아온다면 이는 거절의 의미입니다.

세부 일정 짜기

제가 여행을 할 때 가장 먼저 하는 일은 숙소 예약입니다. 하지만 앞에서도 이야기했듯이 이란은 서방의 경제제재 조치 때문에 애초에 예약이 불가능하고, 그렇기에 그냥 가서 맨땅에 헤딩하는 수밖에 없습니다. 그럴 자신이 없으면 아예 이란 여행은 포기하는 게 괜히 돈은 돈대로 쓰면서 몸과 마음은 고생하는 사태를 면할 수 있습니다.

하지만 그래도 비슷하게 세부 일정을 짤 수는 있는 게 어느 도시든 그 도시에 가면 반드시 봐야 할 곳은 있습니다. 예를 들어 테헤란에 갔는데 골레스탄 궁전을 보지 않는다는 건 외국 사람이 한국의 멋진 길거리를 보고 싶은데, 강남에 가지 않는다는 것과 똑같고, 이스파한에 갔는데 이맘 광장에 가지 않는다는 건 경주에 갔는데 첨성대나 불국사를 보지 않고 오는 것과 똑같은 일이기 때문입니다.

그렇게 각각 도시별로 반드시 가야 할 곳을 정하고, 가야 할 곳의 거리와 그곳에서 보낼 시간을 예상해보면 대충의 일정은 짤 수 있습니다. 이런 식으로 대략적인 일정을 짜다 보니 한 도시에서 2~3일씩 보내면 될 것 같더군요. 이렇게 짠 일정은 다음과 같습니다.

일단 플랜 A로 이란에서의 경로는 테헤란 - 이스파한 - 야즈드 - 쉬라즈 - 반다르아바스 - 마슈하드(또는 타브리즈) - 테헤란 - (아르메니아) - (조지아) - (테헤란). 이란에서의 일정이 길어지면 아르메니아와 조지아는 생략하고, 그럴 것 같진 않지만 플랜 B로 이란이 생각보다 볼 게 없거나 다 비슷비슷하다면 테헤란에서 아르메니아와 조지아로 들어갑니다. 테헤란에서 아르메니아까지 걸리는 시간은 비행기 1시간 반, 버스 8시간 정도이니 밤에 출발하는 버스를 타면 딱 좋을 것 같네요.

튀르키예에 들어갈 때는 이스탄불에서 3일 있을 예정이고, 테헤란에서 다시 튀르키예로 들어가고 나서의 일정은 정하지 못했습니다. 앙카라, 안탈리아, 이즈미르가 후보. 이때쯤 되면 지칠 테니 쉬엄쉬엄 동네 마실이나 하면서 동네 한량들이랑 노닥거리다 올 것 같은데 아직도 결정을 못했네요.

앙카라는 튀르키예의 수도, 이즈미르는 유네스코 세계 문화유산이 있는 튀르키예 제3의 도시, 안탈리아는 튀르키예의 제주도 같은 도시로 외국인은 주로 이즈미르, 로컬은 안탈리아로 간답니다. 둘 다 지중해에 접해있지만 이즈미르는 이스탄불보다 아테네가 더 가까운 에게해 쪽에 접한 지역으로 어디가 됐든 마음 가는 곳으로 가면 되겠죠. 그 다음부터는 인샬라.

여행 경비 예산 짜기

튀르키예와 이란은 대한민국에 비해 경제력이 떨어지는 나라이며, 환율은 폭등해서 그 나라 국민의 삶은 피폐해졌지만 외국인 입장에선 여행하기가 아주 좋은 나라여야 합니다. 하지만 현실은 그렇지 않은데요.

일단 이론적으로 생각해보면 튀르키예의 연간 인플레이션은 절정기 때 85.5%에 달할 정도로 인플레이션이 심한 나라이고, 당연히 그 나라의 국민은 살기가 너무 힘들 겁니다. 하지만 인플레이션이라는 건 자국의 화폐 가치가 떨어지는 현상인데, 인플레이션으로 튀르키예의 화폐 단위 대비 달러의 교환 가치, 다시 말해 달러의 가치까지 떨어지는 건 아니니 당연히 외국인 입장에선 훨씬 여행하기 좋은 조건이 되어야 합니다.IMF 때 우리나라를 생각하면 됩니다.

문제는 이스탄불에서 2022년까지 우리나라 돈으로 하루에 3만 5천 원 정도 했다던 호텔 숙박비가 12만 원이 되어있습니다. 뭔가 납득할 수 없는 상황. 어차피 잠만 자면 될 거니 이스탄불에선 쌈지막한 호텔에서 잘 생각을 했고, 여러 유튜브 영상이나 제가 알고 있던 바로도 대략 50불 정도면 제가 잘만한 방은 충분히 구할 줄 알았는데 햇빛을 보면서 잠에서 깨려면 최소한, 정말 최소한으로 80불은 있어야 하는 상황이 됐습니다.

여기에 교통비와 식대 그리고 관광지의 입장료를 생각한다면 아무리 적게 잡아도 튀르키예에서는 하루에 150불은 필요합니다. 물론 안탈리아까지의 왕복 항공권 가격 같은 건 제외하고요. 그 항공권 가격에 비상금까지 포함하면 하루 경비는 200불.

이란 역시 상황은 비슷합니다. 아무리 적게 잡아도 시내 중심가에서 안전을 보장할 수 있는 호텔의 숙박비와 식대, 교통비와 입장료를 생각하면 하루에 100불은 있어야 할 것 같습니다. 그렇게 세운 대충의 경비는 항공료를 제외하고 대략 4천 불. 한 달 동안 두 나라를 여행하면서, 더구나 볼 것 다 보면서 다니면서 요즘 물가로 4천 불이면 거저 다니는 수준이라고 볼 수도 있습니다. 아니 그 정도 돈이면 강남의 고급 술집에선 두 시간 술 마시면 없어질 돈이지요. 하지만 그건 돈 많은 사람들 이야기이지 제겐 큰돈이고, 경비를 줄일 수 있는 곳에선 줄여야 합니다.

그렇다고 튀르키예에서 테헤란까지 버스를 타고 갈 수도 없고, 이는 결과적으로 이동으로 날리는 시간의 기회비용을 고려한다면 돈을 더 쓰는 꼴이 되며, 그렇다고 돈 아깝다고 박물관에 안 갈 수도, 그렇다고 밥을 굶을 수도 없습니다. 여행 경비 중 줄일 수 있는 부분은 숙박비.

그나마 다행인 건 이란의 도시와 도시가 멀어서 제 이동 경로를 보면 야즈드를 제외하고는 모두 밤차를 차면 새벽에 도착할 수 있습니다. 즉 도시에서 도시로 이동할 때 밤차로 이동한다면 하루의 숙박비를 줄일 수 있다는 의미이죠. 이것만 해도 5~6일 치의 숙박비는 줄일 수 있고, 또 하나의 방법은 카우치서핑입니다.

카우치서핑

나무위키의 정의를 가져온다면 잠을 잘 수 있는 쇼파를 의미하는 카우치Couch 와 파도를 타다는 서핑Surfing 의 합성어로 쉽게 말하면 공짜 홈스테이를 원하는 사람과 제공하는 사람이 만나는 플랫폼입니다. 그렇기에 자신의 집에 외국인 손님을 받고 싶은 사람은 호스트로서 며칠부터 며칠까지 재워줄 수 있다고 글을 올리고, 외국에서 호텔이나 호스텔이 아닌 홈스테이 체험을 하고 싶은 사람은 게스트로서 며칠부터 며칠까지 어디에 여행한다고 올리면서 장소와 날짜가 맞는 호스트에게 연락을 하거나 반대로 호스트가 게스트에게 연락을 할 수도 있는 그런 시스템이죠.

이게 우리나라처럼 폐쇄적인 가족 시스템을 가진 사람에게는 황당하게 들릴 수도 있습니다. '생판 모르는 남을 내 집에서 재워준다고? 그게 말이 돼?' 같은 생각을 하게 되고, 더군다나 저처럼 지극히 폐쇄적이고 개인주의적인 성향의 사람에게는 달나라 이야기처럼 들립니다. 반대의 경우도 마찬가지고요. 생판 모르는 남의 집에서 잔다니요?

처음엔 말도 안 된다고 생각했는데 제가 이란에 간다고 SNS에 올리니 한 분이 DM을 보내시면서 카우치서핑을 해보라고 하셨습니다. 생각만큼 이상하지 않으며, 특히 이란에서는 손님에 대한 대접이 융숭하기에 문제가 될 일이 거의 없고, 무엇보다 좀 더 현실적이고 실제적인 그 나라 사람들의 삶을 아주 가까이서 볼 수 있다면서요. 게다가 요즘 그 동네도 한류가 난리인데 저처럼 멜론에 글을 연재했던 평론가라면 서로 모셔가려고 난리가 날 거랍니다.

아니나 다를까, 글을 올리고 제가 가고자 하는 지역의 호스트들에게 연락을 하니 정말 미친 듯이 연락이 오기 시작했습니다. 물론 그중에는 "난 영어를 아주 잘하고 마침 그때 내가 한가하니 네가 원한다면 내가 있는 지역을 가이드 해줄 수도 있어. 다만 다른 가족이 있어서 잠은 못 재워줘." 뭐 이런 식으로 접근해서 나중에는 "식대와 차비를 제외하고 하루에 80불만 준다면 정말 이란 사람들이 다니는 것처럼 여행을 시켜 줄게."라고 말하는, 호의를 가장한 유료 가이드를 이야기하는 사람들도 있었지만, 많은 사람은 정말 순수한 호의로 저를 초대했습니다.

물론 현실적인 이유도 있었는데요. 만약 카우치서핑을 한다면 숙박비와 식대를 세이브할 수 있습니다. 제게 카우치서핑을 권했던 분은 비록 오래 전이긴 하지만 카우치서핑으로 여행을 하면서 이란에 20일 있는 동안 항공료 빼고 한국 돈으로 60만 원으로 여행을 할 수 있었다고 하시더군요. 60만 원이면 우리나라에서도 좀 괜찮은 호텔과 좋은 식당에서 밥을 먹는다면 하루에도 쓸 수 있는 돈인데 그걸로 20일을 살 수 있다니요?

그렇게 고민에 고민하다 튀르키예 이스탄불에 있는 친구와 이란 쉬라즈에 있는 친구가 정말 적극적으로 자기 집으로 오라고 해서 일단 그 두 집에 가기로 하고, 나머지는 이스탄불에서 하루 자면서 이게 할만하면 계속 카우

Seoul, Korea

치서핑을 하면서 여행하고, 만약 험한 꼴을 본다면 그 이후부터는 호텔이나 호스텔에 묵기로 결정했습니다.

이런 결정을 하게 된, 또 다른 이유로는 이제 저도 나이 먹고 옛날 같진 않지만 그래도 기본적인 덩치가 있고, 운동도 꾸준히 하고 있어서 아직은 위급한 상황에서 한 놈 정도는 무력으로 제압할 수 있다는 자신감이 있기에 카우치서핑을 시도했던 거죠. 다만 여자분이라면 정말 말리고 싶습니다. 만약 제 여자친구나 여동생이 카우치서핑을 하겠다고 하면 제가 딸라빚을 내서라도 호텔을 예약해줬을 겁니다.

이란은 헌법이 있는 나라이지만 헌법 위에 샤리아이슬람의 종교 율법 가 있고, 이런 엄격한 이슬람 국가가 의외로 밤에 사건, 사고가 적습니다. 술이 없기 때문입니다. 하지만 남녀가 엄격하게 분리되어 있고, 동양 여성에 대한 잘못된 판타지에 빠진 와패니즈들 때문에 동양인 여성 관광객 대상의 성 관련 사건, 사고는 생각보다 빈번하게 일어납니다.

실제로도 제가 이란에 가서 경험한 바로는 이란의 젊은 남자들이 모르는 여자들에게 엄청나게 들이대고 껄떡댑니다. 근데 그 정도가 제가 보기엔 선을 넘어도 한참 넘은 수위예요. 한국 같으면 당장 성추행으로 신고되고 경찰이 달려올 일이지만 그쪽에선 그게 그냥 일상적인 일입니다. 그 드센 이란의 여자들에게도 그러는데 그 대상이 그냥 한눈에 보기에도 여릿여릿하고 나약한 동양인, 그중에서도 한국인이라면요? 그런 자들에게 동양 여성은 사자, 표범, 하이에나와 치타가 사이좋게 죽고 죽이는 동물의 왕국에서 톰슨가젤 같은 존재일 뿐입니다.

물론 모든 이슬람 남자가, 그리고 이란 남자가 그렇다는 건 절대 아닙니다. 오히려 제가 만난 사람들은 모두 정말 너무 친절한, 아니 그 정도가 아니라 '인간이 타인에게 이렇게 친절할 수가 있는 건가?' 싶을 정도로 친절한 사람들이었습니다. 하지만 질량 보존의 법칙 만큼이나 만고 불변의 법칙인 또라이 총량의 법칙이 있듯이 어디에나 또라이는 있기 마련이고, 다른 99명이 모두 착한 사람이라도 내가 만난 사람이 그 한 명의 또라이가 될 수도 있습니다. 여행에서 그 무엇보다 중요한 건 안전, 그 다음 중요한 것도 안전입니다.

또 하나, 커우치 서핑을 하려면 기본적인 의사소통이 가능할 정도의 영어 회화는 가능해야 합니다. 물론 구글 번역기를 쓴다면 되긴 하겠지만 카우치서핑을 하는 목적 자체가 그들의 문화를 몸으로 느끼고 이해하는 건데 아무래도 번역기를 쓴다면 불편함이 크겠죠?

그리고 무료이긴 하지만 공짜는 아닙니다. 제 삶의 가장 큰 원칙이 '이 세상엔 공짜 없다.'이듯이 카우치서핑을 하려면 아주 작은 선물이라도 들고 가는 게 좋습니다. 중요한 것은 가격이 문제가 아니라 한국에서만 구할 수 있는, 한국의 문화가 담겨 있는 그런 것이면 더 좋겠죠? 이를테면 인사동 같은 데서 파는, 우리나라 사람들이 보기엔 '저런 걸 대체 누가 사는 거지?' 싶은 작은 하회탈 공예품 같은 거나 그게 아니라면 한국의 마스크팩 같은 것도 아주 좋아합니다. 우리에겐 그냥 흔하디흔하게 볼 수 있는 마스크팩이지만 그들에겐 'Made In Korea' 자체가 대단한 기념이고, 고가의 물건이니까요. 그 외에도 기념이 될 수 있는 것이라면 지폐도 나쁘지 않습니다. 액수가 문제가 아니라 그들은 평생 볼 일이 거의 없는 한국 돈이니까요.

이란의 택시

이란은 우리나라와는 택시 시스템이 약간 다른데요. 우리의 일반 택시에 해당하는 다르바스트와, 콜택시에 해당하는 어전스, 그리고 카카오 T 택시에 해당하는 스냅이 있고, 다르바스트는 다시 카티와 모스타김으로 나뉩니다. 우리에게 가장 익숙한 택시 시스템은 카티이고, 카티는 노란색에 택시캡이 있어서 누구나 택시란 걸 알 수 있죠. 모스타김은 우리로 치면 '나라시 택시' 내지는 '합승' 같은 개념입니다. 이건 일반적인 카티뿐만 아니라 택시가 아닌 자가용이 와서 서기도 하는데요. 방향이 맞으면 타고, 아니면 안 타는 그런 택시입니다. 그렇기에 카티는 혼자 타는 택시지만 모스타김은 모르는 사람과 함께 탈 수도 있습니다.

언뜻 보기엔 복잡해 보이지만 외국인 관광객이 웬만해서는 모스타킴을 탈 일이 없기에 길거리에 서 있는데 웬 차가 내 앞에 서서 창문을 내리면 그게 모스타킴입니다 보통은 카티나 어전스, 그리고 스냅을 이용해 택시를 탑니다.

물론 이란도 지하철이 있고, 버스도 있습니다. 하지만 버스는 노선을 모르고, 지하철은 페르시아어를 모르며, 설령 안다고 하더라도 역 이름이 두 개인 역, 이를테면 삼(무역센터)역 같은 역이라면 그중 하나만 안내하기에 웬만해선 택시를 타게 됩니다. 택시가 우리와는 비교할 수 없을 정도로 싸기도 하고요. 이게 어느 정도로 싸냐면 제가 갔던 재린 데스에서 반다르아바스 항까지 대략 350km 정도 되는데 그 거리를 모스타킴으로 200토만, 당시 환율로 계산하면 4유로, 즉 대략 5,300원에 서울에서 부산까지 나라시 택시를 타고 간 셈입니다. 물론 현지인이 예약해서 이렇게 갈 수 있었지만 어쨌든 이 정도로 이란의 택시는 쌉니다.

문제는 이란의 택시는 미터기가 있긴 하지만 저는 미터기를 켠 택시를 탄 적이 없고, 외국인이라면 껍질까지 벗겨 먹으려는 데에 있습니다. 이란에서 가족이 된 무함마드에게 "내가 보기에 이란에는 두 부류의 사람이 있다. 내 돈을 원하는 사람과 그렇지 않은 사람."이란 말을 한 적이 있는데요. 내 돈을 원하는 사람의 대표주자가 이란의 택시기사입니다.

아는 만큼 보인다

제가 아주 좋아하는 말 중에 '아는 만큼 보인다.'라는 말이 있습니다. 저는 이 말을 철칙처럼 생각하며 살아가는데요. 예를 들어 베토벤 교향곡 제9번은 환희와 인류애를 담고 있는 작품으로 우리가 베토벤 교향곡 제9번의 부제를 '합창'이라고 부르는 이유는 4악장에서 독일의 시인 실러의 시에 곡을 붙였기 때문이죠. 음악에 관심이 없는 분이라면 제목은 모를지 몰라도 누구나 들어보면 '아, 이 노래!' 하는 뉴 트롤스의 'Adagio(Shadows)'라는 곡은 그 유명한 셰익스피어의 <햄릿>에 나오는 대사를 가사로 썼습니다. 존재에의 고뇌를 <햄릿>의 대사로 표현했죠.

메가데스의 대표곡인 'Holy Wars... The Punishment Due'라는 곡의 뮤직비디오를 보면 중간중간에 매우 끔찍한 장면들이 나옵니다. 북아일랜드에서 벌어졌던 종교 전쟁을 모티브로 만든 곡이기 때문이죠. 메가데스에게 'Holy Wars... The Punishment Due'가 있다면 메탈리카에는 'One'이 있을 텐데요. 이 곡의 뮤직비디오에는 'Johnny Got His Gun'이라는 영화의 장면들이 삽입되어 있습니다. 이 영화를 보고 노래의 가사를 생각하며 이 곡을 듣는다면 '아, 이런 의미로 여기에 이 장면이 삽입되었구나.' 이해되실 겁니다.

물론 이런 거 모른다고 이 노래 듣는 데에 문제 생기는 건 없고, 강남경찰서 강력반에서 저 잡으러 오는 것도 아닙니다. 하지만 노래를 들을 때의 느낌이나 감동의 크기는 달라지겠죠.

이란은 대략 기원전 3천 년부터 역사가 시작된 나라이고, 이란 역사 최고의 리즈 시절 중 하나인 아케메네스 왕조는 멸망 직전까지 당시 세계에서 가장 넓은 영토를 지녔던 국가입니다. 그리고 그런 유적들이 널리고 널려 있는 나라가 이란입니다. 그런 이란에서 우리나라 사람들이 찾아가서 볼 정도의 유적이라면 적어도 그 시절은 상징하는 유적이라는 의미겠죠.

페르세폴리스를 예로 들어 볼까요? 이란을 대표하는 유적지 중의 하나인 페르세폴리스는 아케메네스 왕조 시절의 페르시아 수도로, 다리우스 1세 시대인 기원전 518년부터 조영되어 그 후 계속 궁전들이 들어서고 온갖 보물들이 쌓여가며 부귀영화를 꽃피웠습니다. 한 마디로 이란 리즈 시절의 상징인 그런 곳이죠.

그런데 실제로 페르세폴리스에 가 보면 '내가 이걸 보려고 여기까지 왔나?' 하는 생각이 드는 분이 계실 겁니다. 아니 우리나라 사람이라면 그런 생각이 드는 분이 대부분일 것 같은데요. 페르시아의 수도라면 엄청나게 큰 궁전이 있고 그 외에도 여러 멋진 건물들이 있어야 할 텐데, 그래서 인스타용 허세 샷도 찍고 해야 할 텐데 막상 페르세폴리스에 가 보면 기둥 몇 개 보이는 게 끝입니다. 건물? 페르세폴리스 입구의 매표소 외에는 건물이라고 할만한 건물이 없어요.

그럼 이렇게 된 이유는? 고대 마케도니아 왕국 아르게아스 왕조의 26대 왕인 알렉산드로스 3세, 우리가 흔히 알렉산더 대왕이라고 부르는 바로 그 알렉산더 대왕이 이곳을 점령한 후, 불을 질러 모든 걸 파괴했기 때문입니다. 그렇기에 궁전터나 계단, 기둥 몇 개는 남아있지만, 건물이라고 할만한 건 보이지 않게 된 것입니다.

자, 이런 역사적인 배경을 알고 가는 것과 이런 건 관심 없고 그저 유명한 곳이라니까 간다는 마음으로 갈 때 페르세폴리스에서 받는 느낌이 같을까요? 아니요, 저는 그렇게 생각하지 않습니다. 페허인 페르세폴리스였지만 제 눈엔 그 엄청나게 높은 기둥 위에 쌓아 올린 그들의 화려하기 이를 데 없는 궁전과 그 궁전을 짓기 위해 죽어간 노예들의 모습이 눈에 보이더군요.

이렇듯 이란은 정말 아는 만큼 보이는 나라입니다. 만약 이란 여행을 계획하고 계신다면 그 계획한 유적지나 박물관만이라도 이곳이 어느 시대에서 뭘 했던 곳인지 정도는 공부하고 가시면 훨씬 더 알찬 여행이 될 것입니다.

사람 또한 마찬가지입니다. 러셀 크로우의 대표작 중에 <뷰티플 마인드>라는 영화가 있는데요. 이 영화는 게임 이론의 초안을 내고 내시 균형을 이야기함으로써 노벨 경제학상과 아벨상을 받은 존 내시의 일생에 관한 전기영화입니다. 사람과 사람이 있는 곳이라면 그 어떤 분야에도 적용할 수 있는, 심지어는 인간이 아니라 진화생물학에도 적용할 수 있고 그런 이유로 리처드 도킨스의 <이기적 유전자>에도 등장하는 이 게임 이론의 가장 큰 대전제는 플레이어 i는 자신이 선택할 수 있는 전략 중 '다른 플레이어의 결정에 비추어' 가장 큰 이득을 주는 전략을 택한다는 겁니다.

그런데 미디어에 비친 이란이나 이란 사람들의 모습은 우리의 상식으로 비추어봐서는 도저히 정상이라고 할 수 없습니다. 이 세상에 이렇게 싸우기 좋아하고 오지랖 또한 대단한 나라가 또 있을까요? 하지만 이슬람교와 이슬람 문화에 대해 조금만 공부해도 그들이 왜 그런 행동을 하는지 바로 이해할 수 있습니다.

상식적으로 생각해봐도 그들이 그렇게 우리의 관점에서 보면 '미친 짓'을 일삼은 사람들이라면 어떻게 전 세계의 화약고인 중동 지역에서 수천 년 동안 맹주로 자리할 수 있었을까요? 우리가 보기엔 미친 짓이지만 그들은 그들이 할 수 있는 최고의 선택을 하는 겁니다. 다만 우리가 접할 수 있는 이란에 관한 정보는 매우 단편적이고, 그 단편적인 정보마저도 미국을 위시한 서방의 시각에 의해 편향된 정보이기 때문에 우리는 그들이 미친 짓을 하고 있다고 생각하는 거죠. 다른 걸 다 떠나서 그들은 실크로드 시절, 아니 그 훨씬 이전부터 전 세계를 상대로 장사하던, 이제는 DNA에조차 장사꾼의 DNA가 들어있는 사람들입니다. 장사꾼이 자기 손해 볼 짓을 하던가요?

실제 이란에 가서 그들을 만나보면 그 끝 간 데를 모를 자부심과 남자들의 권위 의식, 그리고 이와는 정반대로 그들의 친절함에 놀랍니다. 앞으로 계속 이 책을 읽으신다면 '얘는 여행기가 아니라 판타지 소설을 쓴 거 아니야?'라는 생각이 들 정도로요. 하지만 이란이라는 나라의 역사와 이란 사람들의 풍습을 알고 나면 이해가 될 겁니다. 츤데레도 아니고 하여튼 말로 설명하기 좀 어렵지만, 그래서 더 재미있고 매력적인 나라가 이란이기도 합니다. 이란이란 나라와 이란 사람들에 대해 알고 간다면요.

반드시 알아야 할 것

다른 걸 다 떠나서 페르시아어는 모른다 쳐도 페르시아의 숫자는 반드시 알고 가야 합니다. 그래야 스냅이라도 부를 수 있기 때문입니다. 또 하나, 그들은 외국인이 페르시아 숫자를 모른다는 걸 알기에 150토만짜리 밥을 먹어도 190토만이라고 말하는 사람입니다. 메뉴판에 버젓이 150토만이라고 쓰여있음에도 불구하고! 이에 대해 컴플레인을 하면 영어를 못 알아듣는 척하거나 세금이 붙고, 팁이 붙고 어쩌고저쩌고해서 그런 거라고 핑계를 대죠. 그래도 페르시아 숫자를 아는 것과 모르는 것은 하늘과 땅 차이입니다. 이란 여행을 생각하고 계신다면 페르시아 숫자는 반드시, 꼭, 기필코, 무슨 수를 써서라도 숙지하고 가세요.

그들의 화폐 단위에 대해서도 알아야 합니다. 일단 '0'의 압박 때문에 처음 일주일 정도는 누구나 헤매는데요. 그들은 같은 돈이라도 부르는 단위가 다릅니다. 리알과 토만이 그것인데요. 리알은 지폐의 액면에 쓰여 있는 그 금액 그대로가 리알이고, 토만은 그 리알에서 '0'을 하나 뺀 단위입니다. 즉 100,000리알은 10,000토만입니다.

문제는 2023년 현재 전 세계에서 가장 단위 가치가 낮은 통화이기에 '0'이 엄청나게 붙습니다. 제가 처음 환전했을 때 100유로는 49,800,000리알이었으니 대충 감이 오시나요? 이렇게 숫자의 압박도 문제인데 더 큰 문제는 그들조차 부르는 방식이 정해져 있지 않다는 겁니다. 다시 말해 누구는 리알로 말하고, 누구는 토만으로 말한다는 거죠.

예를 들어 식당에 들어가서 밥을 사 먹는데 그 밥값이 2,000.000리알이라면 이는 다시 200,000토만이 됩니다. 2,000,000리알이라면 엄청난 금액 같지만 계산을 편하게 하기 위해 100유로를 50,000,000리알이라고 가정

۱ yek پِک	۲ do دو	۳ seh سِه	۴ chahár چِهار
۵ panj پَنج	۶ shesh شِش	۷ haft هَفت	۸ hasht هَشت
۹ noh نُه	۱۰ dah دَه	۱۱ yázdah یازده	۱۲ davázdah دوازده
۱۳ sízdah سیزده	۱۴ chahárdah چِهارده	۱۵ púnzdah پانزده	۱۶ shúnzdah شانزده
۱۷ hefdah هِفده	۱۸ hejdah هِجده	۱۹ núzdah نوزده	۲۰ bíst بیست

한다면 4유로 정도 되는 가격이라는 의미입니다. 당시 환율로는 5,500원 정도 되겠네요. 즉 우리의 화폐 가치로는 겨우 5,500원 정도 되는 금액이 이란에선 2,000,000리알이라는 엄청난 숫자가 되는 겁니다.

그렇다면 그들은 이 숫자를 어떻게 부를까요? 일반적으로는 리알을 만 단위로 잘라 부릅니다. 앞선 예를 이어간다면 2,000,000리알은 200,000토만이 되지만 이를 만 단위로 자르면 200이 되죠? 그럼 사람들은 보통 200이라고 부르고 이는 200토만을 의미하게 됩니다. 정리하면 2,000,000리알은 200,000토만이지만 사람들은 200토만이라고 부릅니다.

그럼 물건을 살 때는? 가격을 이야기할 때 스마트폰의 계산기를 켜서 그들에게 주면 그들이 아라비아 숫자로 금액을 표시해줍니다. 숫자의 단위가 십만을 넘어간다면 리알인지 토만인지 꼭 물어보셔야 합니다. 안 그러면 10배 더 주고 살 수도 있으니까요. 숫자가 작다면 그건 토만입니다. 하지만 걱정하지 않아도 되는 게 며칠 있다 보면 대충의 물가가 감이 오기 때문에 리알과 토만을 헷갈릴 일은 거의 없습니다. 또 다른 방법으로 이란의 지폐에 우리가 알 수 없는 페르시아 숫자와 아라비아 숫자가 쓰여 있습니다. 그 아라비아 숫자를 토만이라고 보면 됩니다.

다음으로 이슬람교와 무슬림에 관한 공부는 반드시 하고 가셔야 가서도 고생하지 않고, 훨씬 더 알차게 여행할 수 있으며, 무엇보다 여행에서 생길 수 있는 여러 트러블에서 비켜설 수 있습니다. 앞에서도 이야기했지만 이슬람교에 관해 알면 우리로서는 이해할 수 없는 그들의 행동이 이해되게 됩니다. 굳이 시아파가 뭔지, 수니파가 뭔지 거기까지 알지 않아도 됩니다. 코란? 성당 다니는 저도 성경을 안 읽는데 코란은 무슨 코란입니까? 하지만 이슬람교도는 돼지고기와 술을 먹지 않는다는 수준의 상식은 아셔야 여행 중에 생길 수 있는 여러 문제에서 자유로울 수 있습니다.

마지막으로, 이란은 아랍이 아니라 페르시아입니다. '어차피 생긴 것도 똑같고 하는 짓도 똑같은데 아랍이면 어떻고 페르시아면 어떠냐?'라고 반문할 수 있겠지만 이는 우리나라 사람에게 '너희 나라도 예전엔 중국에 복속하고, 일본에 통치도 받고 했다는데 너희 나라 사람에게 중국 사람이라고 하면 어떻고 일본 사람이라고 하면 어떠냐?'라고 말하는 것과 똑같은 일입니다. 아니 페르시아와 아랍의 역사에 관한 아주 짧은 글만 읽어 봐도 이게 얼마나 무식하고 경우 없는 소리인지는 바로 알게 되실 겁니다. 정 귀찮으면 이스탄불 공항이나 두바이 공항에서 비행기 갈아타며 기다리는 시간에 나무위키라도 읽고 들어가시길 정말 강력하게 권합니다.

절대 하지 말아야 할 것

이건 정말 많은 분이 모르는 것 같은데요. 이란의 정식 명칭은 이란 이슬람 공화국이고 국명에서도 알 수 있듯이 이슬람 신정정치를 하는 나라이지만 놀랍게도 종교의 자유가 있는 나라입니다. 실제로 제가 여행하면서 만났던 사람 중엔 아르메니아 정교회를 믿는 사람도 있고, 조로아스터교를 믿는 사람도 있었습니다. 물론 현지인 친구의 말로는 이슬람교가 아닌 타 종교를 믿는다면 그에 따른 페널티가 있다고는 하지만 우리가 생각하는 것처럼 어디 끌려가서 팔이 잘리거나 다리가 잘리거나 그런 건 없습니다.

다만 이슬람교 이외의 종교를 전도한다거나 선교행위를 하는 건 이란에선 불법이고, 법을 떠나서 대단히 위험한 행동입니다. 우리가 생각하기엔 그들은 이슬람교가 싫지만 나라에서 억지로 이슬람교를 강요하기에 어쩔 수 없이 이슬람교를 믿는 것으로 생각하기 일쑤지만 아닙니다. 뼛속까지 이슬람교의 피가 흐르는 사람도 정말 많고 그들은 자발적으로 이슬람이 좋아서 모스크에서 기도드리고 히잡을 두르는 겁니다. 반대로 난 장로교 집사인데 옆에서 누가 계속 불교 좋다고, 절에 같이 가자고 하면 어떤 생각이 들까요?

게다가 그들은 헌법 위에 코란이 있는 사람들입니다. 종교가 우리에겐 신앙이지만 그들에겐 생활이자 규범, 법률이란 뜻입니다. 당연히 타 종교를 전도한다는 건 그들의 삶 자체를 바꾸겠다는 의미이기에 그런 말은 먹히지도 않을뿐더러 괜히 반감만 사고, 여행 갔는데 현지인에게 반감 사서 좋은 것 없습니다. 그렇기에 종교에 관한 이야기는 그들이 먼저 말을 꺼내지 않는 한 가급적 이야기 자체를 하지 않는 게 좋습니다.

이란 사람들과 이야기하다 보면 이슬람교에 관해 어떻게 생각하냐는 질문을 종종 받는데요. 그럴 때는 "나는 이슬람교와 너희들의 신앙생활을 존중한다. 하지만 난 다른 종교가 있다." 정도로 대답하면 그들도 웃으면서 그 주제에 관한 이야기를 접습니다.

또 하나 절대 하지 말아야 할 것이 이란의 정치제도나 이란 정치인에 대한 비판입니다. 물론 제가 만나봤던 사람들은 하나같이 이란의 정치인을 욕하고 팔레비 왕조 시대를 그리워하지만 그렇다고 저까지 덩달아서 맞장구치다가 큰 봉변을 당할 수도 있습니다. 이건 정말 무서운 곳에 끌려갈 수도 있는 일이에요. 우리나라의 군사정권 시절을 생각하시면 될 겁니다. 그러니 그런 주제에 관한 이야기가 나오더라도 본인의 의견은 웬만하면 이야기하지 않거나 꼭 해야겠다면 한 번 더 생각하고 이야기하시길 권합니다.

마지막으로, 이란의 이성과 스킨십은 절대 하면 안됩니다. 제가 가장 많이 들은 말도 이 말인데요. "지훈아, 뭐 너도 잘 알긴 하겠지만 절대 이란 여자 건드리면 안 되고, 그들이 먼저 다가온다고 하더라도 철벽을 쳐야 돼. 안 그러면 넌 남은 인생 이란에서 살아야 한다. 그들에게 너는 로또야. 네가 잘 생기거나 돈이 많아서가 아니라 이런 식으로 뼈를 때리시겠다? 외국인이라

42

서 그래. 절대 여자 건드리면 안 된다."라는 말을 정말 많이 들었습니다.

젊고 이슬람교가 싫은 이란 여자가 이란을 떠나서 살 수 있는 가장 손쉬운 방법은 외국인 남자를 만나 국제결혼을 하고 그 남자의 나라에 가서 사는 겁니다. 영화 <그린카드>나 <깊고 푸른 밤>, <추락하는 것은 날개가 있다> 같은 영화와 비슷한 배경인 셈이죠. 나중에 다시 이야기하겠지만 실제로도 이란에 가면 연예인 체험을 하게 됩니다. 어딜 가든 사람들은 저를 쳐다보고 그 중 한 명이 용기를 내어 제가 말을 걸면 그때부터 사람들이 몰려들기 시작합니다.

유튜브에 이란 여행하는 영상들을 찾아보면 이런 장면들이 꽤 많이 나오는데요. "저거 조작 아니야? 저게 말이 돼?" 싶은 생각이 들겠지만 실제로 그렇습니다. 제가 카우치서핑을 한 곳에서는 한국 사람이 왔다는 소문이 돌아 그 동네 소녀들이 저를 보기 위해 아빠 차 두 대에 나눠타고 온 적도 있었습니다.

이쯤 되면 허파에 바람이 들기 시작하죠. 한국에선 아무도 쳐다보지 않던 히키코모리 루저의 삶을 살던 사람이 이란에 가니 우리나라에선 TV에서나 볼법한 미녀가, 그것도 한두 명도 아니고 만나는 사람마다 나에게 관심을 보이며 호의를 베풀고, 심지어는 집에 초대하며 그 초대에 응해서 가면 신혼여행에서 돌아온 사위 저녁상 차려주듯이 한 상 거하게 내어 주고, 심지어는 잠까지 자고 가라니 이게 어디 상상이나 가능한 일이겠습니까? 하지만 이럴 때 조심해야 합니다. 남은 인생을 실종 상태로 보내거나 운이 좋아 목숨은 건졌지만, 죽을 때까지 이란에서 살고 싶지 않다면요. 인생 좆되는 거 한순간이다!

자, 이 정도만 숙지해도 이란에 갈 준비는 모두 끝났습니다. 그럼 이제 출발해 볼까요? 이제부터 표기하는 날짜는 모두 현지 날짜입니다.

Istanbul, Türkiye

이스탄불, 튀르키예

4월 4일 여행 1일 차 Let's get it on!

마지막으로 짐을 정리하는데 수하물의 무게가 16.1kg입니다. 에미레이트 항공이야 수하물 허용 무게가 25kg이라 아무런 문제 없이 짐을 가져갈 수 있지만 문제는 이스탄불에서 테헤란 들어갈 때 타는 터키 항공. 터키 항공은 비행기가 작아 수하물 허용 무게가 15kg밖에 되지 않고, 그렇기에 약간 시끄러워질 수 있습니다. 물론 1~2kg 정도야 문제없이 넘어갈 수 있지만 정작 문제는 짐의 개수.

캐리어야 어차피 짐으로 부치니 상관없는데 일반적으로 기내 반입은 기내용 캐리어나 배낭 하나와 여권 등을 챙길 작은 가방 정도만 허용하니 DSLR 카메라를 가져가야 하는 저로서는 문제가 생길 수 있죠. 배낭 두 개를 가지고 타도 문제가 없다면 그대로 들고 가면 되지만 기내에는 배낭 하나만 허용한다면 오버차지를 내야 합니다.

카메라를 가져가야 하나, 말아야 하나로 한참을 고민하다 집구석에서 아무리 고민해봤자 답이 안 나온다는 생각에 터키 항공에 전화했습니다. 한 5분 정도 기다리니 연결되더군요. 혹시라도 중동이나 아프리카 지역을 여행하려는 분이 있다면 한국식의 빠른 응대나 뭐 그런 건 절대 기대하면 안 되고, 그걸 못 견디는 사람 같으면 아예 그 지역에 가지 않는 게 좋습니다. 공항 직원이 자기네들끼리 잡담하다가 입국 수속이 30분씩 걸리고 도착 비자를 받는데 서너 시간씩 걸리는 동네가 그 동네입니다. 제가 왜 도착비자 발급이 가능한 나라를 여행하는데 우리나라에서 비자를 받아서 가는 걸까요? 그런 의미 없는 기다림이 싫어서 미리 받아놓은 겁니다.

어쨌든 기내에 가방 두 개를 가지고 갈 수 있냐고 물었더니 가방을 못 알아듣습니다. 가만히 발음을 들으니 우리나라 사람이 아니네요. 제가 영어로 이야기하자고 하니 한국말은 그렇게 버벅대던 사람이 갑자기 로린 힐미국의 여성 래퍼, 배우이 되어 랩을 합니다. "하나는 카메라 가방, 다른 하나는 랩탑 가방인데, 기내에 가방 두 개를 가져가도 될까?" "응, 두 개까진 괜찮아. 다만 하나는 좀 작아야 해." 가능은 하다는데 왠지 믿음이 안 가는 건 왜일까요? 응, 그게 정상이야.

근데 곰곰이 생각해보니 답이 나올 것 같기도 합니다. 인천에서 이스탄불까지는 25kg까지이니 어떻게든 때려 넣어서 가져가면 되고, 이스탄불 - 테헤란 구간에선 혹시 가방이 하나만 가능하다면 카메라 가방을 캐리어 안에 넣고 백팩에 짐을 가득 때려 넣고는 비행기를 탈 때 카메라와 짐을 가득 넣은 백팩을 가지고 타는 겁니다. 이게 바로 컴퓨터공학과나 전자계산공학과 4학년 1학기, 알고리즘 과목에서 중간고사 보기 전에 배우는 배낭 알고리즘knapsack problem 의 현실판 아닐까요?

짐 부칠 때만 잘 넘어가면 되니 최대한 사람 좋아 보이는 사람에게 다가가 웃으면서 농담으로 시작하면 4~5kg 정도는 그냥 넘어가 주고 그 정도면 충분합니다. 제가 잘생겼다면 당연히 젊은 처자에게 이야기하겠지만 그럴 얼굴이 아니란 건 알고 있으니 사람 좋아 보이는 배 나온 아저씨에게 가는 겁니다. 제가 다른 데서 온 사람도 아니고 형제의 나라에서 온 사람 아닙니까? 형제의 나라! 이걸로 문제 해결. 세상 참 편하게 산다.

4월 5일 여행 2일 차 굿 이브닝, 염라대왕 형.

역시 에미레이트 항공의 대표 기종인 A380. 비행기가 크다 보니 다른 비행기에 비해 앞뒤 간격이 넓어 장거리 여행 시에 덜 피곤합니다. 비행기가 큰 만큼 승무원도 많아 원하는 서비스를 좀 더 빨리 받을 수 있고, 화장실도 많습니다. 그만큼 시끄러운 탑승객이 많이 타면 지옥을 경험할 수 있다는 단점도 있긴 하지만요.

이코노미 클래스를 타는 가장 바람직한 자세는 비행 두어 시간 전에 타이레놀 PM이나 애드빌 PM을 먹고 비행기에 탄 다음 바로 자는 겁니다. "밥 값 내고 왜 밥을 안 먹냐?"고 따질 수도, 심지어는 밥 두 개 달라고 떼쓰는 할머니도 있긴 하지만 저는 이코노미 클래스를 탈 때는 밥을 안 먹고 잡니다. 밥 먹고 뒤척이면서 못 자서 불편하게 도착하는 것보다 편안하게 자고 도착해서 맛있는 밥 먹는 게 훨씬 낫다고 생각하기 때문입니다. 기내식이 칼로리는 높으면서 매우 기름져서 먹고 나서도 불편한 점도 있고요. 여기저기서 뿡뿡뿡!

그냥 그렇게 하던 대로 해야 하는데 이날따라 잠이 안 오기도 하고, 배도 고파서 치킨과 연어 중에 연어를 골라 먹었는데 기내식이 뭐가 잘못된 건지 먹다가 느낌이 싸~ 해서 바로 수저를 내려놨습니다. 나아지겠지 싶었는데 임파선이 부어오르기 시작하더니 나중에는 숨쉬기가 힘들 정도가 되었는데요. 바로 승무원을 불러서 혹시라도 내가 아나필락시스 상태에 빠지면 이 앞에 있는 젝스트를 허벅지에 찌르라고 하니 따라오랍니다.

캐빈과 액싯 로가 만나는 지점에서 혈압을 재니 170/100, 하지만 5분 후에 재니 혈압은 190/115까지 올라갔고, 산소포화도는 점점 떨어져 80% 이하로까지 떨어졌습니다. 영국 국적의 흑인처럼 보이는 승무원 사무장이 영국 영어 발음으로 관제탑과 이야기했고, 일단 응급 처치를 한 다음에 그래도 상태가 안 좋아지면 비상착륙을 할 수도 있으니 걱정하지 말라고 하는 것 같은데 잘 들리지 않습니다. 그러면서 다른 승무원이 산소 탱크와 엄청나게 큰 구급상자를 가져오는데 그 구급상자는 일반적인 구급상자와는 달리 안에 간단한 수술 장비도 있더군요. 나름 비행기를 타 볼 만큼 타 봤다고 생각했는데 그런 구급상자는 태어나서 처음 봤습니다.

에피네프린은 이러다 쇼크 상태에 되었을 때 써야 할 약물이기에 아직 에피네프린을 쓸 상황은 아니라 급한 대로 항히스타민제와 몇 가지 다른 약을 먹었는데도 혈압 떨어지는 속도는 너무 느리고 그에 비해 산소포화도는 뚝뚝 떨어져서 비행기에서 산소마스크 썼습니다. 비행기에서 산소마스크라니!

한국인 승무원 부사무장이 나아질 거라고 저를 안정시키며 승객 중에 의사도 있으니 걱정하지 말라며 손을 잡아 줍니다. 이때 가장 먼저 든 생각, "사망보험금 수령자 바꾸고 왔어야 했는데!" (...)

약과 산소가 들어가고 한국인 승무원이 저를 전담하며 한 시간 가까이 모니터하더니 좀 나아졌다고, 이제 편히 주무시라고 해서 정말 편히 잘 뻔 했는데, 문제는 어떤 할아버지. 제가 엑싯 로에서 편히 가는 게 부러웠는지 제 옆에 와서 앉는 겁니다. 그거야 뭐 제 자리 뺏은 거 아니니 제가 상관할 바는 아니지만 몸을 뒤척이면서 계속 건드리네요. 요단강에서 수영하다가 염라대왕 알현하고 온 사람에게 이게 뭐 하는 짓인가요??

참고 참다가 한마디 하려는데 이걸 지켜보던 승무원 사무장이 무서운 목소리로 여긴 당신 같은 사람이 앉는 자리가 아니라 응급 처치가 필요한 사람이 앉는 자리이고, 당신은 지금 계속 이 사람을 괴롭히고 있다며 빨리 당신 자리로 돌아가라고 하니 이 할아버지는 뭐라 한마디 하고 싶은데 자기보다 키가 큰 흑인 여자에게 기세가 눌렸는지, 아니면 영어를 못하시는지 꿀 먹은 벙어리가 되어 돌아갔고, 그때부터 벨 에포크가 시작되었습니다. 야학을 다녀 낮에는 영어를 몰라서 그러셨나? 이때는 밤이었는데? 포스가 루프트한자의 독일 아줌마 승무원급이에요.

어쨌든 비행기 타자마자 요단강에서 수영했고, 덕분에 엑싯 로에서 편히 오고 한국인 부사무장이 이제 랜딩하니 일어나셔서 차 한 잔 드시라고 깨울 만큼 푹 잤으며, 밥을 못 먹어 배고프네요. 눈앞에 맥도날드가 보입니다. 그래, 두바이의 빅맥은 어떤지 한 번 먹어봅시다.

경황이 없어 이름은 기억하지 못했지만 2023년 4월 4일 23:55에 출발한 EK323편의 한국인 승무원분들에게 감사의 말씀을 드립니다.

4월 5일 여행 3일 차 **A Real Kurdish Life**

여행 떠나기 며칠 전에 페이스북 친구로부터 카우치서핑을 해보라는 이야기를 듣고 사람들도 만나고 경비도 아낄 겸 카우치서핑을 통해 이스탄불에서 나를 재워줄 친구를 찾았습니다. 여기까진 정말 완벽했죠.

비행기 옆좌석의, 사람을 좀 불편하게 만드는 게이 커플게이라서 불편한 게 아니라 이어폰 없이 유튜브를 본다거나 등등 때문에 튀르키예의 이미지가 퇴색하긴 했지만 어쨌든 이스탄불 공항에 도착했습니다. 제가 한국에서 떠날 때 날씨가 23~24도일 정도로 따뜻했는데 여긴 한낮이 6~7도 정도로 쌀쌀하고 밤에는 얼음이 업니다. 카디건 안 가져왔으면 얼어 죽을 뻔했어요.

첫 번째 문제는 로밍. 두바이에서는 그렇게 잘 되던 로밍이 여기선 안 됩니다. 전화기를 껐다 켜도 그때만 잠깐일 뿐, 신호를 못 찾네요. 공항에서 현지 유심을 팔긴 하지만 말도 안 되게 비싸고 며칠만 있을 것이기에 굳이 그 돈을 써가며 유심을 사기보다는 어쨌든 로밍으로 버텨보려 했는데요.

사람들에게 물어물어 겨우 지하철역까지 갔는데 이스탄불 지하철은 우리나라처럼 카드 결제가 되지 않아 다시 공항까지 가서 100유로를 환전했습니다. 환전하는 아가씨가 "당신에겐 행운이 필요할 것 같아요."라고 말해 나도 그렇게 생각한다며 같이 낄낄거렸는데 그게 얼마나 무서운 말인지 깨닫기까지는 이스탄불 공항 도착 이후 한 시간도 걸리지 않았습니다.

제가 튀르키예 사람들에 관해 정말 큰 오해를 했었다는 건 지하철 탈 때부터 느꼈는데요. 유튜브 영상에선 모든 튀르키예 사람들이 친절하고 다정하지만, 현실은 전혀 그렇지 않습니다. 한국 이상으로 무표정하고 뭘 물어도 못 들은 척하며 대답하지 않는 사람들, 그게 제 튀르키예 사람들에 관한 첫인상이었습니다.

저를 초대한 친구가 내리라는 지하철역에서 내리니 또다시 로밍은 되지 않고, 그러니 당연히 그 친구에게 연락할 방법도 없어서 정말 막막한 상황이었는데요. 지하철역에 있는 경찰에게 사정을 이야기하고 저를 초대한 친구에게 전화를 좀 해줄 수 있냐고 부탁하니 흔쾌히 제 부탁을 들어주면서 제가 너무 피곤해 보인다고, 따뜻한 곳에서 좀 쉬고 있으라며 저를 난로 있는 곳으로 안내했습니다. 돌이켜 생각해보니 제가 튀르키예에서 만났던 사람 중에 거의 유일하게 유튜브에서 봤던 친절한 튀르키예 사람 같은 사람이었습니다.

20여 분이 지나니 드디어 저를 초대한 친구가 저를 데리러 왔습니다. 지옥에서 부처 만난 듯한 기분이랄까요?

Istanbul, Türkiye

그 친구를 따라 그 친구 집으로 걷는데 그 경사가 장난이 아닙니다. 예전 난곡동이나 성북동 같은 곳이나 그런 경사 구간이 남아있을까요? 과장이 아니라 최소한 20도는 될 것 같은, 겨울에 길 얼면 차로는 절대로 가지 못할 정도의 경사였습니다. 그 친구 집까지 대략 1.5km 정도 되는 것 같은데 캐리어에 배낭과 카메라 가방, 거기에 여권 등이 들어있는 크로스백까지 메고 가니 왠지 그 친구네 집은 삼도천 건너편에 있을 것 같은 기분입니다. 가다 쉬기를 반복해서 30분이 넘게 걸렸습니다. 진작에 택시를 탈걸!!!

하지만 더 쎄한 건 분위기. 경사는 성북동인데 동네 분위기는 난곡동입니다. 난곡동과 다른 점은 길거리에 사람이 거의 없다는 것. 튀르키예에선 보기 힘든 그래피티가 있다거나 가끔 보는 사람들마다 눈빛에 파이팅이 넘치는 게 '아, 뭔가 잘못 되었구나.' 싶었습니다. 사람들 눈빛이나 분위기가 쌍팔년도 남자중학교 2학년 학기 초 일주일 같다면 이해하실 수 있을까요?

"더 이상 못 걸어!"라는 말이 목구멍을 넘어 성대를 거칠 무렵 그 친구 집에 도착하니 담배 냄새가 저를 반깁니다. 그래, 담배야 뭐. 튀르키예는 전 세계에서 둘째가라면 서러울 골초의 나라이니 그 정도는 문제가 되지 않습니다. 진짜 문제는 집안 곳곳에 정체 모를 약과 주사기가 너무 많이 있다는 것. 튀르키예의 의료 체계를 몰라서 단정할 수는 없지만, 정상적인 경로로 유통된 약은 아닌 것 같습니다. 요즘 집에서 펜 타입이 아닌 주사기로 투여하는 약이 얼마나 될까요? 더군다나 앰플들을 보니 인슐린도 아닙니다. 대체 저 약들의 정체가 뭘까요? 온몸에 소름이 쫙 올라오기 시작했습니다.

이 친구가 수고했다며 물을 주는데 차마 그 물을 마시질 못하겠습니다. 누가 워셔액 색깔의 시원한 파워에이드 한 통만 준다면 영혼이라도 팔 수 있을 정도로 목이 말랐지만 "목은 마르지 않아."라고 사양하면서 "좀 쉬다가 저녁은 나가서 먹을까? 난 맛있는 걸 먹고 싶은데." 하니까 손님을 초대하고 첫

끼니는 자기가 만들어 대접해야 한답니다. 그게 율법이라나요?

"너 지금 죽을 것처럼 보여. 집에서 쉬고 있어."라고 말하는 걸 부득부득 우겨서 같이 장을 봤습니다. 의심이 암귀를 낳는다고 이미 의심병이 온몸을 휘감고 있는데 뭘 사는지 어떻게 아나요? 제가 직접 확인해야 그 음식을 먹을 수 있을 것 같아 같이 나간 거죠. 음식 준비하는 걸 기다리는데 다른 두 명이 더 왔습니다. 그래, 이슬람에서는 손님이 오면 그 손님을 보러 여러 사람이 온다니 그거는 알고 있었기에 다른 사람이 오는 거로 위축되거나 하진 않았죠.

인사를 하자마자 TV를 켜고 음악을 틀기 시작하는데 튀르키예는 우리나라의 오디오 시스템 같은 오디오는 정말 보기 힘들고, 그래서 사람들은 TV의 음악 채널을 통해 음악을 듣습니다 여느 아랍 음악과는 느낌이 다릅니다. 전 아랍권의 이미지인 파이루즈를 비롯해 아무르 디압이나 엘리사 등의 노래를 알아서 아랍 음악도 전혀 모르는 건 아닌데, 기본적인 성조부터 제가 알던 아랍 음악과는 여러모로 다르네요.

그들과 이야기를 나눠보고 싶어서 "난 한국에서 음악 평론 일을 하고 한국의 가장 큰 스트리밍 사이트에서 3년 반을 넘게 연재했던 사람인데 네가 틀어준 음악은 내가 알던 아랍 음악과 다른걸? 이건 무슨 노래야?"라고 물어보니 쿠르드 전통음악이랍니다.

쿠르드인이냐고 물었더니 그 새로 온 친구가 몰랐냐고, 우린 모두 쿠르드 사람이고 이 동네 자체가 쿠르드인과 시리아인만 사는 동네라고 알려줬습니다. 그제야 분위기 파악이 되면서 제가 걸어온 동네 분위기가 왜 그랬는지, 지금 제가 어떤 상황에 부닥쳤는지 알게 되었습니다. 지옥에 오신 것을 환영합니다!!! 인터넷이 안 되어 그 친구가 연락이 안 됐던 그 상황이, 그래서 눈앞에 보이던 라마다 호텔에 들어가려고 했던 그때가 알라가 내게 준 마지막 기회였다는 것을! 인샬라!

어쨌든 밥을 먹고 30분 정도 쉬고 있으니 이제 튀르키예의 평범한 사람을 보러 가자며 나가자고 합니다. 이때 이미 저는 48시간 가까이 눕지 못했던 상황이었기에 피곤해 죽을 것 같았지만 뭔지 모를 주사기가 꽂힌 채 변사체로 발견되기보다는 남들 보는 앞에서 과로사가 낫겠다는 생각에 따라나섰습니다. 이래 죽나 저래 죽나 어차피 죽을 거면 예쁜 여자라도 보고 죽자!!! 이 친구가 가자고 하는 동네는 가지 마할레시Gazi Mahallesi 라는 동네. 급하게 구글링을 해보니 'Gazi Quarter riots'이 검색되며, 내용을 읽어 보니 1995년에 폭동이 발생하여 4일간 23명이 사망하고 1,400명 이상의 폭도와 경찰이 다쳤다네요. 이쯤 되니 실성한 사람처럼 웃음이 나옵니다. 하하하하.

자기가 친구들 만나서 차도 마시고 카드 게임 같은 놀이도 하면서 이야기를 나누는 곳이라는 곳에 데려갔는데 버스에서 내리자마자 '아, 뭔가 잘못됐구나.' 싶었습니다. 좆됐다는 거자 일단 가는 길부터가 굉장히 험하고 높은 곳에 있었고, 거리 분위기는 딱 시리아 난민이 주인공인 프랑스 영화에서 주인공이 사는 동네 같은 분위기랄까요? 범죄 영화 하면 딱 떠오르는 그런 동네, 제가 그런 동네에 서 있는 겁니다! 튀르키예판 범죄도시!!!

젊었을 때는 할렘도 겁 없이 다니곤 했었는데 이 동네는 그냥 내리자마자 소름이 끼칩니다. 할렘이 길거리 걷는데 흑형 몇 명이 다가와 총을 겨누며 삥을 뜯는 분위기라면 여긴 길거리에 사람이 없고 어디선가 날아올 드라구노프나 칼라시니코프AK-47의 7.62mm 탄환이 머리를 날릴 것 같은 분위기입니다. 아니나 다를까, 이 친구도 내리자마자 말하는 게 여기는 튀르키예 전체에서도 손꼽히게 위험한 동네라고, 정신 바짝 차려야 한다고 겁을 주네요. "지금 내 지갑에 250불 정도 있어. 혹시 안 좋은 일이 생겨도 이 정도 돈이면 목숨은 부지할 수 있을까?" 물어보니 웃으면서 자기가 있으니 저는 걱정할 게 아무것도 없다고 말합니다. 걱정을 하라는 거야? 말라는 거야?

이 친구가 좋은 친구들이 많이 있다는, 그래서 나에게도 그 친구들을 소개해주고 싶다는 곳으로 가니 우리로 치면 딱 대림동 마작 하우스 느낌입니다. 한가운데에는 우리나라에서도 1970~1980년대에 많이 썼던, 지금도 사채 제3금융권 사무실에선 빠질 수 없는 소품인 철제 책상이 놓여 있고, 누가 봐도 그 하우스의 꼬장처럼 보이는 사람이 앉아 있으며, 테이블마다 제가 모르는 카드 게임을 하는데 담배 연기와 한쪽 구석에서 나는 풀(!) 태우고 향(!) 피우는 냄새로 숨을 쉴 수 없을 정도입니다.

하지만 담배 냄새와 풀 냄새보다 더 저를 불편하게 했던 건 저를 바라보는 사람들의 눈빛. "이 새끼는 뭐야?"라는 듯이 쳐다보는 눈빛이 예사롭지 않습니다. 저를 초대한 친구가 한국에서 온 친구라고 소개하고 튀르키예 사람들의 삶을 보고 싶다고 해서 데려왔다고 하니 모두 웃으며 인사하지만 뭐랄까요? 신교대 입대할 때 조교들의 얼굴은 웃지만, 눈빛은 사람을 죽일 것 같은 눈빛으로 저를 쳐다보는 딱 그 느낌이랄까요? 애들아, 신병 받아라!

10분쯤 앉아 있으니 이 정도 시간이면 예의는 갖출 만큼 갖췄다고 생각되기에 담배 연기로 속이 메슥거려 못 있겠다고, 나가자고 해서 그곳에서 나왔습니다. 다른 카페에 가자고 해서 걸어가는데 아직도 길거리 곳곳에 탄환 자국이 남아있네요. 저는 지금 시가전이 벌어지고 사람들이 죽어 나간 길을 걷고 있는 겁니다!

다행히도 옮긴 카페는 조명이 환하고 여자 손님도 있습니다. 그런데 카페 주인의 문신이나 여주인의 의상이 심상치 않네요. 저와 비슷한 나이처럼 보이는데 이 나이에, 그것도 아무리 세속주의라지만 이슬람 국가에서 몸을 가린 부분보다 안 가린 부분이 훨씬 많은 옷을 입는다는 건 흔한 일이 아닐 텐데 그녀의 옷차림은 안탈리아 해변에서나 어울릴만한 옷차림이었습니다. 그러다 보니 해면체(...)에 몰려야 할 피가 심장으로 몰리더군요.

진짜 아이러니는 그 법보다는 주먹이 가까울 것처럼 보이는 주인아저씨가 끓여준 튀르크 커피가 정말 맛있었다는 겁니다. 원두는 고급처럼 느껴지지 않지만, 당도도 적당하고 진하기도 딱 좋습니다. 입맛 까다롭기로 유명하고 커피가 좋아 커피집까지 차렸던 제가, 그래서 스타벅스에서는 말차 라떼나 리프레셔 종류만 마시는 제가 커피를 석 잔이나 마실 정도이니 예사 커피집은 아니었습니다.

이런저런 이야기를 하는데 이야기의 70%는 쿠르드족의 고단한 삶과 튀르키예 정부의 이민 정책에 대한 비판, 그리고 30%는 한국 사람의 행실에 대한 비판입니다. 한국 사람이라는 이유만으로 튀르키예의 어린 여자들과 섹스하는 것들이 자기는 몹시 못마땅하다면서 너도 원한다면 얼마든지 어리고 예쁜 여자들과 섹스할 수 있다고 말하네요. 튀르키예 내에서 한국 사람들의 인기는 네가 생각하는 이상이라면서요.

　뭐라고 길게 말하고 싶었지만 '한국인 = 섹스 애니멀'이라는 확증편향에 사로잡힌 친구에게 이야기해봤자 먹힐 것 같지도 않고, 괜히 이 친구의 심기를 불편하게 해서 좋을 것 없다는 걸 너무 잘 알기에 한국 같았으면 "이게 말이야 막걸리야?" 했겠지만 난 한국에서도 섹스할 여자 있고, 어린 여자는 내 취향이 아니라고 선을 그었습니다. 그랬더니 어딘가에 영상통화를 하면서 저를 바꿔주는데, 웬 소녀가 한국말로 "안녕하세요."하고는, 저를 보고 너무 귀엽다면서 내일 만나고 싶답니다. 그 소녀는 19살이었습니다.(...) ~~얘야, 이 오빠가 첫사랑에 실패만 하지 않았어도 너만 한 막내딸이 있었을 거란다~~

　이렇게 몇 군데를 더 가고 나서야 택시를 타고 집에 올 수 있었습니다. 그렇게 폭풍 같던 이스탄불의 첫 번째 날이 지나갔고, 집에 와서도 쉬이 잠을 이룰 수 없었습니다.

　한참 지난 후에 다시 생각해보니 제가 큰 오해를 했던 것 같습니다. 이 친구는 제게 위해를 가하기는커녕 그 친구가 할 수 있는 모든 걸 다 했으며, 정말 편하게 대해줬고, 있고 싶은 만큼 있어도 된다고 했습니다. 피곤해 죽을 것 같은데 쿠르드족이 고된 삶과 튀르키예 임금 체계의 불평등에 관해 쉴새 없이 이야기하는 걸 들어줘야 하긴 했지만 그 정도야 뭐 어려운 것 아니잖아요? "맞아."와 "인정해."만 말하면 되는 게 뭐가 어렵습니까?

　집에 있던 수많은 주사기나 약도 생각해보면 이 친구의 직업이 구급대원이기에 집에 약이 많을 수 있습니다. 이 역시 전 세계 최고 수준의 보건 의료 체계를 갖춘 나라에서 살기에 대한민국에서만 산 사람은 잘 모를 수 있는데요. 우리나라는 조금만 아파도, 아니 안 아파도 병원에 출근 도장 찍는 사람이 많지만, 미국 같은 나라에선 상상도 못 할 일입니다. 미국에 왜 오피오이드 계열의 마약이 퍼지게 됐는데요? 왜 빈곤층이나 범죄자가 아닌 평범한

Istanbul, Türkiye

사람들도 마약에 중독되게 됐는지 찾아보신다면 그 이유를 아실 겁니다. 하물며 튀르키예에 사는 쿠르드인이라면 우리가 향유하고 있는 의료 서비스는 상상도 못 할 일이기에 집에 상비약을 많이 갖춰둬야 할 겁니다. 더군다나 구급대원이라면 그걸 누구보다도 잘 알기에 다른 사람보다도 훨씬 많은 약을 갖추고 있었겠죠.

그렇다면 저는 왜 지금 이곳이 위험하다고, 빨리 이곳을 벗어나야 한다고 생각했을까요?

우리가 외신에서 쿠르드인에 관해 접할 수 있는 뉴스는 100%라고 해도 과언이 아닐 만큼 좋은 뉴스보다는 좋지 않은 뉴스의 비중이 압도적으로 높습니다. 당연히 저도 모르는 사이에 쿠르드인에 관해 편향된 선입견이 생긴 거죠. 게다가 저를 초대했던 야시엘은 착한 사람이라고 쳐도 제가 봤던 야시엘의 모든 친구가 다 착한 사람이라는 법은 없습니다. 더구나 제가 봤던 야시엘의 시리아 친구들은 법 없이도 살 사람보다는 법 없어야 살 사람 쪽에 훨씬 가까운 사람들이었습니다. 아무리 웃는 표정을 지으며 호의를 베풀어도 눈빛에서 느껴지는 삶의 고단함은 감출 수 없으니까요.

그때 제가 가지고 있던 여행 경비는 누군가에게는 두 시간 술값도 되지 않는 돈이고, 다른 누군가에게는 있어도 그만 없어도 그만인 돈일 수 있겠지만 이곳의 누군가에게는 목숨을 걸 만한 가치가 있는 돈일 수도 있습니다. 더구나 약쟁이는 약이 떨어지면 무슨 짓이든 할 수 있는 인간들인데 그 하우스(!)에서 제가 맡았던 냄새는 담배 냄새만 있던 게 아니었습니다. 돌이켜보면 저는 오해를 했던 게 맞지만, 다시 그 상황에 부닥친다고 해도 똑같이 행동했을 겁니다.

*　　　**쿠르드인**

쿠르드인의 인구수는 서아시아에서 아랍, 페르시아, 튀르키예 다음으로 많습니다.
하지만 단 한 번도 공식적으로 단일민족 국가를 가져본 적은 없는 민족인데요.
이라크와 시리아의 북부와 이란 서부, 튀르키예의 동부 지역을 쿠르디스탄이라고는
하지만 UN에서 인정받은 국가는 아닙니다. 그렇기에 그들은 독립 국가 건설을
원했고, 이를 교묘하게 이용한 세계열강들에 의해 놀아나면서 그들은 점점 분열되기
시작했죠.

제1차 세계대전 당시, 자기네에게 힘을 빌려주면 전쟁 후에 독립시켜주겠다는 영국의
말을 믿고 오스만제국을 무너뜨리는 데 일조했지만 로잔 조약 때문에 없던 일이
되었고, 이란 이라크의 국경 분쟁이 일어났을 때 미국의 말을 듣고 친미 정권이었던
이란을 도왔지만 토사구팽당했으며, 이스라엘을 돕다가 이란에 의해 박살이 난 적도
있습니다.

물론 당하기만 한 건 아닙니다. 아르메니아 대학살을 주도했던 세력이 쿠르드인이고
이 이외에도 수많은 사건 사고의 가해자로서 이름이 등장하는 민족 역시
쿠르드인이죠. 독립 국가 건설을 미끼로 열강들의 전가의 보도가 되어 칼춤을 추긴
했지만 사람들은 칼춤을 춘 사람만 기억할 뿐 누가 그 칼춤을 추라고 시킨 건지는
관심이 없으니 쿠르드인은 그 오랜 세월 동안 당해왔음에도 불구하고 수많은 적이
생겼고, 심지어는 쿠르드인 내부에서도 서로를 죽고 죽이는 일이 발생했던 겁니다.

페르시아와 아랍, 아프리카의 역사나 역학 관계를 찬찬히 살펴보면 인생의 진리가
담겨 있습니다. 한쪽이 힘이 세지면 다른 쪽은 당연히 힘이 약해지며, 그걸로 이득을
보는 세력과 반대로 손해를 보는 세력이 늘 공존하면서 힘의 균형을 이룹니다.
쿠르드인은 그런 서아시아 지역의 역학 관계에서 아주 중요한 한 축을 차지하고
있습니다. 인구수는 많고, 전투나 전쟁의 경험 또한 남 못지않으며, 그러니 절대 작은
세력이 아닌데 국가는 없어서 어디에 붙을지 모르기 때문입니다.

이 책을 읽는 분들에게 한가지 당부하고 싶은 건, 우리가 서아시아와 아프리카 지역에
관해 듣는 뉴스는 대부분 미국을 비롯한 서구권 국가들의 입을 통해 듣는 뉴스들이고,
그렇기에 그들의 시각에 따라 편향된 뉴스를 들을 수밖에 없습니다. 하지만 한 발자국
떨어져서 그 뉴스를 보면 그 동네는 좋은 놈, 나쁜 놈, 우리 편, 남의 편 뭐 그런 거 없고
오직 자국의 이익만을 추구할 뿐입니다.

미국이 미국 외에 유일하게 F-14 전투기를 팔았던 나라가 이란이지만 이란의 1979년
이슬람 혁명 이후 이란과 미국은 불구대천지원수가 되었습니다. 미국의 최우방이었던

> 이스라엘과 사우디아라비아는 점점 미국을 멀리하고 있고요. 이렇듯 그쪽 동네는 아무도 모르고, 누가 '우리 편'이 될지도 모릅니다. 그렇기에 인터넷에서 유행하는 말처럼 '중립 기어 넣고' 바라보는 게 무엇보다 중요합니다.

4월 6일 여행 4일 차 Pt.1 지옥을 경험하다

너무 힘들어 다리가 끊어질 것 같은데 잠이 오지 않습니다. 인간의 생존 본능이란 게 이렇게 무서운 것이었군요? 겨우 잠을 청해 두 시간 정도를 자고 일어나니 밤새 TV 보고, 담배 피우고, 기도 하길 반복하던 야시엘은 제가 잠든 사이에 출근했고, 놀러 왔던 친구와 그의 여자친구는 다른 방에서 자고 있었습니다. 이 집을 떠나려면 지금밖에 기회가 없습니다.

'너의 친절은 지금까지 경험해보지 못한 친절이었고, 그렇기에 진심으로 감사하게 생각한다. 하지만 오늘부터 본격적인 이스탄불 투어를 해야 하는데 여기는 왔다갔다 하기가 너무 힘들고, 더구나 난 심장질환이 있어서 매우 위험할 수 있기에 아쉽지만 난 이제 호텔로 가야겠다. 얼굴을 보고 가지 못한 게 너무 아쉽다. 잘 지내라.'라는 메시지와 함께 미화 100불을 두고 나왔습니다. 그리고 폭풍 검색. 베식타스Beşiktaş 지역에 제가 갈만한 호텔들이 몰려있는 걸 보니 그쪽에 뭔가 있나 봅니다. 이스탄불 교통카드를 사고, 돈을 충전한 다음 구글 맵이 알려주는 대로 찾아갔습니다.

교통카드를 사는 것도 일인데요. 우린 한 집 건너 편의점이 있고, 편의점마다 교통카드를 판매하지만, 이스탄불은 일단 교통카드를 파는 곳이 흔치 않고, 충전도 정류장 근처에서만 가능합니다. 사람들에게 물어물어 2km가량을, 그것도 맨몸도 아니고 캐리어에 배낭 두 개를 앞뒤로 메고 가니 이것만으로도 보통 일이 아닙니다. 게다가 익숙한 네이버 지도나 카카오 맵이 아닌 구글 맵으로 찾아가려니 이것도 쉽지 않고요.

그나마 다행인 건, 튀르키예의 소녀들은 한국 사람임을 밝히면 남자들과 달리 정말 친절하고 마음을 다해 길을 알려줍니다. 버스를 갈아타야 할 때가 되면 자기가 내릴 곳이 아닌데도 같이 내려서 갈아타야 할 정거장까지 동행한 다음 제가 버스 타는 걸 지켜보고 기사에게 이 사람 어디에서 내려달라고 말해줄 정도로요. 어쨌든 그렇게 목적지에 도착하니 그야말로 신세계가 펼쳐집니다. 그래, 이거지. 이게 내가 알던 이스탄불이지!

동네가 그리 좋아 보이지는 않지만, 베식타스 선착장이 가깝고 더블 침대에 테라스가 있는 호텔이 80불 정도 합니다. 물가가 싸서 여행하기 좋다고 들었는데 아닌가 보네요. 어쨌든 하얀 침대보가 깔린 더블 침대에 더운물이 펑펑 나오는 욕실을 보니 그것만으로도 살 것 같습니다.

샤워를 하고 한 시간 정도 누워있다가 구경도 하고 배도 채울 겸 나왔습니다. 호텔 컨시어지에게 "어디부터 볼까?" 하고 물어보니 뭘 당연한 걸 물어보냐는 듯이 "블루 모스크와 아야 소피아에서부터 시작해야지."라고 말합니다. "그래? 거긴 어떻게 가는데? 택시 탈까?" 하니 택시보다 페리를 권합니다. 비용도 비용이지만 이스탄불의 페리를 타보면 이스탄불이 얼마나 아름다운 도시인지 알게 된다면서요. 오케이, 좋았어. 선착장으로 출발!

우리나라에도 페리라고 부르는 배가 있긴 하지만 이스탄불의 페리는 우리와는 개념이 약간 다릅니다. 우리나라는 꽤 먼 도서 지역을 정기적으로 운항하는 배를 페리라고 하지만 이스탄불에서는 수상 버스 정도로 생각하면 좋을 것 같은데요. 버스 정거장처럼 페리 선착장이 있고, 노선에 따라서는 한 시간에 네 번도 운항할 정도로 꽤 자주 운항합니다. 택시보다 훨씬 쌀뿐더러 물 위에는 교통체증이 없으니 막히지도 않고, 페리 선착장은 대부분 유명 관광지에서 매우 가까이 있어 페리를 탈 수 있다면 택시보다 페리를 타는 게 좋습니다.

문제는 언어. 튀르키예어는 생긴 건 독일어인데 독일어와는 완전히 다릅니다. 그렇다고 영어도 아니고, 그렇다고 불어는 더더욱 아닙니다. 게다가 튀르키예어에만 있는 Ç, Ğ, I, Ş 등의 글자 때문에 읽기도 힘듭니다. 그렇기에 내가 갈 곳이 어디인지, 어디서 타야 하는 지를 사람들에게 물어봐야 하는데 안타깝게도 튀르키예 사람들은 영어를 잘하지 못합니다. 하지만 걱정할 것 없습니다. 저는 한국인이니까요.

선착장에서 난감한 표정으로 앉아 있으니 아까부터 누군가를 기다리며 계속 저를 쳐다봤던 여학생이 말을 걸어옵니다. "항구 사람이에요?" "네, 한국 사람 맞아요.. 한국말 할 줄 알아요?" "조금."

영어를 할 줄 아냐고 물어보니 영어도 조금 한다고 하는데 한국말보다는 훨씬 잘하네요. "난 블루 모스크에 가고 싶은데 무슨 페리를 어디서 타야 할지 모르겠다. 도와줄 수 있을까?"라고 물으니 잠깐만 편히 앉아서 기다리라며 어디론가 가니까요. '이 친구가 어딜 가나?' 싶어서 가만히 보니 그 친구 역시 지나가는 사람에게 길을 묻네요. 길을 물어서 길을 알려주다니 우리로선 상상하기 힘든 일이지만 이스탄불에선 어렵지 않게 경험할 수 있는 일입니다. 의기양양한 표정으로 제게 다가오는데 마침 그 친구의 친구도 도착합니다.

둘 다 한국 드라마와 영화, 음악의 광팬이라 말해서 예전에 멜론 하이파이에 연재했던 BTS 관련 아티클을 보여주니 펄쩍펄쩍 뛰며 좋아합니다. 그러면서 제가 배에 오르는 것까지 보고 돌아서면서 연락처를 주더니 꼭 연락하라고 하네요. 웃으면서 "인샬라."라고 대답하니 인샬라를 어떻게 아냐며 놀랍니다. 어쨌든 그렇게 페리에 올랐습니다.

이스탄불에서 딱히 보고 싶은 것도 없고 따사로운 햇살 아래 그냥 평화와 자유를 만끽하고 싶다면 페리 타면 됩니다. 이스탄불에서 볼만한 곳은 거의 다 가고, 심지어는 세상에서 가장 아름다운 스타벅스 매장이라는 베벡의 스타벅스까지 갑니다. 여기까지는 정말 좋았습니다. 내일은 온종일 페리나 타다가 영화의 한 장면처럼 노상 카페테리아에서 커피나 마셔야겠다는 생각이 들 정도로요.

블루 모스크라고 부르는 술탄 아흐메트 모스크나 아야 소피아도 정말 좋았습니다. 그 엄청난 크기의 모스크가 그렇게 관리가 잘 되어있는 것도 놀랍고, 어디든 돈을 받는 나라에서 무료로 개방한다는 것도 놀랍습니다. 나이롱 신자가 많은 우리나라의 종교계와는 달리 눈빛에서부터 "난 독실한 무슬림이야."라고 말하는 듯한 그들의 기도 모습도 제겐 신선한 충격이었죠.

그 주변에 워낙 볼 것이 많고 먹을 것도 많기에 좀 더 있고 싶었지만, 며칠 밤을 제대로 못 자 너무 피곤하고 비도 흩뿌리기 시작하면서 추워져서 호텔에 가서 좀 쉬다가 다시 나오는 한이 있더라도 좀 쉬다 오자는 생각에 간단하게 요기를 하고 선착장에서 페리를 기다리는데 뭔가 허전합니다. 아뿔싸, 여행 경비 전부와 여권이 들어있는 크로스백이 없습니다. 흘린 거 아닌가 싶어 일어나 주위를 살펴보니 앞에 있던 아줌마가 손으로 X자를 만들며 "여기서 잃어버린 게 아니다. 너 올 때부터 지금 모습 그대로다. 흘린 거 없다."라고 말합니다.

순간, '꿈을 꾸고 있는 건가?' 싶었지만 이미 엎질러진 물입니다. 돈이야 없어지면 다시 만들면 되지만 여권은 반드시 찾아야 합니다. 특히 이번 여행처럼 나라를 옮겨가며 움직이는 여행에선 여권이 없으면 아무것도 할 수 없습니다. 더구나 찾아갈 나라가 어떻게든 말이 통하는 나라가 아니라 이란이라면? 여기서 여행이 마무리될 수도 있는 상황입니다.

침착하게 심호흡을 몇 번 하고 앉아서 생각합니다. 만약 여기가 아니라면 난 어디서 여권을 잃어버렸을까? 제 동선을 역추적해보니 아야 소피아가 가장 유력합니다. 아니 아야 소피아입니다. 모스크 안에서 앉아서 쉬다가 천정 사진을 찍으려고 DSLR을 꺼내 사진을 찍기 시작했을 때였을 겁니다. 선착장에서 나와 택시를 타려 했지만 이미 러시아워 시간에 걸려 택시 잡기가 하늘의 별 따기이고, 택시를 잡는다고 해도 걷는 게 더 빠를 것 같습니다. 다시 아야 소피아에 가니 역시 크로스백은 없습니다.

문제 해결을 위해 아야 소피아에 붙어있는 파출소를 찾아가니 어디를 가라고 하고, 그래서 거길 가니 그건 우리 관할이 아니라 다른 관할이니 거기로 가라고 하고, 그렇게 그 근처의 여섯 경찰서/파출소를 다녔습니다. 어째 공무원은 국적을 가리지 않고 똑같냐? 근데 너희는 우리나라보다 훨씬 더 심하다! 소위 말하는 경찰서 뺑뺑이. 이게 뭐 하는 짓인가 싶어서 물었더니 모스크 안에서 잃어버리면 어디 관할이고 모스크 밖에서 잃어버리면 어디 관할이다, 아야 소피아 중 어떤 모스크는 어디 관할이고, 어떤 모스크는 다른 서 관할이다 등등 우리 상식에서는 말도 안 되는 핑계를 대면서 저 스스로 포기하게 만든다는 느낌을 받게 되더군요. 그래, 누가 이기나 해보자!

더구나 땅이 넓어서인지 아니면 우리와는 거리 감각이 달라서인지 걸어서 5분이면 된다는 거리의 경찰서가 실제로는 30분 정도 걸어야 한다거나, 그래서 트램을 타니 출퇴근 시간의 지하철 9호선을 능가할 정도로 사람들이 미어터지는 트램에서 튀르키예 남자들이 일부러 밀면서 쌍욕을 해대니 인내심의 한계가 왔습니다. 마지막에 한 놈이 또 그런 장난을 치기에 참다가 폭발해서 그놈 멱살을 잡고 한국말로 쌍욕을 하면서 끌고 내리려고 하니 이놈은 놀라 도망가고 순식간에 제 주변에 모세의 기적이 펼쳐졌습니다. 형아 얌전해 보여도 소싯적에 껌 좀 씹었어. 형 건드리지 마. 다쳐!

Istanbul, Türkiye

그렇게 몇 시간에 걸쳐 여섯 번째 경찰서까지 갔다가 아무런 소득 없이 다른 경찰서로 가라는 말을 듣고 전화기 배터리가 남아있지 않아 호텔로 돌아왔습니다. 수중에 남아있는 돈은 지갑에 있는 미화 180불과 약간의 튀르키예 리라 그리고 50리라 정도가 남아있는 이스탄불 교통카드뿐입니다.

정신 바짝 차려야 합니다. 이제부터는 진짜 긴축재정을 펼쳐야 하기에 트램도 타지 않고 터덜터덜 걸어오니 삐끼 식당 호객꾼 아저씨가 우리 집이 이 동네에서 제일 맛있는 집이라는 이야기를 하다가 내 모습을 보고는 무슨 일이 있냐고 물어서 그간에 있었던 일을 이야기하니 "물이라도 마실래?"라며 물을 주는 데 정말 참고 참았던 눈물이 터져 나오더군요.

호텔로 돌아와서 가장 먼저 해야 할 일부터 생각해봅니다. 일단 물을 사 와서 뽀글이라도 끓여 배를 채우는 게 가장 먼저 해야 할 일이었습니다. 남은 돈으로 맥주라도 사서 마시고 싶지만, 이 상황에서 술을 마시는 건 말 그대로 모든 걸 다 내려놓겠다는 것인데 아직 내려놓을 때는 아닙니다. 그나마 다행인 건, 호스텔에서 마음 맞는 친구를 만난다면 끓여줄 요량으로 준비한 라면 8봉과 고마운 사람에게 선물로 준비한 담배 8갑이 남아있습니다. 몇 년간 안 피웠던 담배에 손이 가네요.

참깨라면은 대체 왜 그렇게 맛있는 겁니까? 라면 하나에 세로토닌이 온몸에 퍼져나가는 게 느껴지며 이제부터 해야 할 일이 리스트업되기 시작합니다. 일단 가장 먼저 해야 할 일은 돈을 만드는 겁니다. 문제는 저는 스마트폰에서는 카카오뱅크만 쓰는데 카카오뱅크에는 잔액이 거의 없고, 메인 통장의 돈은 뽑을 방법이 없습니다. 이럴 때마다 늘 도움을 주셨던 분들이 생각납니다. 제 글의 독자, 팬들입니다.

블로그에 그간의 사정을 이야기하고, 여유가 있으신 분은 제가 남들에게 유일하게 친구라고 말할 수 있는 분이자 이번 여행에선 베이스캠프의 역할을 해주고 계신 이병선 선생님에게 한국 가서 갚을 테니 송금을 좀 해주십사 하는 글을 올렸습니다.

4월 6일 여행 4일 차 Pt.2 머리는 차갑게, 가슴은 뜨겁게!

블로그에 글을 올린 시간이 한국시간으로 새벽 네 시. 지금 뭘 할 수 있는 건 없습니다. 내일을 위해 휴식을 취해야 합니다. 크로스백을 잃어버린 것도 몸이 너무 피곤해서 생긴 일이기에 쉬고 싶었고, 그렇게 생각 없이 앉아 있다가 주의력과 집중력이 떨어지면서 생긴 일이니까요.

따뜻한 물로 샤워하고 침대에 누웠지만 잠이 올 리 만무합니다. 어차피 잠도 오지 않는데 여권이 없는 상황에서 어떻게 여행을 이어갈지 생각해 봅니다.

총영사관에 가서 긴급여권을 발급받는다고 하더라도 이란 입국은 불가능합니다. 이란은 정식 여권을 가진 사람만 입국할 수 있기 때문입니다. 그렇기에 몇 가지 방법을 생각했는데요. 우선 이스탄불 총영사관에서 정식 여권을 신청하고, 튀르키예에 있다가 정식 여권이 도착하면 그 여권을 수령하여 이란으로 출발하는 겁니다. DHL 여권 특송 서비스를 이용하면 일주일에서 열흘 정도 걸린다고 하네요. 당연히 현재의 항공권은 폐기하고, 다시 비행기 표를 끊어야 합니다. 경우에 따라서는 육로로도 이동할 수 있고요.

다음 방안은 이스탄불 총영사관에서 긴급여권을 발급받고, 정식 여권도 신청하며, 긴급여권으로 이란이 아닌 아르메니아로 출발한 다음 아르메니아로 정식 여권을 탁송 받는 겁니다. 아르메니아에서 여권을 수령하면 육로로도 이동할 수 있으니 그때부터 이란 여행을 시작하는 거죠. 일정이 바뀌고

조지아는 못 가겠지만 긴급여권으로도 아르메니아는 입국할 수 있으니 원래의 일정과 가장 비슷하게 이동할 수 있습니다.

하지만 좀 더 검색해보니 이건 불가능하다는 걸 알게 됐는데요. 일단 아르메니아에는 재외 공관이 없고 조지아에 있답니다. 그러니 아르메니아가 아닌 조지아로 가서 이후 일정을 따라야 합니다. 그리고 DHL 여권 특송 서비스는 신청한 재외 공관에서 수령해야 하기 때문에 이 계획대로라면 이스탄불 총영사관에서는 긴급여권만 신청해서 조지아로 넘어간 다음에 조지아에서 정식 여권을 신청해야 합니다. 어차피 조지아에서 들어간다면 타브리즈 쪽으로 들어가는 것이니 마슈하드 여행을 포기하면 이게 가장 이상적인 일정이겠죠.

마지막 계획은 이란 여행 자체를 포기하고 튀르키예 한 달 살기를 하는 겁니다. 편하긴 이게 가장 편하지만 이거야말로 "새벽에 토끼가 눈 비비고 일어나 세수하러 왔다가 물만 먹고 가지요"지요. 이러고 싶진 않았습니다.

어떤 선택을 하든 이스탄불 - 테헤란 비행기표는 포기해야 합니다. 또한 이스탄불에서 한국으로 들어오는 것 외에는 모든 일정을 육로로 이동해야 합니다. 그게 여행 경비가 없어진 상황에서 숙박비와 교통비를 줄일 수 있는 유일한 방법이기 때문입니다.

지갑을 살펴보니 180불이 있습니다. 이걸로 여권 신청 비용은 충당할 수 있을 것 같습니다. 이렇게 계획을 세우니 이 상황을 수습할 방법이 보입니다. 이렇게 생각 정리를 하고 한두 시간이라도 자야겠다는 생각에 누웠는데 이때부터 놀라운 일이 벌어졌습니다. 분명히 새벽 시간인데 카톡이 불이 나기 시작한 거죠. "어디 아픈 데는 없냐?", "밥은 먹었냐?"부터 "닥치고 계좌번호!"까지 정말 많은 분이 안부를 걱정하시며, 돈을 보내주시겠다고 하셨습니다. 그리고 글을 올린 지 세 시간 만에 천만 원 가까운 돈이 모였습니다.

세상에나! 그 새벽 시간에, 그것도 저를 한 번도 본 적이 없는 분들이 제게 그만큼의 돈을 보내다니요? 어차피 신속 해외 송금 서비스를 이용해도 3천 불이 한도이기에 이 이상의 돈은 필요 없고, 제겐 그저 빚일 뿐이라서 돈 더 안 보내셔도 된다는 글을 올리고 다시 누웠습니다.

아무리 제 글을 읽고 아무리 제 팬을 자처해도 얼굴 한 번 본 적이 없는 남에게 50만 원, 100만 원씩 보내는 건 결코 쉬운 일이 아닙니다. 그중 한 분은 무려 300만 원이라는 거금을 보내셨고요. 더군다나 저는 형제끼리 돈 100만 원 빌릴 때도 차용증 쓰라는 말을 하는 분위기에서 자라다 보니 이런 상황이 더 이해되지 않았던, 아니 그 수준을 넘어 신기했던 거죠.

나중에는 돈을 보내주신 분 중 한 분에게 왜 제게 돈을 보냈냐고 여쭤봤더니 "네버님이 겨우 백만 원 떼어먹고 잠수 탈 사이즈는 아니시잖아요? 그렇지. 이왕 해먹겠다고 마음 먹으면 크게 한탕 해야지, 내가 그런 푼돈 먹고 잠수 탈 사이즈는 아니지. 그리고 지금까지 읽은 글 값과 네버님 글로 위안받고 힘을 얻은 것 생각하면 그 정도는 아무것도 아니죠. 제 돈은 안 갚아도 되니 걱정하지 마시고 식사나 거르지 마세요."

이제 좀 자려는데 한국의 새벽 시간인지 이제부터는 전화벨이 불나기 시작했습니다. 그런 일이 있으면 형한테 전화부터 해야지 형이 블로그를 보고 먼저 전화해야겠냐는 타박부터, 전화해놨으니 어디 가서 누굴 만나 그 사람과 같이 총영사관에 가라는 이야기와 여권 문제가 해결돼야 다음 일정을 정할 수 있을 테니 일단 여권 문제부터 해결하고 바로 전화하라는 분도 계셨고, 일단 어떻게든 이란으로 가면 이후에는 누군가 나와서 문제를 해결해 줄 테니 밥 굶지 말고 이란으로 건너가란 분도 계셨습니다.

이런 일을 겪을 때마다 희미해지는 초심을 되찾게 됩니다. 언제부터인가 "선생님 글을 읽고 많은 위로가 됐습니다. 감사합니다." 같은 댓글이나 메

시지를 받기 시작했는데 이런 일이 종종 있다 보니 점점 관성이 되어 무뎌지고 있었습니다. 그러다 보니 암 수술하러 병원에 입원했는데 제 책 한 권을 들고 입원하셨다는 말씀을 들어도 '그런가 보다.' 생각하게 되었고요. 하지만 이런 일을 한 번 겪으니 다시 글 잘 읽었다는 메일에 일일이 답장하던 시절이 생각났습니다. '그래, 난 그런 사람이었지.'

저 같은 듣보잡이 이런 말을 한다는 게 스스로도 우습긴 하지만 응, 웃겨, 많이 웃겨. 저는 이미 혼자인 몸이 아닙니다. 저는 매일 수백, 수천 명이 제 일거수일투족을 지켜보는 사람이 되었기에 제가 실패하면 그분들 역시 본인이 실패하신 것처럼 마음 아파하실 겁니다. 저와 제 글을 좋아해 주시는 분들은 대부분 본인은 생각만으로 끝내는 일을 저는 직접 하기에 저에게 감정이입을 하고 대리만족을 느끼시기 때문입니다. 그렇기에 이 정도 태클이 들어왔다고 여기서 멈추면 안 됩니다. 이럴수록 미친놈처럼 웃으며 "그럼 조지아부터 가면 되지 뭐."라고 쿨하게 말할 수 있어야 합니다.

자, 다시 시작입니다.

4월 6일 여행 5일 차 After the Storm

아침에 총영사관에 가려고 나서는데 컨시어지가 웃는 얼굴로 잘 잤냐고, 불편한 데는 없었냐고 묻습니다. 잠을 못 자서 좀 피곤하긴 하지만 괜찮다고 이야기하니 얼굴이 피곤해 보인다면 무슨 일 있냐고 물어서 그간의 사정을 이야기해줬습니다. "여차여차해서 이래저래 되었는데 그래서 지금 총영사관에 가야 하고, 그러니 체크아웃 시간까지 못 올 수도 있어. 만약 그렇게 되면 짐을 좀 보관해줄 수 있어?"라고 물으니 짐 보관은 문제가 아니라며 잃어버린 곳이 아야 소피아가 맞냐고 몇 번을 물어봅니다. 아야 소피아는 도난 사건 같은 게 일어나지 않는 곳이라면서요. 하긴 아야 소피아는 우리나라로 치면 전 국민이 가톨릭 신자인 나라에서 명동성당 같은 곳입니다. 도난 사건 같은 건 상상하기 힘들죠. 하지만 전 가방을 잃어버렸습니다. 중요한 건 지금 제 돈과 여권이 없다는 거죠.

그런데 그 뉘앙스가 좀 뭐랄까요? "우리 튀르키예 사람은 남의 지갑에 손대지 않아!" 뭐 이런 느낌입니다. 튀르키예 사람들도 자존심이 어마어마한 사람들인데 그 특유의 자존심 같은 게 느껴진달까요? 하지만 돈 앞에 자존심을 내세울 수 있는 고귀한 영혼은 그리 많지 않습니다. 게다가 그 돈이라는 게 그 친구 몇 달 치 월급이라면 더욱 그렇죠.

경찰서 뺑뺑이 돈 이야기를 해주니 "걔네들은 원래 그래. 내가 한 번 알아볼게." 하더니 여기저기로 전화하기 시작합니다. 하지만 어린 호텔 컨시어지가 무슨 힘이 있겠습니까? 사진관의 위치를 확인하고 호텔을 나왔죠. 긴급 여권이라도 사진은 필요하니까요. 행운을 빈다는 말에 난 정말 행운이 필요하다고 말하니 싱긋 웃습니다.

할아버지가 사진을 찍는데 나름 후보정도 한다고 하지만 우리나라에선 택도 없는 수준입니다. 하지만 중요한 건 그게 아니죠. 사진을 받아들고 구글 맵의 도움으로 주 이스탄불 대한민국 총영사관을 찾아갑니다. 가는 길은 왜 그리도 헷갈리는지, 총영사관이 들어있는 건물 앞에서 30분을 헤맸네요.

입구에서부터 데스크에 앉은 여직원이 "네가 뭔데 거길 가느냐?"며 시비를 걸어 "한국 사람이 한국 총영사관에 가는데 뭐 문제 있냐? 넌 뭔데 태클을 거는데?"라고 맞받아쳐 주니 어디론가 전화하고는 신분증을 내놓으랍니다. 지금 신분증을 잃어버려 신분증 만들러 가는 사람에게 신분증을 내놓으라니요? 가뜩이나 짜증 나는 상황에서 안내 데스크까지 이러니 환장할 것 같습니다만 일단은 올라가야 합니다. 주민등록증을 맡기니 그제야 문을 열어주네요.

총영사관에 들어와서 여권을 잃어버렸다고 말하니 이름을 묻습니다. 이름을 이야기하니 아야소피아 파출소에 가방이 맡겨져 있다고 연락이 왔다는군요. 그 말을 듣는 순간 다리에 힘이 풀리며 주저앉았습니다. 물을 좀 마실 수 있냐고 물었더니 '그게 뭐? 그게 뭐 어려운 일이라고?' 하는 표정으로 생수를 한 병 건네며, 앉아서 좀 쉬다가 정신 차린 후에 가라는 말을 합니다.

아야 소피아도 파출소가 몇 군데 있어서 어디로 가야 하냐고 물었더니 정문 파출소로 가면 된답니다. 그러면서 튀르키예 경찰들은 영어를 잘하지 못하니 경찰을 만나면 이걸 보여주라면서 메모지에 뭔가를 써줍니다. 돈은 남아 있냐고 물었더니 "돈 얘기는 없던데요?" 하면서 돈은 기대하지 않는 게 좋을 거란 이야기를 합니다. 가뜩이나 인플레이션이 심한 나라인데 환율까지 엉망이 되니 그들에게 달러와 유로는 뿌리칠 수 없는 유혹이겠죠.

어쨌든 여권이 있다는 말에 생기를 되찾았습니다. 또한 한 가지 알게 되었는데요. 보통 우리가 뉴스, 특히 동남아 지역에서 한국인 상대의 범죄 뉴스를 보면 종종 "대체 저기에 가 있는 외교관들은 뭐 하는 놈들이야?" 하는 생각이 들 때가 있는데, 적어도 튀르키예 이스탄불 총영사관에서 일하시는 분들은 제가 낸 세금이 아깝지 않은 분들이었습니다. 가뜩이나 세금도 많이 내는 데 말이야. 외국의 관공서, 특히 그 전날 경찰서와 파출소에서 권위 의식에 찌든 인간 같지도 않은 것들에게 느꼈던 모멸감과 무력감과는 안드로메다만큼이나 떨어져 있는 친절함에 눈물이 나올 지경이었으니까요.

빛이 보이기 시작합니다. 정신을 차린 후에 형님에게 전화를 드리니 "어? 잘됐네. 하여튼 운은 타고 난 놈이라니까. 그럼 테헤란까지 갈 수 있는 거지? 비행편 알려줘. 테헤란 공항에 가면 선물이 기다리고 있을 거야. 밥 굶지 말고."라며 전화를 끊습니다.

버스 탈 기력도 없거니와 빨리 가고 싶어서 택시를 탔습니다. 한국인이라니까 브라더 어쩌고저쩌고하면서 혓바닥이 길어지는데 굳이 해석하면 "외국인이 이스탄불에서 택시를 타면 바가지를 쓰는 게 세상 이치라더라. 알아들었냐? 지금부터 내가 바가지를 씌울 테니까 넌 달게 그 바가지를 뒤집어쓰도록 하여라." 하는 말입니다. 외국인 호구 돌아왔구나!

아니나 다를까, 바로 골목으로 가면 될 길을 엄청나게 돌아서 가고 더 큰 문제는 아야 소피아가 아니라 블루 모스크 쪽으로 내려주는 겁니다. 20분 정도 걸어가야 한단 뜻이죠. 이미 전날 하도 많이 헤매서 그 길을 다 외우고 있는 사람한테 그런 장난을 치는 겁니다. 심지어 팁까지 요구하네요. 그 택시 기사가 알아들을 것 같지는 않지만 꺼지라고 한마디 해주고 내렸습니다. ~~Get the fuck out!~~

걷고 걸어 아야 소피아 정문 파출소에 가니 또 그건 우리 관할이 아니라며 관할 타령을 시작합니다. ~~뭔가 좀 신선한 핑계라도 대지 그렇게 창의력이 없어서야 밥벌이라도 할 수 있겠냐?~~ 그런 놈들과 말 섞기 싫어 총영사관 직원이 써준 쪽지를 보여주니 어디론가 전화를 하는데 잠시 후, 어제 봤던 놈이 들어옵니다.

제가 기억하는 이유가 있는데요. 그의 영어를 알아듣지 못하니 왜 영어를 못하냐며 화를 내더군요. 그는 forty one hundred를 410으로 적는 사람이었습니다. 트람tram, 뮤점museum을 어떻게 알아듣습니까? 더구나 튀르키예어 지명 + 영어로 이루어진 단어는 그냥 우리가 모르는 외국어가 됩니다. 그러면서 물 한 잔만 달라니까 "너한테 줄 물 같은 건 없어. 꺼져!"라고 말한 분을 어찌 잊을 수 있겠습니까?

예의 그 고압적이고 거만한 표정을 지으면서 자길 따라오라네요. 따라 갔더니 파출소장처럼 보이는 사람이 매우 친절한 표정으로 손을 잡으며 고생이 많다고 인사합니다. 이 사람이 제게 친절을 베푸는 이유는 딱 하나입니다. Show me the money!

아니나 다를까, 제 신분증과 가방 속 여권 사진이 같은 사진임을 확인하고는 가방을 주면서 확인해보라는데 다른 건 다 있는데 돈이 없어졌습니다. 하긴 아야 소피아 아니라 아야 소피아 할아버지에서 주웠다고 하더라도 눈 앞에 자기 몇 달 치 월급이 들어있는데 그 유혹을 뿌리치긴 힘들었을 겁니다. 그래도 여권이 남아있는 게 어딥니까?

돈은 없어졌지만 괜찮다고 이야기하니 "우리가 이렇게 힘들게 네 가방을 찾았는데 수고한 직원들에게 팁을 줄 생각은 없어?"라고 대놓고 금품을 요구합니다. 대체 이게 무슨 경우인가요? 문제는 그 말을 하자 어디선가 꾸역꾸역 경찰들이 들어오기 시작합니다. 돈을 내놓지 않고는 벗어나지 못할 것 같은 분위기랄까요? 돈 안 꺼내놓으면 다구리라도 놓을 분위기

순간 이 상황을 어떻게 타개할까? 머릿속 CPU가 오버클러킹 되면서 바삐 돌아가기 시작합니다. 그리고 제가 내린 최선의 결론은 이거였습니다. 하나 남은 100불을 꺼내 책상 위에 큰 소리가 나게 놓으니 다들 기쁨을 감추지 못한 표정으로 저를 쳐다봅니다. "이건 너희들끼리 나눠 가져. 단, 어제 만났고 오늘 여기까지 날 데리고 온 저분은 나누지 않아도 돼. 내가 따로 고마움을 표시할게."라고 말하니 파출소장처럼 보이는 아저씨가 아야 소피아 안내 책자 같은 걸 선물로 주면서 '우정의 표시'라고 말합니다.

이제부터가 오늘의 하이라이트. 어제 그 경찰이, 5분 전까지도 온갖 거만한 표정으로 손가락을 까딱거리며 날 데려왔던 그 경찰이 잔뜩 기대한 표정으로, 아니 좀 더 정확하게 표현하자면 범죄 영화에서 마약 조직과 결탁한

부패 형사가 그 조직의 보스에게 보너스를 받을 때의 딱 그 야비하면서 비굴한 표정으로 저를 쳐다봅니다. "어제 당신이 나한테 너한테 줄 물 같은 건 없어. 꺼져! 라고 말했지? 네가 그렇게 말해도 난 관대한 사람이라 너한테 팁을 줄게. 이거 먹고 꺼져!" 하면서 1불짜리 지폐를 한 장 떨어뜨렸습니다.

순간 분위기가 싸해지며 그 안에 있는 모두가 나를 쳐다봅니다. "왜? 100불 필요 없어? 안 받을래?"라고 말하니 다들 외면하네요. 한 사람에 20불은 떨어질 텐데 순간의 자존심 때문에 20불을 포기할까요? 아니요, 그렇게 자존심과 자존감이 있는 인간들이었으면 애초에 그런 행동을 하지 않았을 겁니다. 자신보다 약자를 괴롭히고 업신여기는 건 자존심과 자존감 없는 인간의 특징이니까요.

사무실에서 나오자마자 그 100불을 받은 경찰들이 보는 앞에서 '우정의 표시'를 그대로 쓰레기통에 버리고 나니 그제야 긴장이 풀렸는지 여권을 찾기 전까지는 잠을 못 자고 밥을 못 먹어도 졸린 줄 몰랐고 배고픈 줄 몰랐는데 손에 여권을 쥐자마자 정말 미칠 듯하게 피곤함과 허기, 졸림이 몰려왔습니다. 유체이탈? 좀비?

아야 소피아에서 정말 좀비처럼 걸어 내려오니 버거킹이 눈에 띕니다. 귀신에 홀린 듯 버거킹에 들어가 와퍼 세트를 주문해서 먹으니 그제야 좀 살 것 같네요. 이날 저는 태어나서 가장 맛있는 와퍼를 먹었습니다. 와퍼가 너무 맛있어서인지 눈물이 찔끔 날 정도로요.

간만에 날씨가 맑아 근처에 있는 그랜드 바자르 구경을 잠시 하고 호텔로 돌아와 로비에서 쉬면서 전화기를 충전하고 이스탄불 공항으로 향했습니다. 이제 진짜 이란 여행의 시작입니다.

Tehran, Iran

이란, 테헤란

4월 8일 여행 6일 차 Pt.1 **First Impressions of Tehran**

새벽 3시 5분 비행기라 자정까지는 공항에 도착해야 하는데 그 시간에 공항까지 갈 교통수단은 택시밖에 없으니 조금 서둘러 공항으로 출발했습니다. 12시쯤 되니 배가 고파지더군요. 공항 2층에 있는 식당가로 가서 말로만 듣던 이스탄불 공항의 미친 물가를 확인했습니다. 관광지에서 와퍼 세트가 110리라였는데 공항에선 370리라를 받네요. 제가 갔을 때 환율이 대략 100달러에 2,000리라였으니 370리라면 18.5불. 다시 한화로 환산하면 와퍼 세트 하나에 2.4만 원을 받는 것이었습니다. 와우.

이게 얼마나 황당한 가격이냐면 튀르키예의 2023년 1인당 GDP가 11,931불이니 33,393불인 대한민국에 비해 1/3 수준이고, 1인당 GDP(PPP) 역시 1/2 수준이니 1인당 GDP_{PPP}를 적용한다고 하더라도 우리나라에서 4.8만 원에 와퍼 세트를 사 먹는 셈입니다. 가뜩이나 악몽으로 가득 찼던 이스탄불이었는데 마지막 가는 공항에서까지 여기저기 지뢰밭에 거를 타선이 없네요. 참 일관성 있고 좋습니다. 역시 형제의 나라! 당연히 카드는 쓸 수 있지만 저 돈 내고 와퍼를 먹을 생각은 눈곱만치도 없기에 버거킹 매장을 그냥 지나갑니다.

하지만 이보다 더 황당한 건 이스탄불 공항은 탑승 게이트를 탑승 30분 전에나 알려줍니다. 문제는 이스탄불 공항이 두바이 알 막툼 국제공항 개항 전까지 전 세계에서 가장 넓었던 공항인지라 여기저기서 캐리어를 끄는 사람들이 마라톤을 하고 있다는 거죠. 한쪽에선 중국 사람들 떠들고 있고, 다른 쪽에선 파키스탄이나 인도 쪽 사람으로 보이는 사람들이 누워서 자고 있는데 그 주변은 그들이 먹다 버린 과자 부스러기와 생라면(!) 봉지로 아수라장이 되어있고, 그 와중에 여기저기서 마라토너들이 눈에 띄고, 한 마디로 우리나라에선 절대 볼 수 없는 혼돈의 카오스 그 자체였습니다.

더 놀라운 건 왼쪽엔 중국인 무리가 있고, 오른쪽엔 파키스탄인 무리가 있는 그 혼돈의 카오스 한가운데에서 쫄쫄이 타이츠에 쪼리를 신고 배낭을 베개 삼아 편안히 누워서 <길복순>을 보고 있는 나. 대단하다 진짜. 이쯤 되니 존경스럽기까지 하다, 한지훈! 암만 로마에 가면 로마 사람이 되라지만 제가 그 사람 많은 데서 그럴 줄은 몰랐습니다. 찰스 다윈의 명언이 생각나는 밤입니다. "가장 강한 것이 살아남는 것이 아니고, 가장 똑똑하다고 해서 살아남는 것도 아니다. 변화에 가장 잘 적응하는 것이 살아남는다." 죽지 않아!

거꾸로 매달아 놔도 국방부 시계는 돌아가듯이 드디어 탑승 시간이 되었고 남들처럼 줄을 서서 탑승수속을 기다리는데 이란행 비행기 게이트에는 항공사 직원이 아닌 경찰이 앉아 있습니다.

한국 사람이라니까 "안녕하세요?"라고 인사를 합니다. 별문제 없이 처리되니 그쪽이 "고맙습니다."라고 해서 "메시."라고 대답했습니다. "메시."라고 말하며 국기에 대한 맹세를 하는 자세가 고맙다는 표시입니다.

어찌어찌해서 테헤란에 도착했습니다. 태어나서 중국 사람 없는 비행기는 처음 타봤습니다. 내려서 입국심사대까지 가려는데 보안 요원이 막아서서는 코로나 예방접종 증명서를 내랍니다. 엥? 한국에서 알아본 바로는 분명히 그게 필요 없다고 들었는데 막상 테헤란에 오니 백신 접종 증명이 없으면 입국이 안 될 수도 있답니다. 갑자기 없는 백신 접종 증명서를 만들 수도 없고 이 문제를 어떻게 해결할까요?

곰곰이 생각해보니 COOV 앱을 설치하면 되는데 문제는 프리 와이파이가 없고 로밍은 너무 느려서 설치가 안 됩니다. 혼자서 낑낑대니 심사대에 있던 아가씨가 와서는 무슨 문제가 있냐고 물어, 와이파이가 안 돼서 앱을 설치하지 못하고 있다니까 자기 개인 핫스팟을 열어줍니다. 그러니까 잘생기고 봐야 한다는 거지. 미친 거냐?

앱을 설치하고 QR코드를 보여주니 자기네는 QR 스캐너가 없답니다. 스마트폰 카메라는 뒀다 국 끓여 먹을 것도 아니고 나 원 참. 입국을 못 할 수도 있다는 생각에 피가 바짝바짝 마르는데 어느 나라에서 왔냐고 물어서 대한민국이라니까 표정이 많이 풀어집니다. 4차까지 맞은 걸 보여주는데 그들이 한글을 알 리는 없겠지만 숫자만 보고 가라고 하네요.

이어 입국장에 가니 별다른 문제 없이 통과될 줄 알았는데 카메라 가방을 열어보랍니다. 이란의 공무원에게 "왜?"라는 질문은 없습니다. 가방을 열어주니 "너 프로 사진작가야?"라고 묻네요. 무식한 새끼들 세상에 어떤 프로 작가가 D750에 28-300 렌즈 하나 달랑 들고 다니냐고 따지고 싶지만, 그들에게 따져봤자 좋은 것 없다는 생각에 그냥 아마추어 사진작가라고 이야기합니다. 패스.

이러다 보니 비행기를 탄 사람 중에 가장 늦게 짐을 찾으러 갔는데 배기지 클레임에 사람이 한 명도 없습니다. 이게 어찌 된 일인가 싶어서 직원에게 물어보니 "다른 사람들은 벌써 다 찾아갔어. 저기 캐리어 하나 있네. 저거 네 거 아니야?"라고 대답하네요. 공항이 한산한 아침이라 그런지 짐도 금방 찾습니다. 테헤란 공항에서 유일하게 좋았던 점이랄까요?

입국장을 통과하니 웬 중국 사람이 "내가 이 나이에 이런 잔심부름까지 해야겠냐?"하는 표정을 지으며 저를 기다리고 있습니다. 내가 당신이 기다리는 사람이라고 말을 하니 그 형님 이름을 말하면서 그를 아냐고 묻네요. 내 형이라고 대답하니 2,500유로를 건네고는 사라집니다. 어차피 테헤란으로 들어갈 거, 나 좀 태우고 가지. 그 냥반 거 참.

제가 돈을 받은 순간부터 저를 따라다니던 택시 기사가 있었습니다. 처음엔 우리나라 명동의 암달라상 같은 사람에게 환전하려고 하니 2층 출국장이 훨씬 환율이 좋다고 알려주기도 하고, 유심을 파는 곳을 몰라 헤매고 있을 때 저를 유심 파는 곳까지 데려다주기도 했던 아저씨죠. 하지만 이란 택시의 악명은 워낙 유명했고 절대 공항에서 붙잡는 사람 택시를 타지 말라는 말을 하도 많이 들어서 다른 택시를 알아보려고 했는데 택시가 보이지 않네요. 어쩔 수 없이 이 아저씨와 딜을 해야 합니다.

환전하고 테헤란까지 얼마냐고 물으니 고민을 좀 하더니 500토만이라고 이야기하네요. 이러면 300토만이면 갈 수 있다는 뜻입니다. 이럴 때 굳이 금액을 이야기하며 택시 기사 아저씨와 의미 없는 흥정을 할 필요 없습니다. 물론 그런 흥정이 재밌는 사람도 있겠지만 제겐 감정 노동일 뿐이고 이런 사소한 일에 제 감정을 소모하고 싶지 않습니다. 난 그 흥정이 싫어서 당근이나 중고나라도 안 한다! 제가 외국인이라는 약점이 있다면 그들에게는 페르시아 사람의 자존심이라는 약점이 있습니다. 그 부분을 파면 됩니다.

"난 페르시아 문명을 존중하고 페르시아 사람의 친절함을 몸소 느껴보고 싶어서 저 멀리 대한민국에서 왔고, 당신은 내가 만난 첫 페르시아인입니다. 난 당신 때문에 이란에 대한 첫인상을 망치고 싶지 않습니다."라고 선수를 치니 잠시 말이 없어집니다. "400토만. 더는 안 돼. 여기서 어떤 택시를 타더라도 400토만으로는 갈 수 없을 거야. 아니면 좀 더 알아보든가." 깎으면

350토만까지는 갈 수 있겠지만 1유로 때문에 또 지리한 흥정을 하고 싶지 않습니다. "갑시다!"

실제로도 공항에서 제가 예약한 곳까지 45km 정도 되는 거리이니 그 거리를, 그것도 다른 교통수단이 없는 상태에서 우리나라 돈으로 만 원 정도면 꽤 괜찮은 금액이었습니다. 게다가 나름 공항 택시라 서비스도 좋았고요. 약을 먹어야 해서 물을 좀 사고 싶은데 물을 살 데가 있냐고 하니 새 생수병을 따서 컵에 따라주기까지 하네요. 이 정도면 이란의 카카오 블랙?

공항에서 나와 테헤란으로 가는 길에 모스크처럼 보이는 건물에 엄청 큰 호메이니 옹의 사진이 걸려 있습니다. 호메이니 옹이라니! 아, 옛날 사람. 모스크냐고 물었더니 아야톨라 루홀라 호메이니의 무덤이라네요. 그러면서 호메이니에 대한 욕이 시작됩니다. 어느 나라나 택시 기사의 최대 관심사는 정치인가 보네요.

그런갑다 하고 한 귀로 듣고 한 귀로 흘리는데 택시 기사가 갑자기 앞에 있는 산을 보라네요. 산등성이가 하얀데 자세히 보니 그게 말로만 듣던 이란의 만년설이랍니다. 우리나라 사람의 90%는 '이란' 하면 낙타 타고 사막 건너는 줄 알 텐데 이란은 만년설이 있는 나라였습니다!

하지만 그보다 더 강렬했던 이란의 첫인상은 고도와 매연. 비행기에서 내려 게이트를 걷는데 열 걸음 정도 걸으니 갑자기 숨이 턱 막히는 겁니다. 처음엔 심근경색이 온 줄 알았을 정도로 깜짝 놀랐는데 심호흡을 하며 천천히 생각해보니 테헤란 이맘 호메이니 국제공항은 공항 자체의 고도가 천 미터 이상인 고원지대에 있는 공항입니다. 게다가 공항 근처에는 아무것도 없는, 정말 허허벌판에 지어진 공항임에도 불구하고 게이트에까지 매연 냄새가 솔솔 풍길 정도로 매연이 심하고요.

점점 테헤란 시내에 다가갈수록 매연 역시 심해지고 택시 기사 아저씨는 뒷좌석의 유리문을 올립니다. 테헤란 도심의 매연은 정말 상상을 초월하는데요. 덴젤 워싱턴 주연의 영화 <더 이퀄라이저>를 보면 맥콜이 보리음료 아니다! 비리 형사를 고문하면서 자동차 배기가스를 차량 내부로 연결하고 창문을 올리는 장면이 나오는데 정말 딱 그 느낌입니다. 오래된 자동차 머플러를 코앞에 갖다 댄 느낌.

　고산지대에 분지 지형이다 보니 공기의 흐름은 적은데 인구수는 천만 명에 육박하고, 경제제재 조치 때문에 신차가 수입되지 않아 테헤란 시내에 돌아다니는 차 대부분은 아직도 캬브레터 방식의 자동차들인데다 석유 정제 기술은 낙후되어 있으니 매연이 많을 수밖에 없습니다.

게다가 손에 꼽히는 산유국이다 보니 기름은 상상을 초월할 정도로 싸서 너도나도 차를 끌고 나와 평상시에도 금요일 오후의 도산대로 정도의 교통체증은 애교로도 안 보일 정도로 교통체증이 심하고요. 이게 그냥 과장이나 엄살이 아닌 게 2016년 11월 15일에는 심각한 대기오염이 발생하면서 스모그로 3주간 412명이 사망했을 정도입니다. 그렇기에 호흡기 질환이 있으시거나 냄새에 민감하신 분은 이란 여행은 꿈도 꾸지 마시기 바랍니다.

저 역시 냄새에 민감한 편이라 숨쉬기가 어려워 창문을 내려달라고 하니 테헤란에선 절대 유리창을 내리면 안 된다고, 유리창을 내리고 있으면 옆에 오토바이가 붙어 스마트폰을 채간다고 합니다. 달심스트리트 파이터 이나 루피원피스 도 아니고 어떻게 오토바이를 타면서 움직이는 차 속의 스마트폰을

채가나 싶었지만 현지인 말 들어서 나쁠 것 없다는 생각에 알겠다고 대답했습니다. 그리고 저 택시 기사의 말이 맞았다는 걸 아는 데에는 그리 긴 시간이 필요치 않았죠. 그렇게 45km를 달려 한국에서 예약한 호스텔에 도착했습니다.

* 이란에서의 환전, 선불카드

이란은 서방의 경제제재 조치 때문에 우리가 쓰는 신용 카드를 쓸 수 없습니다. 외국인은 현찰을 써야 한다는 뜻이죠.

공항에서 테헤란까지 택시 외에는 방법이 없기에 적어도 한 번은 환전해야 하는데, 나무위키에 나온 대로 2층 출국장에서 환전하는 게 좋습니다. 환율이 18% 정도 차이 나네요. 100유로를 환전하니 <영웅본색>의 담뱃불 씬 같은 플렉스를 할 수 있을 정도로 지폐를 줍니다. 이때만 해도 돈 사진을 찍으며 신기해했었죠. 이게 얼마나 무식한 짓인지, 그들이 무슨 장난을 쳤는지도 모른 채요.

이날의 환율은 100유로에 49,500,000리알이었습니다. 지폐 한 장이 50,000리알. 그러니 100장 한 묶음이 5,000,000리알이고, 그러니 49,500,000리알이면 그런 지폐 뭉치로 열 뭉치를 받아야 한다는 겁니다. 단위가 커지니 헷갈리시죠? 간단하게 이야기하면 10만 원을 바꾸는데 그 10만 원을 100원짜리 동전 천 개로 받았다는 뜻입니다. 식당에서 밥을 먹을 때 만 원짜리 밥을 먹었다면 남들은 만 원짜리 지폐 한 장이나 오천 원짜리 지폐 두 장을 내는데 저는 100원짜리 동전 100개를 세서 내야 한다는 뜻이죠.

그렇기에 이란에서 환전할 때는 꼭 고액권을 섞어서 달라고 해야 합니다. 안 그러면 이란 시내를 돌아다닐 때 최소한 저 돈다발을 서너 개씩은 들고 다녀야 하니 돈을 들고 다니기 위해 지갑이 아니라 가방을 메야 한다는 뜻입니다. 제 경험엔 5토만은 택시의 잔돈, 10토만은 음료수를 살 때, 50토만과 100토만은 식당에서, 200토만은 호텔비를 계산할 때 유용합니다. 재미있는 건 고액권으로 갈수록 돈이 깨끗해집니다.

그렇다면 이란 사람들도 이렇게 돈을 싸 들고 다닐까요? 아닙니다. 이란 사람은 모두 선불카드를 들고 다닙니다. 선불카드로 물건을 구매하는 건 물론 버스나 지하철,

Tehran, Iran

심지어는 길거리 좌판에서도 모두 휴대용 카드 결제기로 결제합니다. 테헤란 지하철의 거지들도 카드로 구걸을 할 것 같고 휴대용 카드 결제기가 있을 것 같은 그런 느낌 그렇기에 이란에는 잔돈이 없는 가게가 상당히 많습니다. 예를 들어 1L짜리 물이 보통 7~8토만 정도 하는데 10토만을 내면 잔돈이 없어 물과 사탕 한 개를 주는 집이 꽤 많았습니다.

이런 이유는 인플레이션과 미친 환율 때문인데요. 제가 이란에 처음 갔을 때 100유로에 49,500,000리알이었던 환율이 20일 후에는 100유로에 52,000,000리알이 되었습니다. 불과 20일 만에 5%가 오른 셈이죠.

환전할 때 몇 가지 잡다한 팁을 드리자면 유로와 달러가 환율이 좋고, 둘 사이는 거의 차이가 없지만 제가 갔을 때는 유로가 아주 조금 더 좋았습니다. 또 한 가지는 그들은 빳빳한 신권을 선호하고 돈이 지저분하면 안 바꿔주거나 터무니없는 환율을 적용하기도 합니다. 그렇기에 이란 여행을 위해 국내 은행에서 환전할 때는 꼭 신권으로 받아 가세요. 이는 이란뿐만이 아니라 다른 서남아시아 국가나 아프리카 국가도 마찬가지입니다.

공식 환율을 적용하는 은행은 말도 안 되는 환율을 제시하기에 가장 좋은 건 사설 환전소를 이용하는 것입니다. 다만 사설 환전소는 환전소마다 환율이 조금씩 다르기에 몇 군데를 비교한 다음 환전하는 것이 좋습니다. 이란에도 유명 관광지에는 우리나라의 명동 '암딸라 아줌마' 같은 암달라상들이 있는데 정말 급하지 않으면 이들에게는 환전하지 않는 걸 권합니다. '양아치'라는 단어의 정의를 알게 됩니다. 명심하세요. 이란 사람들이 친절하다는 것은 내 돈을 원치 않는 사람들에게나 해당하는 이야기이지, 내 돈을 원하는 사람들은 내 골수까지도 뽑아먹을 사람들이라는 것을!

또 하나 매우 중요한 팁이라면, 한 번에 너무 큰 금액을 환전하면 그 돈을 다 쓰는 동안 환율이 변하기에 약간의 손해를 볼 수 있지만 그보다 더 중요한 건, 생각보다 환전소가 많지 않다는 겁니다. 테헤란이나 이스파한, 마슈하드 정도의 대도시라면 어렵지 않게 환전소를 찾을 수 있지만 한국인 관광객이라면 반드시 갈 도시 중의 하나인 야즈드만 가도 환전소를 찾기가 쉽지 않고 찾는다고 해도 환율이 매우 안 좋습니다.

그렇기에 다음 여행지가 중소도시라면 미리 좀 넉넉하게 환전을 해놓는 게 좋습니다. 외국에서, 그것도 카드도 못 쓰고 말도 안 통하는 이란 같은 나라에서 돈 떨어지면 정말 불안해져요. 저는 대도시에선 100유로, 중소도시로 갈 때는 200~300유로씩 환전했습니다. 수중에 수천 유로가 있는데 이란 돈이 없어서 한국 돈으로 200~300원짜리 빵으로 끼니를 해결해보면 지금 이 말이 얼마나 뼈저리게 다가오는지 알게 되실 겁니다.

그렇다면 외국인은 선불카드를 쓸 수 없을까요? 당연히 외국인 전용 선불카드도 있습니다. 돈을 미리 넣어두고 결제 시점에서의 공식 환율이 아닌 블랙 마켓 환율을 적용해 결제하는 방식으로 운용하는데요. 저도 처음에는 이런 선불카드를 쓸까 생각했지만 일단 공항에서 환전했기에 그 돈을 다 쓸 때까지 시간이 걸리고, 또 하나는 선불카드 발급 수수료가 20유로 언저리라는 겁니다.

"겨우 20유로 가지고 뭘 벌벌떠냐?" 할 수도 있겠지만 이란에서 20유로는 우리로 치면 신라호텔 팔선에서 코스 요리를 먹을 수 있을 정도의 돈입니다. 결코 적은 돈이 아니에요. 또 다른 이유로는 발급에 하루 정도의 시간이 걸려 한 호텔에서 2박 이상 하지 않는 이상 수령하기가 힘들기도 하고요. 어쨌든 중요한 건 선불카드가 있으면 매우 편해지긴 하지만 선불카드가 없어도 이란 여행하는 데 큰 문제는 없다는 겁니다. 그렇기에 저처럼 혼자 여행하는 분이라면 그냥 그때그때 환전해서 쓰는 게 낫고, 여러 명이 오래 체재한다면 선불카드를 한 장 만드는 게 편할 겁니다.

4월 8일 여행 6일 차 Pt.2 Welcome To The Jungle

예약한 호스텔에 도착하니 아침 시간입니다. 체크인이 오후 2시이니 최소한 다섯 시간은 기다려야 해서 체크인 할 수 있을 때까지 짐을 맡기고 나가려는데 마침 아침 식사를 하네요. 이날 오후 체크인이기에 지금의 아침은 먹을 수 없지만, 너무 배가 고프기도 하고 그 시간에 문을 연 식당도 없을 것 같아 나도 밥을 먹어도 되냐고 물었더니 황당한 질문을 들은 표정으로 어서 먹으라고 합니다. 게다가 아직 체크인 전이지만 짐 맡기고, 샤워하고, 전화기 충전하고 등등 침대에 눕는 것만 빼고는 다 할 수 있습니다.

샤워만 해도 살 것 같네요. 시원하게 샤워하고 로비에 앉아 있으니 파키스탄 사람이 와서 말을 겁니다. 자기는 파키스탄에서 태어났지만, 미국에서 더 오래 살았고 이 호스텔에 20일째 있는 거라고 하네요. 미국에서 IT 사업을 해서 큰돈을 벌었고, 너무 일만 해서 좀 쉬면서 여기저기 다니고 있다고 말을 하는데 그렇게 돈 많은 사람이 왜 하루에 10유로짜리 호스텔에서 잡니까? 아 새끼가 지금 누구 앞에서 약을 팔려고 접시를 돌리나?

대충 맞장구쳐주고 나왔습니다. 일단 오늘의 목적지는 그랜드 바자르. 저는 국내 여행이든 해외여행이든 어디를 가면 빼놓지 않고 가는 곳이 시장인데요. 시장이야말로 그 지역 사람들의 실제 사는 모습을 볼 수 있고, 특산물이나 지역 음식도 저렴하게 먹을 수 있기 때문입니다. 테헤란 역시 가장 먼저 보고 싶은 곳은 골레스탄 궁전이나 밀라드 타워, 아자디 타워가 아닌 그랜드 바자르였습니다.

오는 길에 택시 기사가 여기가 그랜드 바자르라고 알려준 곳이 호스텔에서 멀리 있지는 않은데 구글 맵 보는 법도 익숙지 않아 구글 맵으로 찾아가기가 쉽지 않았습니다. 그렇게 사람들에게 길을 물어보며 헤매고 있는데 기껏해야 열다섯 살 정도의 시리아 난민으로 보이는 꼬맹이가 오토바이를 끌고 나타나서는 자기가 태워다 주겠다고, 자기 오토바이 뒤에 타라고 이야기합니다.

이때만 해도 '역시 이란 사람들은 듣던 대로 정말 친절하구나.' 생각하면서도 '위험하지 않을까?'하는 생각에 고민하다가 결국 그 꼬맹이 오토바이 뒷좌석에 올랐는데요. 와, 저도 질풍노도의 시기에 페달 좀 밟았지만, 이 친구는 그때의 저와는 비교도 할 수 없을 정도로 험하게 운전하네요. 스키드로의 노래 'Youth Gone Wild' 그 자체였습니다. 사람도 걷기 힘들 정도로 좁은 골목길까지 오토바이로 가는 건 물론 심지어는 도로에서 역주행까지 하네요. 더 황당한 건 그렇게 역주행을 하는 중에 자기 휴대폰을 꺼내서는 저와 함께 타고 있는 걸 사진까지 찍는 겁니다!

그렇게 요단강 헤엄치면서 그랜드 바자르에 도착하니 이때부터 진짜 황당한 일이 벌어졌습니다. 그 꼬맹이가 태워다줬으니 돈을 내놓으라는군요.

애초에 그런 말이 없었기에 좀 당황스럽긴 했지만 "그래, 너도 고생했으니 주긴 해야겠지. 얼마 줄까?" 하니 10불을 내놓으라네요. 테헤란에 도착한 지 몇 시간 되지 않은 상황이기에 아직 정확한 물가의 감을 잡진 못했지만 그래도 10불씩 낼 일은 아니었습니다. 테헤란 이맘 호메이니 국제공항에서 테헤란 시내까지 가는 게 8유로인데 겨우 2km 남짓한 거리를 가고는 10불을 내라니요? "장난하냐?" 하니 이 친구가 흥분하면서 소리치기 시작하고, 그러자 어디선가 같은 시리아인으로 보이는 꼬맹이들이 예닐곱 명이 모여들기 시작합니다. '아! 이거였구나.'

아무리 그래도 10불은 말이 안 되는 가격이기에 공항에서 환전한 이란 화폐로 주려고 지갑을 꺼내니 이 자식이 제 지갑을 낚아채고는 자기가 돈을 세면서 뽑으려고 하는 겁니다. 이건 선 넘는 행동이죠. 당장 지갑을 뺏은 다음에 멱살을 잡고 죽고 싶냐고 하니 꼬맹이 일당이 저를 둘러싸기 시작합니다. 하아, 제가 테헤란까지 와서 몸속 깊은 곳에 잠자고 있던 건달의 피를 깨워야 한다는 사실에 짜증이 나네요. 내가 이란까지 와서 자식뻘도 안 되는 놈들이랑 액션 활극을 찍어야 되겠냐? 응?

"영어 할 줄 아는 놈 있어? 내가 분명히 얘기하는데 너희들 중에 세 명은 죽어. 내가 죽더라도 세 명은 죽이고 죽는다. 자신 있는 놈 나와!"라고 소리치니 움찔하네요. 사실 이런 애들 대처법은 전 세계 어디나 똑같은데요. 가장 좋은 건 이런 놈들을 만나지 않는 거지만 이렇게 엮이게 되면 오히려 강하게 나가야 합니다. 그런 대표적인 부류가 프랑스나 헝가리, 이탈리아의 집시들. 애초에 집시라는 단어 자체가 서아시아, 유럽, 특히 동유럽, 중부유럽, 남유럽에 주로 거주하는 인도아리아계의 유랑 민족을 일컫는 단어이니 당연히 이란에도 많이 있겠죠.

그러잖아도 테헤란의 그랜드 바자르에선 보기 힘든 동양인이라 많은 사람이 지켜보고 있었는데 제가 꼬맹이들과 실랑이를 벌이면서 큰 소리가 오고 가니 다른 이란 사람들이 몰려들기 시작합니다. 그중 한 명이 제게 무슨 일이냐고 물어봐서 자초지종을 설명했더니 "흠, 당했군. 그래도 네가 저 애 오토바이를 타고 온 건 사실이니 그냥 몇 푼 줘서 보내. 괜히 경찰서 가봤자 너만 피곤해져."라고 하네요. 저 역시 돈을 안 줄 생각은 아니었기에 5만 리라 지폐 열 장 정도를 그놈들에게 집어 던졌습니다. 너무 다행스럽게도 그놈들 중에 자존심의 가치를 아는 놈은 한 놈도 없이 돈만 주워 가네요. 그리고 이때 들리는 영어 한마디. "You have big balls.'너 배짱 좋다.'의 구어체 표현"

'어? 이건 미국에서 살던 사람들이나 아는 영어인데?' 생각하고 고개를 돌려 너 영어 잘한다고 말하니 여기저기 돌아다녔다며 중국인이냐고 묻습니다. 한국 사람이라니까 "오, 한국 사람? 한국 사람은 정말 보기 어려운데. 어쨌든 이란에 온 걸 환영한다. 근데 조심해. 이란은 K-드라마에 나오는 너희 나라처럼 안전한 나라가 아니야. 좀 전에도 사람이 많은 곳이라 살았지, 사람 없는 곳에서 그랬다면 넌 죽었어. 시체도 못 찾아. 쟤네 무서운 애들이야."라고 하네요. Please stay safe! Don't try this.

네, 물론 맞는 말입니다. 이란은 정말 이 지구가 생긴 이래로 사람의 발자국이 한 번도 닿지 않았을 것 같은 땅이 수두룩한 나라입니다. 밤에 몰래 교외의 황무지에 파묻는다면 만 년이 지나도 제 시신은 못 찾을 겁니다. 실화를 바탕으로 만든 영화인 <성스러운 거미>에서도 연쇄살인범이 시신의 위치를 알려줬기에 시신을 찾을 수 있었지, 그러지 않았다면 연쇄살인 사건이 일어났는지도 몰랐을 일입니다. 이란은 그렇게 넓은 나라입니다. 하지만 제 나름대로는 짧은 시간이었지만 많은 생각과 계산을 한 다음에 한 행동이었습니다.

우선 사람이 많은 걸 파악했고, 그 사람들이 모두 저를 주시하고 있었다는 것 역시 알았으며, 이놈들이 저를 때리거나 위해를 가한다면 저는 가장 만만해 보이는 놈 한 놈만 살벌하게 패기로 생각했고, 그럼 나머지 놈들도 도망가거나, 그사이에 이란 사람들이 다가올 것이라는 걸 알았기에 했던 행동이었죠. 저도 한 성격 하긴 하지만 그런 것도 생각 안 하고 성질에 못 이겨 지폐를 집어던질 정도로 무모하진 않습니다. 어쨌든 건스 앤 로지스의 'Welcome To The Jungle'이란 곡이 떠오르는 곳, 그곳이 이란의 수도 테헤란입니다.

그놈들 때문에 기분도 상하고 날씨도 우중충해서 그랜드 바자르는 대충 둘러보고 길거리 벤치에서 음료수를 마시며 사람 구경을 시작했습니다. 제대로 보겠다고 마음먹는다면 하루 온종일 봐도 봐도 다 못 볼 것 같은 그랜드 바자르를 한 시간 정도만 둘러보고 나왔으니 대충 본 것이겠죠.

이때 생각지도 못했던 문제가 발생했습니다. 이번 여행의 길잡이는 ChatGPT와 구글 맵인데 결정적으로 구글 맵에 대중교통이 나오지 않습니다. 택시를 타거나 걸어야 한다는 이야기. 하지만 앞에서도 썼듯이 테헤란의 택시는 전 세계적으로 지랄맞기로 악명 높습니다.

책에 욕 좀 쓰지 말라는 말을 너무 많이 들어서 이번 책에는 취소선 안의 문장 외에는 되도록 비속어를 쓰지 않으려고 노력하며 원고 작업을 했지만, 테헤란의 택시는 '지랄'이란 단어 외에는 딱히 더 순화할 단어가 떠오르지 않습니다. 테헤란 사람들마저도 고개를 절레절레 흔드는 수준. 오죽하면 제가 택시를 놔두고 오토바이를 탔겠습니까?

한 페이지 로딩되는 거 기다리다가 늙어 죽을 것 같은 와이파이 속도를 참아가며 검색해보니 예약한 호스텔이 테헤란 지하철역에서 매우 가깝습니다. 도저히 걸어갈 체력은 남아있지 않았지만, 택시는 타고 싶지 않았을뿐더러 주말이라 그런지 대낮인데도 차가 엄청나게 막히는 데다가 빈 택시도 보이지 않으며, 이때만 해도 스냅이란 게 있다는 걸 알기만 했지, 어떻게 부르는

지 몰랐기에 지하철을 타고 가려고 물어물어 지하철역에 도착하니 또 다른 문제가 저를 기다립니다.

이란 사람들은 모두 선불카드를 가지고 있고, 그 선불카드를 우리나라의 교통카드처럼 쓰기에 지하철을 타는데 아무런 문제가 없지만, 선불카드가 없는 저는 표를 끊을 방법이 없고, 지하철 역사 내에도 매표소는 없고 자동 발권기만 있습니다. 한마디로 "선불카드 없는 외국인 관광객은 지하철 타지 마!"라고 말하는 거죠.

게다가 이건 어느 나라 만국 공통이지만 도심, 그중에서도 수도에 사는 사람들은 대체로 불친절한데 이는 이란도 예외가 아니었습니다. 뉴욕 인간들 생각하면 아주 그냥 확 말을 걸어도 못 들은 척 그냥 지나가기 일쑤이고, 그나마 친절한 사람이 "No, English!"라고 말하면 가는 정도입니다.

너무 피곤하기도 하고 지금 이 상황을 어떻게 타개해야 하나 생각도 해야 해서 지하철 역사 벽에 등을 기대고 앉았더니 한 사람이 와서는 무슨 문제 있냐고 묻습니다. 몇 호선을 타고 어느 역에서 내리는 것까지는 아는데 현찰로 지하철 티켓 끊는 법을 모른다고 이야기하니 말없이 자동발권기로 가서는 제 티켓을 끊어줍니다. 얼마를 주면 되냐고 물었더니 이란은 너희 나라처럼 지하철이 비싸지 않다면서 안 줘도 된다고, 여행 잘하라며 개찰구 안으로 사라집니다. 오, 쿨가이!

밖에 핵폭탄이 떨어져도 살 수 있을 것 같다는 생각이 들 정도로 지하철이 깊은 데다 플랫폼까지 가는 길도 너무 복잡해서 한참을 헤매다 겨우 지하철 타는 곳에 도착했습니다. 이것만 해도 진이 빠지지만 페르시아어를 모르니 몇 정거장 가야 하는지 정신 바짝 차리고 있어야죠.

지하철을 타고 사람들을 살피다가 가장 착해 보이는 여학생에게 말을 걸었습니다. 영어 할 줄 아냐고 물으니 조금 안다네요. 내가 어느 역에 내려야 하는데 난 페르시아어를 모르니 나 내릴 때 좀 알려줄 수 있냐고 부탁하니 걱정하지 말라고 합니다. 그리고 몇 정거장 후, 제가 내릴 때라고 알려주면서 같이 내리더니 나가는 곳까지 같이 가면서 길을 알려줍니다.

'응? 얘는 또 왜 이래?' 하는 생각과 함께, 당한 게 있어서 그랬는지 '너도 돈 달라고 그러는 거니?'라는 생각이 들기 시작했는데 제 호스텔 주소를 묻더니 뭔가를 검색하고는 아예 저와 함께 지하철역에서 나왔습니다. 그러고는 앞장서서 제가 예약한 호스텔까지 길 안내를 하며 같이 가주네요. 그러면서 테헤란에서 혹시 뭐 물어볼 게 있거나 하면 전화하라며 전화번호를 주고는 제 인스타그램 아이디를 받아 갑니다.

드디어 체크인을 하고 침대에 누워서 쉬는데 다시 나갈 엄두가 나지 않습니다. 튀르키예는 튀르키예어를 몰라도 메뉴에 적어도 사진은 붙어있으니 주문하는 데 문제가 없지만 여긴 아예 그런 게 없고, 영어로 말하면 못 들은 척하거나 도망갑니다. 번역 앱? 인터넷이 돼야 번역이든 뭐든 하지만 일단 인터넷이 안 되는 곳이 많고, 된다고 해도 너무 느립니다.

곰곰이 누워 뭐가 잘못됐나 생각해봤습니다. 그리고 제 가장 큰 오류는 유튜브를 보면서 이란 사람들은 다들 아주 친절하고 착한 사람들이라고 생각했던 겁니다. 택시만 빼고.

튀르키예 분위기가 우리나라의 1990년대 정도라면 이란은 아무리 잘 봐도 1970년대 후반에서 1980년대 초반입니다. 이게 무슨 말인지 잘 이해가 되지 않는다면 70년대 한국 영화를 한 번 보세요. '사람들이 이렇게 무례하고 막무가내였나?' 생각될 겁니다. 걷다가 사람을 치거나 심지어 발을 밟아도 미안하다고 말하는 사람은 아무도 없으며, 이어폰은 다들 국 끓여 자셨는지 공공장소에서 유튜브를 스피커로 틀고 보고 아무 데서나, 심지어 터미널 대합실 내부에서도 담배를 피웁니다. 나중에 다시 이야기하겠지만 외국인에 대한 바가지는 상상을 초월할 정도이고, 인종차별도 선을 넘을 정도입니다.

그럼 '유튜브에 찍힌 이란 사람들은 왜 다들 친절할까?'를 생각해보니 바로 그 이유를 알았습니다. 일단 가장 큰 이유는 그들의 삶이 단조롭다는 겁니다. 우리나라가 너무 다이내믹하게 변하는 나라라서 그렇지 이란은 1980년이나 1990년이나 2023년이나 딱히 변한 게 없고, 매일 보는 사람을 매일 보는 그런 일상을 보내는 나라입니다.

우리나라 사람이 이란에 이민이라도 갔다가 못 견디고 돌아온다면 그건 물가나 인종차별, 억압된 사회, 이슬람 율법에 따른 행동 제약, 이를테면 술을 못 마신다거나, 공개적으로 연애나 애정 표현을 하지 못한다거나이란은 미혼남녀가 공개된 장소에서 손을 잡거나 하는 게 종교 경찰에게 걸리면 잡혀갈 일이고, 호텔에 들어간다거나 하는 건 상상도 못 할 일입니다 등의 뭐 그런 이유보다 '심심해서'가 가장 큰 이유일 겁니다. 다이내믹 코리아에서 살던 사람은 정말 살기 힘든 나라입니다.

그런 사람들에게 동양인, 그것도 중국인이 아니라 한국 사람은 신기한 존재입니다. 게다가 K-팝과 K-드라마의 인기 덕분에 한국 사람의 인기는 연일 상한가를 치고 있고, 심지어 우리나라 사람들에겐 거의 교통카드처럼 일상이 된 아이폰이나 에어팟 프로, 애플워치가 그들에겐 로망이자 부의 상징이며, 자기는 앞면에는 GUCCI라고 쓰여있고 뒷면에는 CHANEL이라고 쓰여있는 중국산 짝퉁 티셔츠를 입고 있는데 평생 구경도 하지 못한 정품 캘빈클라인 티셔츠와 청바지를 입은 한국 사람이 얼마나 신기했겠습니까?

유튜버들에게 친절한 진짜 이유도 알게 됐습니다. 물론 인간 자체가 친절한 사람도 있겠지만 그 나라엔 유튜버가 없으니 그게 신기해서 화면에 한 번이라도 더 나오려고 친절한 겁니다. 게다가 우리나라에선 모르는 사람의 사진을 찍는 게 범죄이지만 그들에게 외국인, 그것도 한국 사람과 사진을 찍는 건 매우 진귀한 경험일 겁니다. 실제로 저도 사람들에게 한번 잡히면 한 자리에서 최소한 열 번 정도는 사진을 같이 찍어줬습니다. 그 사진 뭐 하려고 그러냐고 물었더니 인스타그램에 올린다네요. 아마 이란 사람 인스타에는 내 사진 수천 장이 돌아다닐 거다.

어쨌든 오해한 건 오해한 거고 이제부터라도 다시 여행의 방향을 바로잡아야 합니다. 찬찬히 생각해보니 테헤란에 적응하려면 적어도 며칠은 걸릴 텐데 테헤란에 무작정 있을 수도 없거니와 그렇다고 어리바리 보내기엔 시간이 아깝다는 생각에 이스파한 일정부터 앞당기면서 이란이라는 나라에 적응하는 시간을 만든 다음 다시 테헤란에서 시간을 보내는 게 맞지 않나 싶은 생각이 들었습니다. 그나마 이스파한은 볼만한 게 몰려있고, 테헤란에서 좀 떨어진 도시이며, 외국인도 많이 가는 도시이기에 테헤란보다는 낫지 않겠나 싶어서요. 레벨 0부터 다시 시작하자!

일단 무엇보다 중요한 건 체력을 회복하는 일이고 그러기 위해서는 잘 먹고 잘 자야 합니다. 비행기에서 겪었던 일 때문에 먹는 게 더 조심스러워졌지만 여긴 영어로 된 메뉴가 있는 식당은 별 다섯 개짜리 호텔 식당과 짜장면 없는 중식당뿐인 그런 곳이죠.

로비 직원에게 이 이야기를 했더니 패스트푸드도 닭만 안 들어가면 되는 거 아니냐면서 원한다면 피자나 햄버거 같은 건 주문하면 배달해준다고 합니다. 이란에서 그런 게 가능하냐고 물었더니 넌 뭐 구석기 시대의 나라에 온 줄 아냐며 기분 좋게 타박하네요. 야, 그럼 미국도 구석기 시대 나라냐? 이왕이면 메뉴도 골라달라고 했더니 많이 안 먹을 거면 데리버거 하나와 쉬림프 프라이 정도면 맛있게 먹을 수 있을 거라고 해서 그렇게 주문해달라고 부탁했습니다. 배달료는 5토만. 0.1유로이니 140원쯤 되려나요? 우리나라의 배민이나 요기요에선 상상도 못 할 배달료를 내고 주문했고 30분 후, 주문한 음식이 왔습니다.

저는 분명히 데리버거와 쉬림프 프라이를 주문했는데 '몬스터 와퍼'와 코스트코의 업소용 프렌치프라이를 반 봉지 정도 튀긴 것 같은, 정체를 알 수 없는 뭔가가 도착했습니다.

사진이랑은 달라도 너무 다르고, 무엇보다 양이 저 같은 사람은 셋이 덤벼도 다 못 먹을 양입니다. 태어나서 욕을 하는 음식은 처음이네요. 맛도 욕 나오는 맛이었고요. 아직 배가 덜 고팠는지 한 입 먹고는 모두 쓰레기통으로 향했고, 이런저런 생각을 하면서 고픈 배를 움켜쥐고 잠자리에 듭니다. 배고플 땐 자는 게 최고거든요. 그렇게 정글에서의 첫째 밤이 지나갑니다.

4월 9일 여행 7일 차 Pt.1 Dark Side Of The Moon Pt.1

군대 훈련소 이후 단 한 번도 다른 남자와 한 공간에서 잠을 잔 적이 없는 제가 도미토리의 싱글 침대에서 옆 침대에 사람이 들어온 것도 모르고 잤습니다. 생각해보니 여행 이후 처음으로 잠다운 잠을 잤네요.

아침을 먹고 느지막하게 골레스탄 궁전에 갔습니다. 컨시어지 중에 한국말을 할 줄 아는 사람 덕분에 스냅앱으로 택시를 불렀네요. K-드라마와 BTS의 위력!!! 문제는 이 아저씨가 길을 몰라 엄청나게 헤매면서 겨우겨우 근처까지 갔는데 근처에 가자 차가 들어가지 못한다면서 골레스탄 궁전에서 조금 떨어진 곳에 내려줬습니다. 코끼리열차 같은 전기차를 타야 한다면서요.

어리둥절하고 있는데 누군가 와서 전기차에 타라며 50토만을 내랍니다. 호스텔에서 거기까지 25토만에 갔는데 50토만이면 좀 비싼 감이 있지만 그래도 길을 모르니 탈 수밖에 없었는데요. 출발하고 300m쯤 가니 내리랍니다. 택시 요금의 두 배를 받으면서요. 지금 제가 있는 곳이 이란 맞네요.

제가 갔을 때의 골레스탄 궁전 입장료는 650토만. 우리나라 돈으로야 17,000원 정도의 돈이지만 이란 사람들의 입장료가 원화로 500원 남짓한 걸 생각하면 이란 그 어디를 가도 이렇게 비싼 입장료를 내는 곳은 없습니다. 하지만 더 황당했던 건 원래 골레스탄 궁전은 골레스탄 궁전 단지Gollestan Palace Complex로 보고 싶은 궁전만 따로 표를 끊어서 보는 시스템이었는데 제가 오기 며칠 전부터 모든 궁전을 다 보는 시스템으로 바뀌었다네요. 호구 하나 잡은 거지 뭐.

우리가 흔히 '장미 정원 궁전'이라고 부르는 골레스탄 궁전은 사파비 왕조를 세운 샤 압바스 1세 때 건설됐고, 카자르 왕조를 세운 무함마드 칸 카자르가 이란의 수도를 테헤란으로 천도하면서 왕궁으로 쓴 궁전입니다. 테헤란 한가운데에 있고, 여기를 중심으로 테헤란이 발전하기 시작했다는 점 등을 비추어봤을 때, 우리로 치면 경복궁에 가장 비슷하지 않나 싶습니다. 서울에 관광하러 온 외국인들의 필수 코스 중의 하나가 경복궁에서 이상한 개량 한복 입고 사진 찍는 것인 것처럼 테헤란에 온 외국인이라면 누구나 가야 할 필수 코스이자 테헤란에서 딱 한 곳만 가야 한다면 두말 필요 없이 가야 할 곳인 거죠.

기대가 너무 커서였는지, 아니면 여행 전에 너무 많은 준비를 해서였는지 처음 갔지만 한 열 번쯤은 왔던 곳 같은 느낌을 받았고, 생각보다 규모가 작습니다. 사진으로 봤을 때는 그렇게 크고 가슴이 웅장해질 것 같은 느낌의 궁전이 실물로 보니 경복궁보다도 훨씬 작달까요? 실제로도 경복궁은 대략 43만m²인데 비해 골레스탄 궁전은 완충지역까지 모두 합친다고

해도 26만m²에 불과하고요.

그나마 볼만한 건 건축 양식이 매우 독특합니다. 건물은 분명히 유럽의 건축 양식인데 세부적인 디테일은 페르시아의 느낌이 살아있습니다. 구체적으로 건물은 당시 유럽에서 유행했던, 코린토스 양식을 새로이 해석한 신고전주의 양식의 건물이 분명한데 벽에 붙은 사이언 계열의 타일 색이나 중정에 연못이 있는 건 지극히 전형적인 페르시아 건축 양식이죠.

역사적인 공예품도 정말 많긴 한데, 제가 그쪽은 잘 몰라서인지 제 눈엔 크리스털 제품은 바카라 매장에 가는 게 훨씬 더 나을 것 같고, 그 외 다른 보석도 까르띠에나 부쉐론, 티파니 매장에 있는 것들이 더 나아 보입니다. 심지어 티파니는 색도 비슷하잖아요? 아는 만큼 보이는 법인데 무식이 죄입니다. 맞아, 무식은 죄야. 이 죄인놈아!!!

하루를 여기서 보내려고 들어왔는데 두어 시간 보고 나니 더 이상 볼 게 없네요. 이대로 들어가기엔 너무 아깝다 싶어서 타즈리쉬 광장에 가려고 합니다. 테헤란은 남부와 북부가 우리나라 서울의 강북과 강남처럼 나뉘어 있고, 북부가 번화한 동네입니다. 타즈리쉬 광장은 그런 북부에서도 가장 번화한 동네, 우리로 치면 압구정동이나 논현동, 서초동 같은 동네죠. 커피도 좀 마시고, 제대로 된 밥도 먹으면서 사람 구경하기엔 거기가 딱 좋겠다 싶어서 지하철역을 찾았습니다. 타즈리쉬 광장은 이란의 지하철 1호선 종점에 있어서 헤맬 걱정 없이 지하철만 타면 되거든요.

골레스탄 바자르에서 지하철역을 향해 가는데 누군가 팔을 치고 가면서 사과도 없이 사라져서 혼잣말로 욕을 해주면서 걷는데 왠지 팔이 허전합니다. 뭔가 싶어서 보니 생일 선물로 받은 팔찌가 없어졌네요. 그거 채간 놈은 잠깐의 노동으로 반년 치 수입을 챙겼겠군요. 축하한다, 이 개새끼야! 제겐 의미 있는 물건이라 없어진 게 아쉬웠지만 제 손을 떠난 건 그게 물건이든 사람이든 더는 제 것이 아니고, 어차피 없어진 것에 미련을 가져봤자 저만 감정 상하고 저만 마음 아픕니다. 떠난 사람에게 미련을 갖는 것보다 미련한 짓은 없지! '손목 잘라가지 않은 게 어디냐?' 생각하고 아무 일 없었다는 듯이 지하철역으로 향했습니다.

착한 이란 사람의 도움으로 지하철에 올랐는데 지하철에서 기타를 메고 드레드를 한 친구가 다가오더니 어느 나라에서 왔냐고 묻습니다. 이란에서 드레드라니요? 2023년 대한민국에서도 보기 힘든 헤어스타일인 드레드를 이란에서 볼 줄은 정말 상상도 못 했습니다. 한국에서 왔다니까 자기와 자기 여자친구가 한국을 너무 좋아한다면서 자기가 가이드 해주겠다네요.

이때부터 진짜 문화 충격을 받았는데요. 우리가 외신으로 접하는 이란에 관한 뉴스는 여자가 히잡을 안 쓰면 어디 끌려가고, 지하철 여성전용칸에 남자가 타고 가도 어디 끌려가며, 길거리에서 절대 노래하면 안 되고 등등 안 되는 게 너무 많은 나라였는데 실제로 가서 보니 대낮인데도 히잡을 아예 안 두르거나 둘렀다고 해도 머리에 쓴 게 아니라 그냥 목도리처럼 두른 사람이 1/3 정도는 되고, 여성전용칸이 있긴 하지만 그냥 형식적일 뿐, 남자들이 더 많은 여성전용칸도 있었으며, 남녀가 손만 잡아도 끌려간다는 말은 대체 어디서 나온 건가요? 지하철 안에서 키스하는 커플도 있었으며, 제게 다가왔던 드레드 친구는 지하철 자리에 앉자 기타를 꺼내더니 기타를 치며 노래를 하는 겁니다!

물론 테헤란은 이란 내에서 이슬람 종교색이 매우 옅은 지역이고, 그렇기에 이럴 수도 있습니다. 테헤란보다는 이스파한에서, 이스파한보다는 야즈드에서, 야즈드보다는 쉬라즈에서 히잡을 쓰고 차도르를 두른 여자들을 더 많이 본 것도 사실입니다. 이란은 아래로 내려갈수록 종교색이 강해지기 때문이죠. 하지만 우리가 생각했던 이란과는 달라도 너무 다릅니다. 뉴스에 묘사되는 이란은 "여기가 북한이랑 다를 게 뭐야?"라는 말이 나오는 나라지만 실제 이란은 결코 그런 나라가 아닙니다. 이 역시 성급한 일반화의 오류일지는 모르겠습니다만 적어도 제가 보고 경험한 이란은 그랬습니다.

저와 그 친구, 그 친구의 친구까지 셋이서 타즈리쉬 광장에 갔는데 아무것도 없습니다. 정말 아무것도 없어요. 그냥 로터리. 너무 어이가 없어서 웃음만 났는데 혹시 테헤란 구경하고 싶다면 여기서 가까운 데에 좋은 곳이 있고, 내가 원한다면 자기네가 데려다주겠답니다. 지도를 보니 '녹색 궁전Green Palace'으로 알려진 사다바드 궁전부터 무함마드 레자 팔레비의 여름 저택이었던 '하얀 궁전White Palace', 엄청난 예술 작품들이 지하실 창고에서 썩어가고 있다는 미술 박물관Museum Of Fine Art 까지 가까운 곳에 몰려 있네요.

멀지 않은 곳이라 그쪽으로 가자고 했더니 이 친구들은 자기네는 그런 데를 모른답니다. 서울 사는 사람이 남대문 안 가고, 동대문이 뭐 했던 곳인지 모르는 것과 같은 이치겠네요. 그러면서 다르반드라는 동네가 있는데 거기가 정말 조용하고 좋아서 자기네들이 종종 가는 동네랍니다. 딱히 뚜렷한 목적지가 있는 것도 아니고 해서 그 친구들을 따라나서기로 했습니다.

이 친구들이 택시비를 냅니다. 산으로 올라가는데 한남동이나 성북동의 저택은 저리 가라 할 정도로 집들이 장난이 아닙니다. 그곳이 그 유명한 이란의 부자들이 사는 동네라네요.

우리나라는 '달동네'라는 단어가 있기도 하고, 제 나이 또래들은 '똑순이' 김민희 씨가 출연했던 <달동네>라는 드라마 때문에 산에 있는 동네는 가난한 사람들이 사는 동네로 생각하기 쉽지만 전 세계 어디나 높은 곳에 있을수록 부잣집이고 Beverly Hills가 왜 Hills겠냐? 이는 이란 역시 예외가 아닙니다. 특히 테헤란은 공해 문제가 심각해서 고도가 높은 지역인 북부 지역에 부촌이 형성되어 있죠. 아무래도 높은 지역이면 낮은 지역보다 공해가 덜 심각하니까요.

그 부촌을 지나 다르반드에 내리니 우리로 치면 딱 북한산 아랫자락입니다. 계곡물이 흐르고, 등산로 양옆으로 화려한 불빛의 식당이 있는 게 딱 북한산 아랫자락이죠. 문제는 발가락입니다.

트래킹 코스로 유명하긴 하지만 배낭을 앞뒤로 두 개를 메고, 그 튼튼한 이란 사람도 짐을 옮기기 힘들 정도로 고된 코스라 사람이 아닌 당나귀가 짐을 옮기는 그런 산길을 운동화가 아닌 딱딱한 스니커즈를 신고 오르려니 발가락에 문제가 생기기 시작했고, 시간이 지나니 피가 나기 시작했으며, 급기야 감각이 없어지기 시작했습니다. 내가 다시 랑방 벨루어를 사면 사람 새끼가 아니다!

이미 한계가 온 지 오래고 더 걷는다는 게 제겐 아무런 의미가 없는 것 같아 이제 그만 가자고 했지만, 말을 듣지 않습니다. "5분만 더 걸으면 된다.", "정말 조금만 더 걸으면 된다.", 저기 앞에 보이지? 저기가 목적지다."라고 말하며 한 시간을 더 걷게 하네요. 천사의 얼굴과 몸매로 제 고통을 즐기는 듯한 표정을 지으며 제게 운동을 가르쳐주던 PT 강사가 떠오릅니다.

이렇게 걷다 보니 정말 나중에는 곤조가 생겨서 '그래, 내가 발가락 자르는 한이 있더라도 걷는다.'라는 생각으로 발가락을 휴지로 감싼 채 양말을 갈아신고, 신발 끈을 꽉 조인 후 걷기 시작했습니다. 그리고 한참 후에 그 친구들이 말한 목적지에 도착했네요. 그 목적지는 스키 리프트. 토찰 스키장에서부터 이어져 내려오는 리프트인 것 같습니다.

너무 어이가 없어서 '이놈들을 죽인 다음에 만년설에 파묻어버릴까?'라는 생각이 들더군요. 형이 착하게 살기로 마음 먹어서 너희들이 지금도 숨 쉬고 있는 거야!

재미있는 건 이때부터였습니다. 자기네들이 가이드하겠다고 했으니, 그리고 자기네들이 데려갔으니 자기네들이 리프트 비용을 내야 한다고 생각하는데, 그래서 멋진 모습으로 가오를 잡아야 하는데 이 친구들은 자기네 나라가 외국인에게는 몇 배의 요금을 받는다는 걸 몰랐나 봅니다. 하긴 우리나라 사람들도 택시들이 공항에서 외국인에게 바가지 씌우는 건 잘 모르잖아요? 자기네들끼리 똥 마려운 강아지 마냥 뭐 어디에 전화하고 어쩌고 하는데 딱 돈이 없어서 그러는 모습입니다.

그렇게 20여 분이 지난 후에 드레드의 친구가 오더니 외국인은 요금이 열 배라 250토만을 내야 하는데 지금 당장 그 돈이 없으니 일단 네가 돈을 내면 내려가서 내가 그 돈을 주겠다고 합니다. 갚을 필요 없으니 내가 탄 건 내가 내겠다고 하고 250토만을 꺼내 줬습니다.

여기서 잠깐. 제가 환전할 때 모두 5토만짜리 지폐로 받았다고 했죠? 250토만이니 스키 리프트 한 번 타는 데에도 지폐 한 다발의 반을 꺼내서 줘야 합니다. 그러니 돈다발을 몇 뭉텅이 들고 나간다고 하더라도 부족할 수 있고요. 이게 환전할 때 100토만, 200토만짜리 지폐도 받아야 하는 이유입니다. 5토만 권으로만 받는다면 돈을 지갑이 아닌 배낭에 넣고 다녀야 해요.

어쨌든 그렇게 내려오니 카드에 돈을 충전하면서 돈을 내게 해서 미안하다고, 자기네들이 밥을 사겠다고 합니다. 반나절을 이 친구들이 가이드해 줬으니 밥이라도 사줘야겠다고 생각했는데 먼저 이야기를 꺼내니 오히려 잘 됐습니다.

한눈에 보기에도 그 동네에서 가장 비싸 보이는 식당에 들어갔습니다. 눈앞에는 계곡이 있고, 뒤쪽으로 고개를 돌리면 한눈에 만년설이 들어오며, 식당 입구에는 지나가는 사람이 볼 수 있게 케밥을 굽는 화덕이 대여섯 개나 있는 그런 식당입니다. 저 혼자 갔다면 엄청나게 바가지를 씌웠겠지만, 로컬들과 함께 갔으니 그럴 걱정은 없고, 암만 테헤란의 부자 동네라지만 이란이 비싸봤자 얼마나 비싸겠냐는 생각에 같이 따라 들어갔죠.

이란에 와서 처음으로 제대로 된 이란식 식사를 하는데 일단 맛을 떠나 양이 장난이 아닙니다. 분명 1인분인데 샐러드부터 시작해서 하나하나 나오는 거 보니 라면 한 개도 다 못 먹는 저 같은 사람은 최소한 이틀은 먹을 수 있는 양이더군요. 소고기 케밥과 둑 그리고 차를 마시면서 시샤를 피웠습니다.

둑? 하실 분이 계실 텐데 쉽게 말하면 이란식 마시는 요거트입니다. 우리나라로 치면 덴마크 드링킹 요구르트랄까요? 다만 우리나라의 드링킹 요구르트는 플레인이라도 하더라도 단맛이 아주 강한 편인데 이란의 둑은 단맛은 전혀 없고 시럽 대신 허브를 넣어 만드는, 그래서 호불호가 극명하게 나뉘는 음료인데 다행히도 저는 호 쪽이어서 식사 때마다 제로 콜라 대신 둑을 마셨습니다. 우리나라에서 음식점 맛을 평가할 때 김치가 맛있으면 맛있는 집이라고 하듯이 이란에선 둑이 맛있으면 맛있는 집이라고 한다는데 이 친구들 말로는 이 집은 음식을 아주 잘하는 집이라고 하더군요. 실제로도 제 입맛에는 아주 잘 맞았고 맛있게 잘 먹었습니다.

시샤라고 부르는 이란식 물담배는 예전에 '하얀 껌'이라고 불렸던 스피아민트 껌 냄새가 나는데 생각보다 괜찮았습니다.

그 친구들이 계산하겠다는데 주인이 나눠 내라고 뭐라 하면서 팁을 달랍니다. 우리나라 식당 주인이 저런 소리를 한다면 미친 사람 취급받겠지만 여긴 이란입니다. 좋은 기분에 이런 걸로 기분 망치기 싫어서 얼마를 원하느냐고 물었더니 100토만은 줘야 하지 않냐고 되묻네요. 순간 드레드와 그의 친구 표정을 보니 '이 집 주인이 제대로 호구 하나 물었구나.' 하는 표정이지만 그게 과한 팁이라는 건 결코 제게 이야기하지 않습니다.

"당신이 한 게 뭐가 있는데 100토만이나 받으려고 하는데? 네 눈엔 외국인은 모두 바보로 보여?"라고 따지니 저를 제외한 세 명 모두 당황하네요. 큰 인심 쓰는 척하면서 50토만만 달라고 해서 팁와 금액을 받는 사람이 정하는 나라, 그게 이란! 어이가 없었지만 이런 걸로 스트레스 받고 싶지 않아 그냥 '먹고 떨어져라!' 하는 마음으로 50토만 주고 계산하는 데로 갔는데 이 친구들 또 어디에 전화하고 난리가 났습니다. 돈이 부족한 거죠. 그도 그럴 게 이 친구들 정말 겁 없이 시키더니 계산할 때 보니까 시샤까지 해서 35유로 정도가 나온 겁니다. 제겐 동네 중국집 유산슬 한 접시 정도의 금액이지만 이 친구들에겐 엄청나게 큰돈이죠.

"됐다. 너희들 오늘 나 때문에 시간도 뺏기고 고생도 많이 했으니 저녁은 내가 살게. 처음부터 내가 사려고 했었어."하는데 드레드는 무슨 소리냐고 방방 뛰고, 드레드의 친구는 잘 먹었다고 이야기합니다. 밥값을 누가 내느냐로 5분 정도 옥신각신하다 보니 슬슬 짜증이 나서 더 이상 이런 이야기를 했다가는 좋게 만난 사람들과 좋지 않게 헤어지게 될 것 같더군요. 불필요한 감정 소모는 길게 끌어봤자 서로 피곤할 뿐이기에 지갑 속의 100유로 지폐를 몇 장 보여주니 그제야 조용해집니다.

디저트로 소프트아이스크림을 하나씩 물고 택시를 타서 다시 타즈리쉬 역으로 가는데 그만 못 볼 걸 봤네요. 바로 어린 아기의 구걸 장면이었습니다.

저는 영화를 정말 많이 보는 편인데 백수라 시간이 많으니까! 그런 제가 못 보는 영화가 어린아이를 대상으로 한 범죄 영화입니다. 딱히 아이를 좋아하는 사람도 아니고 그렇다고 미칠 듯이 정의감이 투철한 인간은 더더욱 아닌데 당연히 보호받아야 할 대상이 보호받지 못하고 오히려 범죄나 착취의 대상이 되는 걸 못 견디겠더라고요. 그런데 테헤란의 지하철역에선 4~5살이나 되었을까요? 그렇게 어린아이가 노래하며 구걸하는 모습을 심심치 않게 볼 수 있습니다. 뭐 우리나라도 1970년대 지하철역에 가면 그런 아이들이 있긴 했지만, 지금은 1970년대가 아니라 2023년이잖아요?

인간이라면 누구나 인권을 가지고 태어납니다. 그리고 그 인권 중 가장 첫 번째 권리는 생명권입니다. 하지만 5살에 지하철역에서 구걸하는 아이가 밥은 제대로 먹을까요? 잠은 제대로 잘까요? 심지어 4월이지만 밤에는 얼음이 얼 정도로 기온이 내려가는 테헤란 북부 지역에 얇은 긴팔 티 하나만 입고 구걸을 하는 겁니다!

이건 아니다 싶어서 지갑에서 되는대로 보지도 않고 지폐를 한 장 꺼냈는데 10불짜리 지폐입니다. 그 아이에게 쥐여주려고 걸어가니 드레드의 친구가 제 손목을 잡고는 저를 막네요. 저 아이에게 이 돈을 줘봤자 이 돈이 저 아이에게 가는 것도 아니고, 저 아이에게 이 돈을 주면 타즈리쉬 지하철역에 있는 모든 거지를 상대해야 할 것이라면서요. 아니 그걸 다 떠나 그러잖아도 동양인은 범죄의 대상이 되기 쉬운데 이렇게 돈 있다는 게 알려지면 몸 성히 숙소까지 가지 못할 수도 있다고 경고합니다. 틀린 말은 아니지요. 드레드에게 100토만을 주고 저 아이에게 주고 오라고 하니 그 친구가 주고 오네요.

그렇게 새끼발톱이 빠지고 제 마음 한구석도 비면서 테헤란에서의 하루가 지나갑니다.

*　　이란의 빈부격차

지금까지의 글만 보면 이란은 정말 가난하고 못사는 사람들만 있는 나라로 생각할 수도 있을 겁니다. 하지만 그거 아시나요? 못사는 나라일수록 빈부의 격차는 심하고, 그 못사는 나라가 자원이나 잠재력은 풍부한데 정치적인 이유로 못사는 나라라면 그런 나라의 빈부격차는 상상을 초월한다는 것을요. 이런 대표적인 나라가 베네수엘라, 페루, 적도기니, 칠레, 아르헨티나, 투르크메니스탄 등이 있고 이런 '자원의 저주'로 둘째가라면 서러울 나라가 이란입니다.

이란은 수자원을 제외하고는 안 나는 게 없는 나라라고 해도 과언이 아닐 만큼 천연자원이 풍부하고 심지어 기후마저도 없는 기후가 없는, 지구상의 13개의 기후대 중 11개의 기후를 보이는 나라입니다. 캐낼 수 없는 게 없고, 못 짓는 농사가 없다는 뜻이죠. 심지어 땅은 우리나라의 16배 정도로 넓고요. 아니 다른 걸 다 떠나서 석유가, 그것도 아주 많이 나는 나라입니다. 하지만 경제 민주화의 수준은 전 세계 최하위권이죠.

그러다 보니 이란의 빈부격차는 어마어마한 수준이고 이란의 부자는 우리의 부자와는 개념 자체가 다릅니다. 부의 상징으로 대표되는 슈퍼카로 예를 들어볼까요? 우리의 부잣집 자식이 람보르기니 아벤타도르를 사서 인스타그램에 올리고 되도 않는 유튜브를 찍고 한다면 이란의 부잣집 자식들은 그 아벤타도르를 운전할 서킷을 만들거나 두바이에 가서 그 아벤타도르를 타고 여자를 만납니다.

그럼 어떤 사람들이 이란의 부자들일까요? 혁명수비대와 관련되어 무역업을 한다거나, 원유 관련 사업을 한다거나, 대형 이슬람 사원과 관련된 사람이거나 한 사람들이 이란의 부자들이라고 하네요.

이런 밝음이 있으면 어두움도 있겠죠. 이란의 바자르에 가면 어느 지역의 바자르건 포목점이 상당히 큰 비중을 차지합니다. 히잡이든, 차도르건, 니캅이건 부르카건 이런 전통 의상은 대부분 만들어 입기 때문이죠. 우리나라도 1970년대까지는 포목집이나 주단집이 부잣집이었던 것처럼요. 그렇기에 어느 바자르에 가건 리어카에 원단을 옮기는 장면을 볼 수 있는데 그 원단을 옮기는 인부는 거의 대부분 12~15살 정도로 보이는 아이들입니다. 우리나라로 치면 초등학교 5학년에서 중학교 2학년 정도의 아이들.

더 못 보겠는 건 그들의 리어카는 우리의 리어카보다 커서 두 명이 끌게 생겼습니다. 그렇게 어린아이들이 남들 다 학교 가서 공부할 시간에 무표정한 얼굴로 자기 몸무게의 몇 배는 되어 보이는 원단들을 싣고 낑낑대며 그 원단을 옮기는데, 그 아이들이 사람이 아니라 그저 짐을 옮기는 당나귀나 노새가 된 것 같다는 느낌에 너무 마음이 안 좋더군요. 영화 <벤허>의 어린이 버전을 눈앞에서 보는 느낌이랄까요?

Tehran, Iran

110

> 제가 탔던 이란행 비행기의 비즈니스 좌석은 어느 한 가족이 단체로 이스탄불에 갔다
> 돌아오는 것처럼 자기네들끼리 점령한 듯 보였고, 그중 반은 온몸을 명품으로 치장한
> 어린아이들이었습니다. 반면 그 아이 또래의 다른 아이는 밤에는 얼음이 얼 정도의
> 차가운 날씨에 얇은 옷 하나만 입은 채 노래를 부르며 구걸하고 있었고, 또 다른 아이는
> 바자르에서 온종일 짐을 끌고 있었습니다.
>
> 그래도 이 정도는 양반입니다. 진짜 힘들고, 더럽고, 험한 일은 이란 사람들이
> 아니라 아프가니스탄에서 탈레반을 피해 도망쳐온 사람들이거나 쿠르드인, 또는
> 파키스탄인들이 합니다. 이 사람들은 정말 노예처럼 일합니다. 우리 눈엔 다 똑같아
> 보이지만 그들만의 리그에선 확고한 경제 서열이 매겨져 있는 거죠.
>
> 제가 묵었던 호스텔에서 화장실 청소부터 온갖 잡다한 일을 다 하는 20살 정도의
> 아가씨가 있었습니다. 얼굴이나 손을 보니 험한 일을 했던 사람이 아닌데 그런 일을
> 해서, 심지어 영어도 할 줄 알아 몇 마디 말을 나눠보니 아프가니스탄에서 온 사람이라고
> 하더군요. 그들은 믿을 수 없을 정도로 싼 대중교통마저도 돈이 없어서 한 시간씩 걸어서
> 출근하고 퇴근하는 사람들이었습니다. 이게 제가 본 이란의 빈부격차입니다.

4월 10일 여행 8일 차 Adios Tehran

새벽 댓바람부터 드레드의 친구가 텔레그램으로 말을 겁니다. 어제도 그 친구가 계속 물어봐서 분명히 대답을 해줬던 것 같은데 새벽부터 사람 잠을 깨워서 겨우 묻는 말이 "왜 아이폰을 두 개나 들고 다니냐?", "혹시 여기에서 산 건 아니냐?", "살 때 얼마 주고 샀냐?" 뭐 이런 겁니다. 하지만 이 친구가 진짜 하고 싶은 말은 이거였죠. "아이폰을 두 개나 가지고 다닐 필요 있어? 혹시 나한테 하나 주는 건 어때? 아니면 싸게 넘기거나. 그럼 우린 평생 우정을 나눌 수 있을 텐데." 아이폰으로 맺어지는 우정?

"네가 뭐 궁예냐? 관심법을 쓰게?"라고 말할 분도 계시겠지만 누구인가? 지금 누가 기침 소리를 내었어? 누가 기침 소리를 내었는가 말이야! 보통

남의 물건에 그 정도로 관심을 두는 건 어느 나라에서나 무례한 일일 텐데 이 친구는 어제 만난 순간부터 계속 제 아이폰과 애플워치, 그리고 에어팟 프로에 관심을 가졌고 그중에서도 계속 대한민국에서의 아이폰 가격을 물어보며 자기도 아이폰을 사려고 돈을 모으고 있다고 했던 말을 기억하기 때문입니다.

이란에서 아이폰은 20살짜리 사회 초년생이 사려면 2년 이상 월급을 한 푼도 쓰지 않고 모아야 할 만큼 비싼 물건이고, 그래서인지 이란에서 그 많은 사람을 만났지만, 당시 최신 기종인 아이폰 14를 들고 다닌 사람은 단 한 명도 보지 못했습니다. 제 아이폰 13 프로 모델 역시 구경하기 힘든 물건이었고요. 이란에서 볼 수 있는 아이폰은 기껏해야 아이폰 X나 아이폰 11 정도? 그것도 프로 모델은 아니고 일반 모델로요. 그러니 제 아이폰 X가 탐이 났겠죠. 더구나 이슬람에서는 많이 가진 사람에게 적게 가진 사람이 뭔가를 요구하는 게 잘못된 게 아니란 이야기도 들은 것 같고요. 하지만 전 무슬림이 아니고, 이런 일로 귀찮아지고 싶지 않습니다.

"내 아이폰은 둘 다 한국에서 가져온 것이고, 둘 다 필요해서 두 개를 가져온 거야. 산 지 오래되어 정확한 가격이 기억나진 않지만 대략 1,200불, 1,350불 정도 될 거야. 무엇보다 난 이 전화기를 팔 마음이 없어. 전화기까지 팔아야 할 만큼 돈이 궁하지도 않고. 전화기 이야기는 이제 그만하면 좋겠다." 이 이후로 이 친구는 제게 말을 건 적이 없습니다.

어제 남은 음식을 싸 와서 어제 팁을 50토만이나 준 유일한 이유 그걸로 아침을 먹고 있는데 그저께 저를 숙소까지 데려다줬던 이란 아가씨로부터 문자가 옵니다. 10시까지 호스텔로 오겠다네요. 할 일도 많고 갈 곳도 많았는데 잘됐습니다.

그렇게 돈야를 만나 이스파한으로 가는 티켓을 좀 대신 끊어 달라고 부탁했습니다. 뭐가 문제냐고, 얼마든지 해줄 수 있으니 걱정하지 말라는데 뭐가 문제인지 모르겠지만 계속 안 되네요. 사실 그런 거야 호스텔에서 해도 되니 안 해도 된다고 했는데도 혼자 씩씩거리면서 하다 안 되니 친구를 부릅니다. 제 사소한 부탁을 들어주기 위해 친구까지 부르는 사람들, 그게 이란 사람입니다.

30분도 안 되어 친구가 나타났고, 그 친구의 도움 덕분에 티켓을 끊을 수 있었습니다. 이란의 시외버스 티켓은 대부분 E-티켓 형태로 QR코드만 보여주면 되는데 그것도 불안해서 종이로 출력할 수 없겠냐고 하니 법무사 사무실 같은 곳에 가서 출력해 줍니다.

뭔가 보답하고 싶어서 점심을 사고 싶은데 뭘 먹고 싶냐고 물었더니 이탈리안 음식이 먹고 싶답니다. 적당한 파스타 가게에 가고 싶었는데 30분을 헤매도 파스타 가게는 찾지 못해 테헤란에서 맛집으로 가장 유명하다는 모슬렘 식당으로 향했습니다. 유명 여행 유튜버 '캡틴따거'의 이란 여행 편에도 등장했던 바로 그 식장이죠. 둘째 형도 거긴 꼭 가보라고 했던 식당이고요.

물어물어 찾아갔는데 문을 열지 않았습니다. '분명히 문을 열 시간인데 왜 이러지? 망했나?' 생각하며 옆집 주인에게 물어보니 라마단 기간이라 저녁 시간에만 문을 연다네요. 제가 여행하는 나라가 이슬람 국가라는 건 다시 한번 깨닫는 순간이었고, 결국 다시 헤맨 끝에 피자와 햄버거로 점심을 해결했습니다.

식사를 마치고 딱히 할 일이 떠오르지 않아 어제 근처에 갔다가 못 본 사다바드 궁전 단지로 향했습니다. 같이 간 두 친구도 가까이서 외국인을 볼 일이 없었는지 제가 내는 요금을 보고는 깜짝 놀라네요. "여긴 이 돈을 내고 볼만한 가치가 없어요. 다른 데 가요."라고 하는데 어제 발톱이 들린 발가락이 너무 아파서 걷기가 힘들어 다른 데에 갈 엄두가 나지도 않고, 이왕 여기까지 왔는데 또 어딜 가나 싶어서 그냥 들어갔습니다.

　　골레스탄 궁전 단지를 둘러볼 때도 느꼈던 거지만 이란의 궁전은 누구의 초상화가 그려져 있느냐의 차이만 있을 뿐, 시대가 비슷하면 생김새도 비슷합니다. 하긴 외국인도 우리의 경복궁과 덕수궁, 창덕궁을 보면 뭐가 다른지 구분하지 못하겠죠.

　　이 책을 읽는 분이 테헤란에 가서 궁전을 본다면 둘 다 보면 봤지 하나만 보진 않겠지만 그래도 굳이 둘 중에 하나만 꼽으라고 한다면 저는 골레스탄 궁전 단지보다 사다바드 궁전 단지를 추천하고 싶은데요. 사다바드 궁전 단지가 좀 더 작고, 아기자기하며, 화려하기 때문입니다. 그렇기에 크고, 웅장하며, 18~19세기의 이란 건축 양식을 보고 싶다면 골레스탄 궁전 단지를, 한가하고 여유로우며, 예쁜 정원과 화려한 장식을 보고 싶다면 사다바드 궁전 단지를 추천합니다.

　　그렇게 세 시간 정도를 보고 나니 또 할 일이 없어집니다. 이쯤 되면 쉴 만도 하건만 저도 어쩔 수 없는 한국 사람인지 또 어딘가를 가야 한다는 강박에 휩싸이게 되네요. 사진 찍어서 인스타에 올려야지! 갈만한 곳 중에 어디가 가까운지를 찾아보니 아자디 타워가 멀지 않습니다. 돈야와 그의 친구에게 아자디 타워는 어떠냐고 물었더니 둘 다 정색하며 정말 아무것도 없다고, 그럴 시간 있으면 차라리 호스텔가서 좀 더 쉬다가 가란 말을 합니다. 더군다나 아자디 타워는 터미널 바로 앞에 있어서 터미널에 가려면 보기 싫어도 아자디 타워를 봐야 한다면서요.

　　발이 너무 아프기도 하고, 지나가는 길에 볼 수도 있다는 말에 아자디 타워 대신 카페에 들어갔습니다. 아이스 카페라테가 너무 마시고 싶지만 그런 메뉴는 호텔 커피숍에 가거나 해야 먹을 수 있다는 말에 그냥 페르시아 커피를 주문했죠.

Tehran, Iran

커피를 마시면서 이란 젊은 친구들의 생각을 들어보고, 평범한 이란 사람들의 사는 모습도 들어보고 하니 얼추 저녁 먹을 시간이 됩니다. 포르쉐가 인생의 목표인 이란의 청춘들 낮에 갔다 실패했던 식당에 다시 가자고 하니 이 친구들이 저를 보고는 참 피곤하게 산다면서 다른 한국 사람들도 저 같냐고 묻습니다. 오늘도 열심히 맛집을 찾아 헤매는 근성의 한국인!

휴일이라 그런지 오픈 시간에 갔는데도 웨이팅이 있네요. 30분 정도 기다렸다가 이 집에서 유명하다는 마히체Mahiche 를 주문했습니다. 우리로 치면 양의 도가니를 강황 베이스의 양념에 자작하게 조리해서 밥이랑 같이 먹는 메뉴인데 기다린 보람은 있었습니다. 둑을 주문하니 이 친구들이 둑 맛을 아냐며 놀랍니다. 민트 들어간 둑을 더 좋아한다고 말하니 이란 사람이 다 됐다고 말하네요.

식사 후, 호스텔에 돌아와 로비에서 좀 쉬다가 스냅으로 택시를 불러 타고 테헤란 서부 터미널로 향했습니다. 돈야와 그 친구 말대로 정말 아자디 타워를 지나가는데 정말 아무것도 없이 아자디 타워 하나만 있네요. 우리로 치면 딱 동대문이나 남대문입니다. 그 주변엔 뭔가 있을지 모르지만 아자디 타워 그 자체는 그냥 콘크리트 구조물이고, 우리의 주변과 그 나라의 주변은 개념 자체가 다르기에 남대문이나 동대문 주변에는 볼 것이 많지만 아자디 타워 주변에서 뭔가를 찾으려면 다시 지하철이나 택시를 타야 합니다.

어쨌든 여기가 테헤란 서부 터미널이라고 내려주는데 제가 생각하는 터미널과는 달라도 너무 다릅니다. 택시만 수백 대서 서 있고, 제가 내리자마자 열댓 명의 택시 기사가 저를 둘러싸고는 어디 가냐고 물으며, 심지어 어떤 사람은 제 허락도 없이 제 짐을 자기 차에 실으려 했습니다.

보통의 한국 사람에게, 특히나 저처럼 MBTI가 'I'로 시작하는 내향적인 사람에게 이런 상황은 멘탈 털리는 상황입니다. 하지만 이럴 때일수록 정신

줄 붙잡아야 합니다. 짧고 단호한 목소리로 "아니야!"와 "건드리지 마!"을 외치며 호객꾼과 택시 기사들을 뿌리쳤지만, 그들에게 벗어나고 나니 이제 어디로 가야 할지 막막합니다. 황망한 표정으로 주위를 두리번거리던 바로 그 때, 도움의 손길이 다가왔습니다. "도와줘? 도움이 필요해?"

고개를 돌려 바라보니 웬 마음씨 좋게 생긴 이란 아저씨가 쳐다봅니다. "테헤란 서부 터미널로 가야 하는데 스냅 기사가 여기서 내려주네? 어디로 가야할 지 모르겠고 길을 잃은 것 같아. 나 어디로 가야 해?"라고 대답하니 제 말이 좀 빨랐나 봅니다. 매우 천천히, 그리고 제 중학교 때 영어 선생님처럼 또박또박 "버스 터미널. 택시 말고."라고 말하니 그제야 알아듣습니다. 하지만 이 아저씨는 버스 터미널까지 가는 방법을 제게 설명할 만큼 영어를 잘 하지 못합니다. 손짓과 눈짓으로 따라오라고 해서 한참을 따라가니 한 건물을 가리키며 저기라고 알려주네요.

친절한 이란 아저씨 덕분에 터미널까지 오긴 했지만, 이란의 버스 터미널은 정말 글자 그대로 대환장파티가 벌어지는 혼돈의 카오스 그 자체입니다. 진짜 '어둠에다크에서 죽음의데스를' 느꼈어요. 옛날, 골목에서 흔히 들을 수 있었던 "계란이 왔어요. 굵고 신선한 계란이 왔어요."나 "수박이 왔어요. 강호동 대가리보다 큰 수박이 왔어요."의 데시벨과는 비교도 할 수 없을 정도로 큰 목소리로 여기저기서 지명을 말합니다. 이스파한, 쉬라즈, 야즈드, 마슈하드, 타브리즈, 반다르아바스 등 이란은 물론 트빌리쉬조지아의 수도 나 예레반아르메니아의 수도, 심지어는 이스탄불까지 온갖 지명이 다 등장합니다. 잘 만 찾으면 서울까지 가는 버스도 찾겠다

이뿐만이 아닙니다. 경찰이 지키고 있는데도 여행사 직원은 대합실 내에서 버젓이 담배를 피우고, 어떤 아줌마와 아저씨는 부모 죽인 원수라도 만났는지 서로 죽일 듯 싸우고, 그 와중에 거지는 구걸하고, 그러거나 말거나

대합실 의자를 침대 삼아 자는 사람도 있고, 심지어 어떤 가족은 온 가족이 모두 모여 돗자리 깔아놓고 걸판지게 밥을 먹는 등 우리나라에서는 상상도 못 할 일이 이곳에선 일상입니다. 근데 생각해보면 우리도 예전엔 저랬지

역시 친절한 이란 아저씨의 도움으로 대합실에 앉아 기다리는데 어느 순간에서부터인가 제가 동물원의 원숭이가 되었습니다. 모든 사람이 저만 쳐다보기 시작했어요. 이럴 때 가장 좋은 건 자는 척하는 거죠. 하지만 누가 짐을 가져갈지 몰라 무작정 잘 수도 없습니다. 그렇게 뒤척이고 있는데 러얼돌 뭐 그런 거 말고 살아있는 인형처럼 생긴 한 소녀가 와서 말을 겁니다. "Korean?"

이란에 와서 수많은 사람을 만났지만 모두 중국인이냐고 묻지, 한국인이냐고 묻는 사람은 처음이었습니다. 어떻게 한국 사람인 줄 알았냐고 물었더니 자기가 K-드라마 광팬인데 거기에 나오는 사람들이랑 옷차림이 똑같답니다. 한국 사람 맞다고 말했더니 정말 미친 듯이 좋아하며 그때부터 이 친구의 구글 번역 앱이 바빠지기 시작합니다. 자긴 타브리즈에서 왔고, 지금 다시 타브리즈로 가는 차를 기다리고 있다면서 무슨 무슨 드라마를 봤고, BTS 멤버 중에는 정국을 가장 좋아하고, 블랙 핑크 멤버 중에는 리사를 가장 좋아하고 어쩌고저쩌고…

아저씨는 한국에서 K-팝 평론하는 사람이라며 그동안 썼던 글을 번역해서 보여주니 감격에 겨워 거의 울 듯합니다. 보통 외국 친구가 멜론이란 사이트를 알 정도면 그건 보통 팬이 아닌데 이 친구는 제가 연재했던 멜론을 알고 있더라고요. 나중에는 그 친구의 엄마까지 합세해서 혹시라도 타브리즈에 올 거면 꼭 미리 알려달라고, 그러면 자기네 집으로 초대하겠다는 말을 남기고 떠났습니다. 국뽕이 차오르는 밤이네요.

그렇게 저는 테헤란에서의 일정을 마치고 이스파한으로 떠납니다.

* **이란의 시외버스, 버스 터미널**

이란의 시외버스는 마물리라고 부르는 보통 버스와 VIP 버스로 나뉩니다. 둘 사이의 차이는 우리나라의 일반 고속버스와 우등 고속버스의 차이, 다시 말해 한 열에 좌석이 네 개이냐, 세 개이냐의 차이입니다.

저는 마물리는 딱 한 번 타봤고 주로 VIP 버스만 탔기에 일반 버스는 잘 모르지만, 일단 좌석의 크기는 우리나라 우등 고속버스보다 살짝 더 큰 느낌이고, 앞뒤 간격은 확실히 우리나라 버스보다 넓습니다. 제가 버스에서 다리를 쭉 펴고 거의 눕다시피 하며 갈 수 있을 정도니까 대충 비행기의 비즈니스 좌석 간격 정도 되려나요? 특이한 점이라면 항공권처럼 버스 승차권에도 이름이 적혀있습니다. 아무래도 국경을 넘어가는 노선도 있고 해서 그런 것 같긴 한데 정확한 이유는 모르겠네요.

VIP 버스는 두 가지 큰 장점이 있는데요. 일단 우리나라 사람은 상상도 하지 못할 정도로 쌉니다. 버스로 여섯 시간을 달려야 하는 거리 정도의 요금이 아무리 비싸봤자 200토만, 다시 말해 4유로를 넘지 않으니 서울에서 부산을 거쳐 다시 대구까지 가는 거리 정도를 5,800원 정도에 갈 수 있습니다.

또 하나의 장점으로는 일부 버스의 경우 간식을 나누어주기도 하고, 버스 중간 냉장고에 물이 있어서 마음껏 가져다 마셔도 됩니다. 간식이라고 해봤자 다이제스티브 같은 과자와, 오예스 같은 빵, 그리고 싸구려 과일 드링크가 전부이지만 그래도 그게 어딥니까?

단점으로는 아무리 차가 없어도 80km/h 정속주행을 해서 가다가 늙어 죽을 것 같은 생각이 들고, 승차감이 너무 좋지 않습니다. 이유는 차가 아니라 도로에 있는데요.

우리나라에서만 살던 사람은 잘 모르겠지만 우리나라는 정말 도로망이 잘 갖춰졌고, 아스팔트의 상태 또한 매우 훌륭한 나라입니다. 선진국의 상징이었던 미국조차도 돈 많은 주와 돈 없는 주에 따라 고속도로의 포장 상태가 극과 극을 달리는데 이란은 오죽할까요? 도로는 잘 갖춰져 있지만 워낙 대형 트레일러들이 많이 다녀 곳곳에 팬 곳이 많고, 심지어는 고속도로임에도 '이게 포장도로야? 비포장도로야?'라는 생각이 들 정도로 도로 사정이 엉망인 곳도 많습니다.

이게 생각지도 못한 문제로 이어지는데요. 바로 화장실입니다. 뒤에서 다시 이야기하지만 정말 일생일대의 큰 실수를 할 뻔했는데 알라의 가호로 버스가 휴게소로 들어서면서 천국을 경험했던 적도 있었죠. 그렇기에 이란에서 시외버스를 타려면 반드시, 꼭, 무슨 일이 있어도, 필수적으로 화장실부터 다녀오세요. 지옥을 경험하고 싶지 않으시다면요. 이런 게 바로 쌈에서 나오는 바이브!

앞에서도 이야기했지만, 이란의 버스 터미널은 호객꾼이 정말 많습니다. 우리나라와는

Tehran, Iran

다른 시스템 때문인데요. 우리나라는 강남 고속버스 터미널에서 부산으로 간다면 탑승 시간만 정하면 되지만, 다시 말해 버스 회사는 정해져 있지만 이란은 같은 노선이라도 여러 버스 회사가 경쟁하는 시스템입니다. 예를 들어 서울에서 부산으로 가는 노선에는 동양고속, 중앙고속, 금호고속 등의 회사가 있지만 각 시간대에 따라 한 회사가 그 시간을 독점하고, 시간대를 각 회사에 나누는 형태라면 이란은 밤 10시에 출발하는 버스라도 A 회사, B 회사, C 회사 등등 여러 회사가 있기에 자기가 산 승차권에 맞는 버스를 찾아야 하고, 그렇기에 정해진 플랫폼이 없습니다.

바로 이런 점 때문에 시외버스 터미널에서 헤매게 되는데요. 본인은 A 회사의 승차권을 예매했지만 페르시아어를 모르는데 시간은 같은 시간이니 B 회사나 C 회사 버스 앞에서 기다리는 일도 종종 있습니다. 내가 그랬어, 내가 그러다 버스를 놓칠 수도 있고요. 하지만 너무 걱정하지 않으셔도 됩니다. 10시에 출발하는 버스라면 9시 30분 정도부터 플랫폼에서 얼쩡거리면서 지나가는 사람에게 자신의 승차권을 보여주며 가고자 하는 목적지를 말하면 분명히 "어, 나도 그거 타. 나 따라오면 돼."라고 말하는 사람이 있습니다. 영어 잘할 필요도 없어요. 어차피 이란 사람도 영어 잘 못합니다. 그저 지나가는 사람 붙잡고 그냥 승차권만 보여주면 됩니다. 역시 친절한 이란 사람들

주의해야 할 점이라면 시외버스 승차권은 미리 예매하는 게 좋긴 하지만 우리나라 사람이 갈만한 곳이라면 커녕해야 야즈드나 나처럼 재린 데스까지 가는 사람이 몇이나 되겠나? 워낙 노선이 많기에 터미널에 가서 바로 구매해도 크게 문제 될 일은 없습니다. 다만 여행 기간이 라마단과 겹치는 일정이라면 라마단이 끝나는 날부터는 반드시 미리 예매하셔야 합니다. 이란에서는 라마단이 끝나는 날을 이드 알피트르Eid al-Fitr라고 하는데 그때부터 휴가가 시작돼서 모든 호텔과 승차권, 항공권이 매진되기 때문입니다.

마지막으로, 이란의 버스는 한 번도 제시간에 떠나는 걸 보지 못했습니다. 짧게는 10분에서 길게는 30~40분 이상 늦게 떠나는 게 일반적이죠. 하지만 이렇게 늦게 출발하는 건 우리나라 같으면 난리가 나겠지만 내리자마자 바로 공항에 가야 한다거나, 다른 차로 갈아탄다거나 하지 않는 한 사실 큰 문제가 되진 않습니다. 진짜 문제는 정해진 시간보다 빨리 출발할 수도 있다는 거죠. 예를 들어 오후 2시에 출발하는 버스인데 오후 1시에 사람들이 다 찼다면 오후 1시에 출발한다는 이야기입니다.

"난 티켓 예약했는데? 그럼 2시까지 기다려야 하는 거 아니야?"라고 생각한다면 그건 대한민국식 사고방식인데, 이란에 갔다면 이란 사람들의 행동양식을 따라야겠죠? 실제로 제가 탔던 버스가 그렇게 출발한 적도 있었고요. 그렇기에 버스를 타고 이동할 생각이라면 최소한 한 시간은 일찍 터미널에 도착해서 승차권도 확인하고, 화장실도 다녀오고, 차 안에서 먹을 것도 미리 사두고, 내가 탈 차가 맞는지 몇 번 확인하시길 권합니다. 안 그러면 지옥을 경험할 수도 있으니까요.

Isfahan, Iran

이란, 이스파한

4월 11일 여행 9일 차 **Another Day In Paradise**

새벽에 도착한 압바시 호텔. 저처럼 여행하는 사람에겐, 특히나 돈을 모두 잃어버린 사람에겐 너무 비싼 호텔이지만 세계에서 가장 오래된 호텔을, 1974년 버전의 <그리고 아무도 없었다>의 배경이 됐던 호텔을 그냥 지나칠 순 없었습니다.

이란 여행의 가장 어려운 점 하나만 꼽으라면 저는 호텔 예약을 꼽을 것 같은데요. 신용 카드를 쓸 수 없으니 호텔에 직접 가서 숙소를 잡아야 하는데 문제는 외국인에게는 엄청난 바가지를 씌운다는 거죠. 어디에 어떤 호텔이 있는지도 알 수 없고요.

그래서 제가 선택한 방법은 한국에 계신 이병선 선생님께 날짜를 알려드리면 이병선 선생님이 트립닷컴에서 폭풍 검색을 하신 다음에 적당한 호텔을 예약하고, 저는 그 호텔에 가면서 나중에 이병선 선생님께 결제해드리는 방식이었죠. 여기에는 트립닷컴의 수수료가 비상식적으로 높다는 문제점이 있긴 하지만 이 방법 외에는 방법이 없으니 울며 겨자먹기식으로 이렇게 할 수밖에 없었습니다. 압바시 호텔 역시 이병선 선생님의 도움이 있었기에 예약할 수 있었고요.

이스파한 터미널에 내리자마자 아니나 다를까, 군부대에 걸그룹 위문 공연 온 것처럼 온 동네 택시 기사들이 모여들어 저를 둘러싸기 시작했습니다. 이제 이런 일은 익숙해서 아무렇지도 않네요. 미리 구글 맵에서 거리를 보니 30토만이면 충분할 것 같고 많이 줘봤자 40토만이면 될 거리지만 어차피 택시를 타야 하기에 짐짓 모르는 척 압바시 호텔을 외치니 누군가가 큰 인심 쓴다는 듯이 150토만을 외칩니다.

"어이, 고광렬이. 너는 첫판부터 장난질이냐?" 눈빛으로 150토만을 외친 택시 기사를 쳐다보니 그때 아귀는 선글라스 끼지 않았나? 다시 누군가 100을 외칩니다. "40!"이라고 하니 누군가 "80"을 외치네요. 미친 사람처럼 '얼레리꼴레리'의 음률에 맞춰 "Forty!"를 흥얼거리며 가니 나이가 지긋해 보이는 택시 기사가 60을 말합니다. 이 냥반이랑은 뭔가 딜이 될 것 같은 느낌이네요.

이제 제 비장의 무기를 꺼낼 시간입니다. "난 페르시아 문명을 존중하고 블라블라 그러니 택시 바가지요금 때문에 기분 망치고 싶지 않다 어쩌고저쩌고. 거리로 보니 스냅을 부르면 30이면 충분히 갈 거리인데 스냅을 부르지 못해 40을 말하는 거다." 선수끼리 왜 이래? 한참을 고민하더니 50을 말하네요. 그제야 제 캐리어 손잡이를 그에게 맡깁니다.

이 상황을 글로만 본다면 '쟤는 왜 500원도 안 되는 돈으로 찌질하게 흥정하고 그러냐? 그것도 없이 사는 사람하고?' 생각하실 수 있을 겁니다. 하지만 막상 이 상황이 되면 돈이 문제가 아니라 상대방이 나를 바보 취급한다는 생각에 자존심과 자존심의 싸움이 됩니다. 그렇기에 더욱 질 수 없는 싸움이 되는 거죠.

호텔에 도착한 시간은 6시 반. 아직 호텔 문도 열지 않았을 시간입니다. 고맙게도 그 택시 기사 아저씨가 문을 두드려 도어맨을 부르고는 저를 들여

갈 수 있게 해주네요. 20토만을 팁으로 줬습니다. 이 택시 기사는 저와 불필요한 감정싸움을 하지 않은 덕에 애초에 자기가 받고 싶었던 금액보다 더 큰 돈을 받을 수 있었던 것이죠.

스마트폰을 충전하면서 로비 소파에 눕듯이 앉아 쉬고 있는데 7시 반쯤 되니 컨시어지가 나오더니 10시에 체크인 할 수 있게 해주겠답니다. 우리나라에서 쓰는 말로는 얼리 체크인이랄까요? 얼리 체크인 요금이 얼마냐고 물었더니 뭘 말 같잖은 소리를 하냐는 눈빛으로 저를 보면서 돈을 받아야 하는 거냐고, 너희 나라는 돈을 더 받냐고 되묻습니다. 아니야 아니야. 굳이 그러지 않아도 돼!

짐을 맡기고 타이츠와 바람막이로 갈아입은 채 나왔습니다. 이스파한에서 정말 하고 싶은 것 중의 하나가 우리나라에서 운동하는 차림으로 이맘 광장을 뛰는 것이었거든요. 지나가는 아가씨에게 길을 물어보니 정말 깜짝 놀랄 정도로 영어를 잘합니다. 게다가 미녀의 나라 이란이라지만 누가 그래? 그 동네에서 진짜 미녀의 나라는 레바논, 시리아야! 그 이란에서도 눈이 번쩍 뜨일 정도로 예뻤습니다. 만날 인연이었는지 나중에 다시 그녀를 만났네요.

그 아가씨 덕분에 헤매지 않고 이맘 광장에 도착했습니다. 가는 길에 가로수는 우거져 있고 길거리에는 사람이 한 명도 없는 게 비현실적으로 느껴질 만큼 아름다운 풍광이었습니다. 그 북적이고, 미어터지며, 매연으로 죽을 것 같던 테헤란에 있다가 이스파한으로 오니 여기가 천국이네요, 천국. 제 입에서 필 콜린스의 'Another Day In Paradise'가 절로 흘러나옵니다.

이맘 광장. 우리에겐 이맘 광장으로 알려져 있지만 이 광장의 정식 명칭은 낙쉐 자한 광장Naqsh-e Jahan Square으로, 유네스코 세계 문화유산으로 등재되었으며, 전 세계에서 천안문 광장 다음으로 큰 광장입니다. 단지 광장만 있는 게 아니라 알리카푸 궁전부터 셰이크로트폴라 모스크, 샤 모스크, 키사리 게이트 등 유적지가 함께 있고, 이 이외에도 여러 박물관과 바자르가 있는 곳이기도 하죠. 시오세 다리와 카주 다리, 반크 성당과 성 소피아 성당 정도를 제외한다면 여기만 잘 봐도 이스파한은 다 봤다고 말할 수 있는 그런 곳이기도 합니다.

그렇게 여러 가게들을 둘러보며 이맘 광장을 두 바퀴 정도 걷듯이 뛰니 죽을 것 같고 좋습니다. (...) 그렇게 슬슬 추위도 가시고 해서 호텔로 돌아가니 그제야 가게들이 문을 열기 시작하네요.

이 호텔은 정말 기대 이상입니다. 세상에서 가장 오래된 호텔이라는 말이 허언이 아닐 정도로 역사와 전통이 느껴지는 호텔이랄까요? 호텔 자체가 관광 코스가 될 정도이고 실제로도 투숙객이 아닌 사람들이 호텔 그 자체를 구경하기 위해 많이 찾는 호텔이기도 합니다. 호텔 안에 볼 것도 많고요.

로비에서 쉬고 있는데 갑자기 시끄러워지기 시작합니다. 아니나 다를까, 그분들이 버스 두 대에 나눠타고 오셨네요. 로비에서 배고프다고 떠드는 사람부터 충전기 들고 여기저기 왔다 갔다 하며 사람들 다 건드리고, 신발 신고 3인용 소파에 가로로 누워 자고, 뭘 처 드셨는지 과자 부스러기로 양탄자를 걸레로 만들고 등등 중국에는 공공예절이라는 개념 자체가 없나요? 30년이면 한 세대가 지나는 시간인데 중국과 중국인은 30년 전이나 지금이나 바뀐 게 없는 것 같습니다.

노이즈 캔슬링 이어폰이 없었다면 지옥 같았을 한 시간을 보낸 후, 정확히 열 시에 체크인하려는데 아까 길에서 만났던 아가씨가 웃으면서 저를 맞이합니다. "우리 호텔 손님인 줄 알았어요. 누가 보기에도 한국 사람인데 한국 사람은 대부분 우리 호텔에 묵거든요." 다른 거 다 필요 없고 저 사람들이랑 최대한 멀리 떨어진 곳으로 달라고 하니 제 방이 훨씬 비싼 방이라 떨어

Isfahan, Iran

질 수밖에 없다면서 한국이랑 중국이 사이가 좋지 않냐고 묻습니다. 너희는 이스라엘과 사이좋냐고 되물으니 그제야 알겠다는 표정을 짓네요.

여행을 시작한 이후 처음으로 욕조가 있는 호텔에 오다 보니 가장 먼저 한 일이 물 받아놓고 몸을 담그는 것이었습니다. 정말 좋은 건 욕조가 크다는 것. 이란 사람들 체구가 크기 때문일까요? 제가 다리를 뻗고 누울 수 있을 만큼 욕조가 크고 깁니다.

욕조에 몸을 누이니 갑자기 피로가 몰려오면서 다리가 들어 올려지지 않네요. 욕조에서 졸다가 침대로 옮겨서 두 시간을 자고 근처에 유명한 찻집이 있다기에 차를 마시러 나왔습니다. 바로 근처인데 도저히 못 찾겠어서 한 시간 가까이 헤매다가 겨우 찾아갔는데 찻집은 폐업했네요.

들어가서 다시 쉴까도 했지만 나온 게 아까워서 수업을 마치고 나온 여학생들의 도움으로 택시를 타고 성 소피아 성당에 갔습니다. 입장료는 200토만. 제 앞에서 들어간 이란 사람은 10토만을 내네요. 이제 일상이라 그러려니 합니다. 성당에서 입장료를 받는 것도 우습지만 더 웃기는 건 정말 볼 게 없다는 겁니다. 농담이 아니라 명동성당이 백만 배는 더 볼 게 많은 성당이라는 생각이 들 정도예요. '이란에 성당이 있다는 게 신기해서 가보겠다.'라는 생각이 아니라 '내가 천주교 신자이니 성당에 당연히 가봐야 하지 않을까?' 하는 마음으로 가신다면 그 마음으로 주일미사나 빠지지 않고 참석하시길 권해드립니다.

물론 성 소피아 성당에서도 소녀까지는 아니고 고등학교는 졸업했을 것 같은 아가씨들을 만났습니다. 한국에서 왔다니까 한 아가씨가 자기가 <주몽>의 엄청난 팬이라며 너무 좋아하네요. 저를 보고 주몽 닮았다고 말을 해서 너 콘택트렌즈 바꿔야겠다고 말을 하니 자지러집니다. 이 정도가 웃기다니 그게 더 신기하네요. 나에게 웃어주는 여자, 그런 여자를 조심해야지 셀피를 찍자는데 신체 접촉이 일어날 정도로 너무 가까이 다가와 순간 당황했습니다. 테헤란에서 이란 사람들과 수백 장의 셀피를 찍었지만 단 한 번도 여자와 신체 접촉이 일어날 정도로 가까이 다가온 적은 없었는데 이 친구 중 한 명은 정말 노골적으로 다가오네요. 제 오래된 화류계 생활로 미루어 짐작했을 때 자랑이다, 이 새끼야 이건 분명히 의도된 신체 접촉이고, 순간 머릿속에 알람이 켜집니다. 조금만 더 이야기하다간 호텔로 따라오겠다고 할 것 같아 자리를 떴습니다.

이스파한은 도시 자체가 기원전부터(!) 존재했던 도시이고, 중세 사산 왕조 시절에는 실크로드의 거점 도시로 상공업이 번성했으며, 부와이흐 왕조 시절에도 타바리스탄, 하마단 등과 함께 부와이흐 왕조의 중심 도시였고, 사파비 왕조의 리즈 시절을 이끌었던 아바스 1세에 의해 사파비 제국의 수도가 됩니다. 이때 어느 정도로 번성했냐면 이스파한이 세계의 절반이라는 말이 있을 정도였죠. 지금 이란의 국교인 시아파 이슬람의 번성이 시작된 도시이기도 하고요.

그래서일까요? 길거리를 다니는 사람들의 옷차림이나 히잡의 색깔부터 테헤란과는 완전히 다릅니다. 좀 더 이슬람 근본주의에 가까운 느낌? 얼마 전에 그 난리가 났던 2022년 마흐사 아미니 시위 히잡만 보더라도 테헤란에선 스카프를 대충 머리에 두르는 시늉을 하며 그걸 히잡이라고 하고, 저도 그게 히잡인 줄 알았는데 이스파한에서는 그런 나이롱 히잡(!)이 아니라 우리가 진짜 히잡이라고 알고 있는, 학생들은 알 아미라Al Amira, 성인은 차도르Chador 나 키마르Khimar 를 착용한 여자가 훨씬 많습니다.

단지 옷차림뿐만이 아니라 사람들의 행동도 좀 다른데요. '또라이 총량의 법칙'과 더불어 만고 불변의 진리인 '양아치 총량의 법칙'이 이스파한에는 적용되지 않는 것 같습니다. 테헤란에 비해 사람들이 훨씬 더 조용하고, 얌전하며, 껄렁거리는 놈들이 덜 보인달까요?

그 조용하던 동네가 해가 지고 밤이 되니 정신을 못 차릴 정도로 시끄러워집니다. 보통은 가든 뷰보다 스트릿 뷰가 비싸기 마련인데 스트릿 뷰보다 가든 뷰 방이 비싼 게 이유가 있었군요. 오후 5시가 지나니 가게들이 문을 열기 시작하고, 길거리에 사람들로 채워집니다. 라마단 시기의 이란은 밤의 나라입니다. 저도 그 밤을 향해 나갑니다.

*   이란에서 호텔 예약하는 법

계속 이야기하지만 이란은 서방의 경제제재 조치로 신용 카드를 쓸 수 없기에 다른 나라를 여행할 때처럼 미리 호텔을 예약할 수 없습니다. 2023년 현재 유일하게 이란의 호텔도 예약할 수 있는 사이트가 트립닷컴이지만 수수료가 상상을 초월하고, 그 비싼 수수료 때문인지는 몰라도 트립닷컴에서 예약할 수 있는 호텔들은 매우 가성비가 떨어진다는 거죠. 그렇게 트립닷컴에서 몇 번 호텔을 예약해보니 노하우가 생겼는데요. 제 노하우는 다음과 같습니다.

첫 번째는 트립닷컴에서 평점 순으로 정렬한 다음, 그걸 다시 구글 맵에서 찾아봅니다. 평점은 구글 맵이 더 정확하더라고요. 그렇게 후보를 두세 군데 정하고 나면 온라인에서 예약하지 않고 그 호텔을 찾아갑니다. 이란도 다른 나라처럼 호텔은 비슷한 등급의 호텔끼리 모여 있어서 마음에 드는 호텔 하나만 정하면 그 호텔에 방이 없더라도 그 호텔 주변에서 비슷한 호텔을 찾을 수 있습니다.

여기서 노하우가 나오는데 숙박료를 달러나 유로화가 아닌 이란 화폐로 결제하는 겁니다. 시장 환율의 변화 속도에 비해 호텔의 기준환율이 느리게 변하기 때문에 이게 훨씬 유리합니다. 쉽게 설명하면 2023년 4월 현재 100달러가 5천 토만이라면 방값에 쓰여있는 환율은 100달러가 4천 토만이란 이야기입니다. 당연히 달러나 유로화가 아닌 이란 화폐로 결제하는 게 낫겠죠. 이렇게 결제하면 트립닷컴에서 예약하고 결제하는 것보다 훨씬 싸게 방을 구할 수 있고, 이는 이란뿐만이 아니라 서남아시아나 아프리카 지역 전체에 적용할 수 있습니다. 심지어 그 지역에선 가장 경제가 개방되고 서구

시스템에 가까운 튀르키예 조차도요.

또 하나의 노하우라면 이란에서는 무조건 시내 중심가에 있거나 최대한 관광지와 가까운 곳에 있는 호텔을 예약하는 겁니다. 이란은 넓은 나라입니다. 우리나라 생각하면 안 돼요. 그러다 보니 관광하려면 주로 택시를 타야 하는데 시내 중심가에 있어야 택시 잡기도 편하고, 택시 잡기 편한 것 이상으로 돌아올 때 스트레스받지 않습니다. 갈 때 2천 원 냈는데 올 때 만 원 내라고 하면 스트레스받지 않겠습니까?

이란의 호텔은 아무리 유명하고 비싼 호텔이라고 하더라도 우리나라의 호텔과는 비교가 되지 않습니다. 이란의 5성급 호텔이 아무리 좋아도 우리나라 4성급의 신라스테이보다 좋지 않습니다. 그러니 편의시설이나 서비스, 어메니티보다는 위치를 보고 호텔을 선택하시길 권합니다.

하나를 더 추가하자면 어느 도시나 그 도시의 거점 호텔이 있습니다. 웬만하면 그런 호텔로 가세요. 이란은 넓은 나라이기에 로컬 택시 기사들도 호텔이 어디에 있는지 잘 모릅니다. 그렇기에 헤매기도 많이 헤매고요. 택시도 그럴 정도인데 혼자서 걸어 나갔다가 길을 잃었을 때는 더 난감하죠.

반면, 거점이 되는 호텔은 그런 불편함이 없습니다. 예를 들어 이스파한에서 '압바시 호텔' 한 마디면 택시 기사는 물론 이스파한 로컬이라면 누구나 길을 알려줍니다. 행길 하나만 건너면 있는 사피르 호텔은 아무도 모르지만 압바시 호텔은 누구나 알죠. 그게 요금이 두 배 이상 차이 나는 이유이기도 하고요.

"그렇게 유명한 호텔이라면 비싸지 않나요?"라고 물을 수 있습니다. 네, 맞습니다. 이란의 물가를 생각하면 매우 비쌉니다. 하지만 테헤란이나 케슘 정도만 아니라면 비싸봤자 한국 돈으로 15만 원 정도인데 이 정도면 위치나 서비스 측면에서 싼 호텔에서 잘 때 생기는 스트레스로부터 자유로울 수 있습니다. 밥도 훨씬 맛있고요.

마지막으로 호스텔. 외국인과 편하게 대화하고 싶다거나, 여행 경비를 아끼고 싶다거나, 한 지역에 오래 머물고 싶다거나 하는 분들에게는 호스텔이 호텔보다 나을 수 있습니다. 좋은 호텔에서 하루 잘 돈이면 호스텔에선 열흘을 있을 수 있으니까요. 그리고 금액을 떠나서 사람 보는 재미는 호텔보다 호스텔이 훨씬 낫고, 단지 재미뿐만이 아니라 다양한 국적의 사람을 만날 수 있습니다. 우리가 살면서 동시에 파키스탄, 튀니지, 중국, 러시아, 이집트, 이란, 아프가니스탄 사람을 한꺼번에 만나고 이야기할 수 있는 기회가 몇 번이나 있을까요? 이란의 호스텔에선 가능합니다.

Isfahan, Iran

4월 12일 여행 10일 차 Pt.1 두 부류의 인간

아침에 한국의 컨트롤 타워이병선 선생님와 이야기하는데 오늘은 체헬소툰에 가보는 게 어떻겠냐고 하십니다. 체헬소툰.

17세기 아바스 2세가 접견용으로 지은 체헬소툰은 페르시아어로 '40개의 다리'라는 뜻이지만 실제로 체헬소툰에 가면 20개의 기둥으로 떠받치고 있습니다. 20개의 기둥이 40개가 된 까닭은 중정 연못에 비친 기둥의 개수까지 합쳐서였죠. 이백의 월하독작月下獨酌 이란 한시에서 보이는 낭만 같은 게 느껴지는 이름이랄까요? 이란에서 술 마시다 걸리면 뚜드려 맞는다!

굳이 이런 역사적 배경을 모르더라도 이맘 광장에 가다 보면 '여긴 뭔데 이렇게 조경이 멋있어?'라고 느껴지는 곳이 있습니다. 그곳이 체헬소툰입니다. 워낙 정원이 멋있기도 하고, 그렇게 한가로이 앉아서 석류 주스나 마시며 유유자적하고 싶다는 생각도 들어서 체헬소툰으로 향했는데 가는 날이 장날이라고 그날이 휴관일이네요.

낙담하며 돌아서는데 택시 기사가 붙잡습니다. 오늘은 모든 박물관이 휴관일이라며, 그러니 박물관 말고 모스크에 가는 게 어떻겠냐고 말을 겁니다. 정말 좋은 모스크가 있는데 50토만만 내면 태워다 주겠다면서요.

제가 이야기했었죠? 이란에는 제 돈을 원하는 사람과 제 돈을 원하지 않는 사람 두 종류만 있다고요. 그리고 이 사람은 제 돈을 원하는 사람이었습니다. 이미 어제 볼만한 곳은 다 봤기에 딱히 할 것도 없고, 딱히 보고 싶은 곳도 없어서 난감하던 차에 모스크에 가자는 말을 듣고 갈까 했다가 혹시나 해서 구글 맵으로 검색해보니 체헬소툰 매표소에서 600미터 떨어진 곳입니다.

이제 이런 일이 일상이 되어선지 그저 웃음만 나네요. 눈짓으로 저 건

물이냐고 물었더니 맞다면서 30토만에 가자고 하네요. 전 제 돈을 원하는 이란 사람들의 이런 뻔뻔함이 너무 좋습니다. 괜히 착한 척하고 미안한 척하면 욕을 할 수 없어서 더 재수 없잖아요?

처음엔 모스크가 너무 신기해서 안에도 들어가 보고 했는데 그것도 며칠 지나니 신기할 것도, 새로울 것도 없습니다. 그래도 모스크가 보이면 그냥 지나치지 않고 들어가고 기도 시간이면 기도도 하곤 했는데요.

매우 현실적인 이유로는 주로 관광객이 찾고 입장료를 받는 유명한 모스크가 아니라 로컬들이 다니는 모스크 안에서는 도난 사건이 일어날 가능성이 매우 적으니 마음 놓고 쉴 수 있습니다. 바닥에 앉아도 되고, 심지어는 누워도 됩니다. 사람들이 기도하는 시간에 맞춰가서 같이 기도하면 그 동네 사람들과 친하게 지낼 수도 있고요. 게다가 이란은 어딜 가든 기도와 위안이 필요한 나라잖아요? 그래서 저는 모스크가 보이면 늘 들어가서 기도하고 나왔습니다.

택시 기사 덕분에 알게 된 모스크에서 기도하고 나오려는데 이슬람 신부처럼 보이는 보통 머리에 터번을 두릅니다 사람이 차와 대추야자 절임을 내어오며 잠깐 쉬었다 가라고 합니다. 살짝 배도 고프고 목도 마르던 참에 잘 됐다 싶어서 앉으니 모스크 안에 들어와서 기도까지 하는 동양인은 처음 봤다면서 어느 나라에서 왔냐고, 혹시 무슬림이냐고 묻습니다. 대한민국에서 왔고, 무슬림은 아니지만 마음의 평화도 얻을 겸, 좀 쉬기도 할 겸 해서 와서 기도했다고 하니 정말 좋아하네요.

그렇게 20분 정도 차 마시면서 쉬다가 일어서니 어디로 가냐고 묻습니다. 딱히 갈 곳도 없고 해서 시오세 폴이나 가볼까 한다고 하니 이 날씨에 걷기엔 좀 멀다면서 택시 타고 가라며 택시를 불러줍니다. 시오세 폴에 내려서 요금을 물어보니 호출하면서 결제했다네요. 그 이슬람 신부가 택시비까지 내

준 겁니다. 이런 사람이 제 돈을 원하지 않는 이란 사람이고, 이런 게 제가 말하는 이란 사람들의 친절함입니다.

시오세 폴에 도착하니 이스파한 하면 떠오르는 바로 그 사진의 장소가 저를 맞이하네요. 하지만 뭐랄까요? 인스타그램에서 봤던 사람을 실제로 볼 때의 그런 느낌? 분명히 시오세 폴은 맞는데 사진 속의 그 멋진 시오세 폴은 대체 어디로 갔는지 당최 보이질 않고, 강바닥은 말라서 굳이 다리가 필요 없는 곳에 초라하게 놓여 있는 오래된 다리가 "내가 시오세 폴이야!"라고 말하며 제 앞에 서 있는 겁니다.

실망하는 제 기색을 느꼈던 걸까요? 옆에 있던 친구가 말을 겁니다. "시오세 폴은 낮에 보면 별 거 없어. 진짜 시오세 폴을 보려면 밤에 다시 와. 낮에 보려면 카주 다리가 훨씬 나아." 어차피 생긴 것도 비슷하고 그놈이 그놈일 텐데 반포대교가 한남대교보다 멋있어봤자 얼마나 더 멋있겠냐? 그걸 뭘 굳이 보나 싶기도 하고, 무엇보다 너무 더워서 잠시 그늘에 앉아 쉬면서 검색해보니 시오세 폴에서 1.5km 떨어져 있다네요.

1.5km. 우리나라에선 "그까짓 거 뭐?"하며 충분히 걸을 수 있는 거리지만 이란은 다릅니다. 일단 도로 사정이 우리나라만큼 좋지 않고, 그것보다 더 심각한 문제는 이란의 햇빛은 우리의 상상을 초월합니다. 정말 원초적인 직사광선이랄까요? 거기에 주변에 높은 건물도 없다 보니 반사되는 것도 없고 해서 정말 온몸으로 직사광선을 맞습니다. 그렇기에 같은 30도라고 하더라도 우리나라의 서울의 30도와 이란의 30도는 느낌이 완전히 다릅니다. 아무리 선크림을 발라도 이틀이면 살이 다 타는 것도 같은 이유고요.

어쨌든 이렇게 더운 날씨에 거기까지 가야 하나? 간다면 걸어가야 하나, 아니면 택시를 타고 가야 하나의 문제로 고민하고 있으니 이란이 배경인 첩보 영화에 등장하는, 자기가 하는 짓이 무슨 짓인지도 모를 정도로 천진난만하지만 그 누구도 따라올 수 없는 실력의 천재 해커처럼 생긴 친구가 어설픈 영어로 뭔가 문제가 있냐고 묻습니다. 여차여차해서 이래저래 한 상황이라 이야기했더니 저만 괜찮다면 자기 오토바이로 태워다 주겠다네요.

순간 머릿속에 테헤란에서의 악몽이 떠오릅니다. "나 돈 없어. 돈 있으면 택시 타고 가지 여기서 이런 고민을 하고 있겠냐?"라고 대답하며 돌아서려고 하니 돈 받으려고 하는 거 아니라며, 돈 필요 없다고 말합니다. 긴가민가 싶었지만 일단 더워서 힘들었고, 이제 이란의 물가도 알았으니 그렇게 황당한 요구를 해도 가만히 당하지는 않을 거란 생각에 오토바이에 올라탔죠.

저를 위해 천천히, 그리고 안전하게 운전하는 게 느껴집니다. 그렇게 무사히 카주 다리에 도착하니 제게 지폐 한 장을 쥐여주며 물 사 마시라네요. 이런 친구를 어떻게든 오토바이에 태운 후 사기 쳐서 돈 뜯어낼지도 모른다고 생각한 저 자신이 싫어집니다.

시오세 폴이 더 유명한 것 같긴 하지만 실제로 보면 카주 다리가 더 뭔가 좀 있어 보이네요. 둘이 생긴 건 매우 비슷한데 결정적인 차이라면 시오세 폴이 한남대교라면 카주 다리는 반포대교랄까요? 반포대교 아래의 잠수교처럼 카주 다리 아래에도 다리가 있는데 이건 다리가 아니라 수량을 조절하는 갑문이라는군요.

4월 12일 여행 10일 차 Pt.2 **A Night in Isfahan**

오후에 호텔로 돌아와 인포메이션 센터에 내일 밤 야즈드로 떠나는 버스를 예약해달라고 부탁했고, 정확히 10분 후에 문틈 사이로 버스 승차권이 들어있는 봉투가 들어왔습니다. 이래서 비싼 호텔에 묵는 것이겠죠? 심지어

실내수영장도 있습니다. 사막 한가운데에 있는 호텔에 실내수영장이라니요? 이 호텔이 얼마나 화려한 과거를 품고 있고, 얼마나 럭셔리한 호텔이었는지 감이 옵니다.

수영장 안에 있는 사우나에서 몸을 녹이니 이곳이 진짜 천국이었네요. 사우나에서 나와 샤워를 하고 수영장에 들어갔는데, 어? 발이 바닥에 닿지 않습니다! 실내수영장에 수심이 3m인 구간이 있다니, 이런 미친놈들! 여기가 실내수영장인지 요단강인지 모를 그런 물에서 수영하다가 간신히 올라왔습니다. 아직은 염라대왕을 알현할 때가 아닌가?

살기 위해 몸부림을 치다 보니 반지가 저 아래에 빠져있습니다. 가오 빠지게 안전 요원에게 꺼내달랄 수도 없고, 부탁한다고 하더라도 별로 꺼내줄 것 같지도 않아 곰곰이 생각해보니 잠수를 한 다음에 다리를 쭉 뻗어 발가락으로 집으면 꺼낼 수 있을 것 같기도 합니다. 그렇게 아무 일 없었다는 듯이 반지도 꺼내고 다시 사우나로 가서 밍기적거립니다.

30분 정도 땀을 빼고 아리아인들에게 대한 남아의 웅대한 기상(!)을 선보여주려고 했는데 이란은 사우나나 탕 안에서나 동성에게도 절대 알몸을 보여줘서는 안 되는 나라이기에 수영복을 입고 탕에 들어가고, 샤워는 모두 개별 샤워실에서 하며, 심지어는 옷도 개별 탈의실에서 갈아입습니다. 너희들 운 좋은 줄 알아라, 이슬람 율법이 너희들 자존심을 살렸다!

사우나를 마치고 방에 들어오자마자 대환장파티가 벌어졌는데요. 방에 오자마자 이란 유심을 끼운 전화기로 전화가 오기 시작합니다. 뭔가 싶어서 받아보니 예약한 버스가 취소되어서 다시 승차권을 예약해야 한다는 것 같은데 맞는 건진 모르겠습니다. 영어도 아니고 페르시아어도 아닌, 뭔가 아리안계 외계인이 있다면 그 아리안계 외계인이 쓸 것 같은 말투로 이야기하니 당최 알아들을 수가 있어야죠. 하지만 이것만큼은 분명합니다. 일정이 꼬

Isfahan, Iran

였다는 건요. 한마디로 잣됐다는 거지

이때까지만 하더라도 이란의 버스 체계를 몰라 그 버스가 아니라면 하루를 더 있어야 한다고 생각했고, 그럼 모든 일정이 다 어그러지는 거였죠. 최후의 수단으로 리셉션에 전화해서 하루 더 묵을 수 있냐고 물었더니 내일은 방이 없다고 하고요.

엘리베이터도 못 기다릴 것 같아 리셉션으로 뛰어가니 다시 전화가 오는데 도저히 알아듣지 못할 말입니다. 컨시어지를 바꿔주니 비슷한 시간대의 두 차편을 알려주며 그걸로 바꿔 타든지 아니면 아주 취소하든지 하라는 것이었습니다. 더 늦게 출발하는 차편으로 차편을 변경하고, 눈앞에서 다시 승차권을 출력해달라고 해서 받아오니 그제야 마음이 놓이는데, 이번엔 보이는 게 좀 이상합니다.

또 뭐가 문제인가 싶어서 생각해보니 안경, 안경이 없어졌네요. 노안이 심해서 평소에 쓰는 안경으로는 가까운 글자가 보이지 않아 안경을 벗고 차편을 확인하는 와중에 안경을 흘렸나 봅니다. 그동안 다녔던 길을 되돌아가봤지만 안경은 없습니다. 혹시나 해서 하나 더 챙겨온 안경이 있기에 다니는 데에 문제가 생길 일은 없다는 게 다행이라면 다행이랄까요?

비싼 안경은 아니지만, 제겐 아주 큰 의미가 있는 안경이기에 마음이 안 좋았는데 아까워해봤자 괜히 마음만 울적해지고 여행만 망칩니다. 울적할 땐? 탄수화물이죠. 울적할 때는 무조건 탄수화물입니다. 호스텔에서 외국인과 같이 밥을 먹게 되면 대한민국의 매운맛을 알려주려고 준비해 간 틈새라면을 뽀글이로 끓여 먹으니 내가 언제 울적했나? 싶게 세상 참 아름답네요. 가만히 보면 한지훈 이 인간도 참 단순한 인간이야

한숨 자고 일어나니 밤 8시. 이맘 광장과 시오세 폴의 야경을 찍으러

카메라와 삼각대를 들고 나서는데 그사이에 친해진 도어맨이 저를 부릅니다. 적절한 팁이 우정이자 "카메라는 두고 가는 게 좋을 것 같은데? 이란은 너네 나라처럼 안전한 나라가 아니고, 너처럼 작고 왜소한 동양인이 그런 고급 카메라를 들고 밤거리를 다니면 넌 분명히 안 좋은 애들의 표적이 될 수 있어. 내 생각엔 밤에는 안 나가는 게 좋겠지만 굳이 나가야 한다면 카메라는 두고 나가."

세상에나, 183cm에 당시 81~82kg이었던 제가 작고 왜소하다는 말은 태어나서 처음 들어봤습니다. 하지만 그들의 시선으로는 그렇게 보일 수도 있겠다는 생각이 들 정도로 그들은 정말 커요. 체격은 북부 독일이나 네덜란드 사람 느낌인데 그들과는 달리 몸통 자체도 매우 두꺼워서 매우 위압적으로 느껴집니다.

이란이 정말 잘하는 스포츠 종목 중의 하나가 아마추어 레슬링인데요. 특히 아시아에선 거의 최강 수준이죠. 그런데 이란의 길거리엔 아마추어 레슬링 헤비급이나 무제한급 선수처럼 보이는 사람들이 넘쳐납니다. 저 말을 했던 도어맨도 2미터 가까운 키에 최소한 130kg 정도는 되어 보이는 덩치였고요. 물론 우리나라에도 '생활'하는 친구 중에는 저런 친구 많지만, 그 친구들은 개 사료 먹고 키운 물살인 데 비해 이 친구들은 그냥 한눈에 보기에도 힘 잘 쓰는 체형, 한 마디로 케인 벨라스케즈 스타일의 노가다 체형입니다. 위압감이 장난이 아니에요.

이맘 광장에 가니 많은 가족이 돗자리를 깔고 저녁을 먹거나 친구들끼리 시샤를 피우면서 차를 마시거나 합니다. 가족이 압도적으로 많지만 젊은 남자들끼리 모여 있기도 하고, 때때로 여자들만 있기도 합니다. 어떤 사람들이든 먼저 인사를 하면 웃으면서 같이 먹자고 하거나 의자를 내주며 와서 앉으라고 하네요. 이스파한 사람들은 정말 외국인에게 친절하기 위해 태어난

Isfahan, Iran

사람들 같습니다.

시오세 폴에서도 마찬가지입니다. 평일 저녁임에도 시오세 폴은 미어터질 정도로 사람이 많은데 아마도 라마단 기간이라 낮에 움직이지 못해서 그런가 봅니다. 낮에 봤던 시오세 폴과는 완전히 다른 풍경이 펼쳐졌습니다. 이맘 광장에 가족이 많았다면 여긴 연인이 정말 많네요.

신기한 건, 이란 사람들은 정말 사진 찍는 걸 좋아한다는 겁니다. 우리나라에서 허락 없이 다른 사람을 찍으면 범죄 행위지만 여기는 그런 개념 자체가 없어요. 다리 이쪽 끝에서 저쪽 끝까지 갔다 오는데 300m 남짓한 다리를 왕복하는 동안 적어도 100장 이상은 찍힌 것 같고, 열다섯 명 정도는 같이 셀피를 찍을 수 있냐며 말을 걸어왔습니다. 동물원의 원숭이가 된 기분이라고 생각할 수도 있겠지만 이왕이면 좋게 생각하는 게 좋겠죠? '잘생긴 건 알아 가지고 말야. 암튼 이놈의 인기는 이란까지 와서도 식을 줄을 모르니 어쩜 좋담?' 하며 웃어넘겨야죠. 여기에서 열 내고 그래서 기분 망쳐봤자 저만 손해니까요.

시오세 폴에서 나와 하릴없이 길거리를 걷는데, 제가 지쳐 보였는지 어떤 아저씨가 저를 보고는 자기 쪽으로 오라고 손짓합니다. 왜 그러나 싶어서 가봤더니 따뜻한 차를 한 잔 받아다 주면서 어느 나라에서 왔냐고, 어디 어디 가봤냐고 말을 거네요. 이 차는 어디서 난 거냐고 물었더니 지나가는 사람들에게 무료로 나눠주는 차라면서 혹시 배고프면 도시락도 줄 수 있으니 말만 하랍니다. 라마단 기간의 이프타르라마단 기간에 금식을 끝내고 먹는 첫 식사 는 나눠 먹는 풍습이 있기에 도시락을 나눠주는 사람들에게 얻은 도시락이 있다면서요. 한마디로 노숙자 무료 급식소 한눈에 보기에도 사는 게 편해 보이진 않은 아저씨지만 정말 밝고 웃는 표정으로 밥을 같이 먹자고 하는 게 서초동 100억 원짜리 아파트에 살면서 벤틀리 타고 다니는 사람보다 훨씬 더 행복해 보입니다.

도시락 얘기를 들으니 살짝 배가 고프기도 하고 패스트푸드점의 사진 속 피자가 너무 맛있어 보여서 사 먹고 싶은데 그 많은 사람을 뚫고 들어가 주문까지 할 자신이 없습니다. 우리로서는 상상하기 힘든 일이지만 여긴 밤 10시가 넘어도 식당에, 그것도 패스트푸드점인데 사람이 미어터집니다.

들어갈지 말지 한참을 고민하는데 전형적인 이란 미인 스타일의 한 소녀가 다가오더니 도움이 필요하냐고 묻습니다. 이래저래 해서 여차여차한데 피자와 제로 콜라가 먹고 싶지만, 닭이 들어가면 숨을 못 쉬어 죽을 수도 있다고 말하니 그럼 자기가 적당한 거 주문해 줄까? 하고 묻습니다. 마다할 이유가 없기에 그래 달라고 했더니 저 대신 주문하고는 제가 피자를 받을 때까지 20분이 넘는 시간 동안 같이 기다려주네요. 그렇게 20분을 넘게 기다린 다음 제가 피자와 콜라를 받는 걸 보고 자기 일행으로 돌아가는데 받은 피자의 고기 색깔을 보니 아무래도 닭고기가 들어간 것 같습니다.

전 돈이 아깝다거나 배가 고프다는 이유로 목숨을 걸고 그걸 먹을 만큼 무모한 인간은 아니기에 같이 기다려준 친구를 찾아 이 피자는 닭이 들어가서 난 못 먹으니 너만 괜찮다면 네가 먹는 건 어떠냐고 물었더니 이 친구가 너무 미안해하며 캐셔에게 고기가 올라간 피자를 달라고 했는데 그게 나왔다면서 자기가 따져주겠다고 합니다. 괜히 시끄러워지는 것도 싫고 그 친구에게 미안하기도 해서 네가 안 먹을 거면 버릴 거라 했더니 돈을 주겠답니다. 네가 보여준 친절이 이 피자 값보다 훨씬 비싸고 값지다며 웃는 얼굴로 피자를 건네며 제로 콜라를 물고 돌아섰습니다. 인스타 아이디라도 알려줬어야 했는데(...)

돌아오는 길에 길을 살짝 잃어 못 보던 골목으로 들어섰는데 분위기가 쎄합니다. 일단 골목이 아주 어두운데 꼬맹이 양아치들이 오토바이를 한켠

Isfahan, Iran

에 세워두고 우르르 몰려 있으면서 지나가는 사람들을 보고 웃거나 혹시 여자가 지나가기라도 하면 휘파람을 불어대며 껄떡대는데 그들이 피우는 담배 냄새가 예사롭지 않습니다. 예전에 미국에서 킹 크림슨 공연을 본 적이 있었는데 공연 몇 시간 전부터 실내 공연장에 피어있던 구름의 냄새, 딱 그 냄새네요. 아니 그런 걸 길거리에서 피운다고? 미친 거 아니야?

이럴 때 가장 좋은 건 아무렇지도 않은 척하며 먼저 인사하고 지나가는 겁니다. 쌀람(سلام)! 그렇게그렇게 그 무리를 지나치는데 이번에는 한 여자와 눈이 마주칩니다. 히잡으로 가리긴 했지만 짙은 화장에 몸매가 드러나는 스키니 청바지, 그리고 하이힐까지는 아니지만 어쨌든 힐이 있는 신발을 신고 있네요. 이란은 남자나 여자나 거의 유니폼처럼 청바지를 입고 특히 여자는

몸매가 드러나지 않는 옷을 입는데 순간 여기가 튀르키예의 이스탄불이 아닌가 싶은 생각이 드는 여자를 보게 된 겁니다. 순간 <테헤란 타부>와 <성스러운 거미>라는 영화가 생각나네요.

이란은 적어도 제가 아는 범위 내에선 집창촌이 따로 존재하지 않습니다. 하지만 성매매가 사회 문제로 대두된 지 오래고, 이런 성매매와 관련된 실제 사건을 바탕으로 한 영화가 <성스러운 거미>이죠. <테헤란 타부>의 등장인물 가운데서도 성 노동 여성이 있고요. 저와 눈이 마주친 그 여자가 그런 일을 하는 사람이 아닐까 싶지만 엮이기 싫어서 무시하고 지나쳐갔습니다.

나중에 도어맨에게 물어보니 성 노동 여성이 맞을 거라고 하네요. 밤에 여자 혼자 짙은 화장에 그런 옷차림으로 길거리에 서 있다면 거의 100% 성 노동 여성이라면서요. 하긴 생각해보면 인류의 역사와 함께해 온 직업인데 그게 이란이라고 없겠습니까? 오히려 이란처럼 대놓고 압박하는 나라일수록 음지는 썩어가기 마련인 게 사람 사는 세상의 이치인데요.

이런 거 보면 어디나 사람 사는 모습은 다 똑같은 것 같습니다. 그렇게 이스파한에서의 마지막 밤이 지나갑니다.

＊　이란의 성문화

일단 겉으로 알려지기로는 결혼 전까지 남자든 여자든 동정을 지켜야 하며, 지역에 따라서는 결혼할 때 여성에게 처녀증명서를 요구하는 지역도 있습니다. 처녀증명서는 누가, 어떻게 검사하고 끊어주는 거야? <테헤란 타부>라는 만화영화를 보면 이에 대한 묘사가 아주 자세히 나와 있는데요. 결혼한 사이가 아니라면 길거리에서 손을 잡고 다녀도 안 되고, 부부가 아니라면 호텔의 한 객실에 투숙할 수 없습니다. 아니 아예 이런 걸 원천적으로 차단하려는 목적인지 이란에는 남녀공학이란 개념 자체가 없고, 남녀가 같은 교실에서 수업을 들으려면 대학에나 가야 합니다.

성매매는 매우 무거운 범죄이고, 불륜을 저지르다 걸리면 투석형을 받을 정도로 외도에 엄격합니다. 동성애는 호도드Hodood, 이슬람 율법에 해당하는 범죄로 간통, 음주, 신성모독 등과 더불어 이란에서는 살인보다도 더 중한 범죄로 취급하여 사형에 처할 정도의 범죄이죠.

하지만 이건 우리에게 알려진 이란의 모습이고 제가 실제로 보거나 들은 모습은 이와는 달라도 너무 달랐는데요. 위키피디아가 항상 정확하다는 법은 없지만 위키피디아에 따르면 2017년 현재 이란에는 228,700명의 성 노동 여성이 있고, 알려진 게 이 정도면 실제 숫자는 저보다 많으면 많았지 결코 적진 않을 겁니다. 2008년 테헤란 경찰서장 레자 자레이 장군은 매춘부 6명과 함께 매춘업소에서 체포되었고, 6명어라니 카운트도 좋다. 와 진짜 열심히들 산다 2011년에는 성매매 혐의로 2천 명의 여성이 구속되기도 했습니다. 헌법 위에 코란이 있고, 대통령 위에 라흐바르가 있는 이슬람 신정 국가 이란에서 벌어진 일이죠.

젊은 남녀가 손을 잡고 걷는 건 예사이고, 팔짱을 끼고 걷거나 심지어는 길거리에서 포옹하거나 키스하는 커플도 봤습니다. 우리가 들은 바로는 어디선가 누군가에 무슨 일이 생기면 짜짜짜짜짜짱가 바로 종교경찰이라는 냥반들이 튀어나와 그들을 차에 태우고 가야 하는데 아쉽게도 저는 종교경찰을 한 번도 본 적이 없네요.

그러면서도 결혼할 여자가 처녀인 걸 바라는 건 여전한지 저 영화에서처럼 실제로도 이란에서 가장 많이 행해지는 수술은 처녀막 재생 수술이라는 말이 있을 정도이고, 호텔에는 종교경찰이 무서워서 못 가는 게 아니라 돈이 없어서 못 간다면서 대도시의 경우 월급에 비해 방세가 너무 비싸서 보통은 친구 몇 명이 방을 쉐어하면서 사는 게 일반적인데 여자친구나 남자친구를 데려오는 날이면 친구들이 자리를 비켜주는 게 그들 사이의 의리라는 말을 들었습니다. 참 존나 대단한 의리다 진짜. 부럽다 부러워

어쨌든 이란의 성문화는 우리가 생각하는 것과는 달라도 너무 다릅니다. 물론 이란의 체제가 싫어서 다른 나라로 망명한 사람들이 만든 영화기에 이 영화들 역시 바이어스된 시각이라는 비판에서 벗어날 수 없지만, 이란의 진짜 모습을 보고 싶다면 <테헤란 타부>나 <성스러운 거미> 같은 영화는 꼭 보시길 권합니다.

Yazd, Iran

이란, 야즈드

4월 13일 여행 10일 차 **난 누군가? 또 여긴 어딘가?**

이제 어느 정도 이란 생활에 익숙해져서일까요? 아니면 이제 좀 살만해져서일까요? 다시 불면증이 시작됐습니다. 잠을 못 자 가뜩이나 몸도, 마음도 불편한데 어제의 도어맨은 어디론가 사라지고 다른 도어맨이 서 있었습니다. 이게 왜 문제냐면 어제의 도어맨은 체크아웃할 때 스냅을 불러주겠다고 했는데 이 도어맨은 절대 안 된다고 하기 때문이죠.

이건 이란의 어느 호텔이든 마찬가지였는데요. 도어맨이나 호텔 직원은 절대 스냅을 불러주지 않고, 택시를 타고 싶다면 자기네들이 부르는 어전스만 탈 수 있다고 합니다. 아무래도 어전스 택시와 호텔 간의 커넥션이 있겠죠? 문제는 그렇게 부른 어전스는 스냅의 두 배 정도 요금이라는 거죠. 다시 말해 터미널에서 호텔에 올 때는 50토만에 왔는데 갈 때는 100토만을 내야 한다는 겁니다.

잠을 못 자 심신이 피곤한데 눈 뜨고 코 베이니 기분이 좋을 리 없습니다. 게다가 분위기 파악 못 하는 택시 기사는 새벽부터 호구 하나 잡아서 기분이 좋았는지 물색 모르고 떠들어대기 시작합니다. 그러면서 그 누구도 빼놓지 않는 질문을 하기 시작하죠. 어디에서 왔냐, 어디 어디 가봤냐, 갔던 곳

중에 어디가 제일 좋았냐 등등의 질문이요. 별로 기분 맞춰 줄 기분도 아니고 짜증이 나기도 해서 "일본 사람이야. 이스파한이 제일 좋았어. 정말 이스파한은 천국 같더라. 택시만 빼고. 그러니 부탁인데 좀 조용히 가줄래? 너랑 말할 기분 아니거든?" 아 와중에도 대한민국의 이미지를 생각해서 일본 사람이라고 말한 내가 진짜 애국자 아니냐?

말을 알아듣고 기분이 상했는지 조용해진 것까지는 좋았는데 일부러 터미널 대합실에서 먼 곳에 세우려고 합니다. "넌 대합실이 어딘지 모르는 모양이구나? 여기 아니라 저기까지 가야 해. 도어맨 말로는 택시 운전을 오래 해서 운전도 잘하고 길도 잘 아는 베테랑이라고 들었는데 네가 아닌가 보지? 대합실도 모르는 거 보니." 며칠 겪어보니 이란 사람에게 뭔가를 얻거나 일을 시킬 때는 그들의 친구란 걸 알려주거나, 자존심을 긁는 게 가장 효과적이란 걸 알았기에 이렇게 말한 거죠.

이스파한에서 야즈드까지는 280km 정도로 대략 네 시간 정도의 거리. 이란에서는 그저 옆 동네 정도이죠. 그렇기에 밤차가 아닌 아침 버스에 올랐습니다. 밤차를 탄다면 새벽 너무 일찍 도착해서 있을 곳이 막막하기도 할 것이고, 이제 슬슬 피로도 올라와서 체력 안배도 해야 할 것 같다는 생각에서요.

이스파한에서 야즈드까지 가는 길은 황무지 그 자체입니다. 한국 사람이 진짜 황무지를 경험한다면 아마도 라스베이거스에서 LA로 가는 길에 있는 데스밸리 정도겠지만 여기는 데스밸리와는 비교도 할 수 없을 정도로, '풀 한 포기 없는'이란 표현이 그냥 레토릭이 아니라 지평선까지 정말 풀 한 포기 없는 그런 길을 몇 시간 갑니다. 어느새 저는 산울림의 '내 마음 (내 마음은 황무지)'를 듣고 있네요.

가끔 마을 같은 것이 보이긴 하는데 온전한 집은 거의 없고 흙벽으로 집을 짓다 말았거나 아니면 무슨 폭격이라도 맞은 듯한 분위기입니다. 유튜브의 알자지라 잉글리시 채널이나 '내 농촌 행사이름은 농촌 운동회 같지만, 아프가니스탄 사람들의 일상생활을 보여주는 채널입니다'에서 볼 수 있는 아프가니스탄의 모습, 딱 그런 모습이랄까요? '와, 이런 데도 사람이 사나? 아니, 사람이 살 수 있나?' 싶은데 사람이 있으니 그런 집을 지었겠죠?

그렇게 황무지와 마을(?)을 지나쳐 가는데 우이동에 있는 120번 버스 종점처럼 생긴 건물 앞에 서더니 다 왔다고, 내리라고 합니다. 제가 생각했던 야즈드와는 달라도 너무 달라서 '아니야, 여기가 아닐 거야. 뭔가 착각했을 거야.' 생각하며 버티고 있는데 버스에 탔던 사람들이 모두 내립니다. 엥?

버스에 영어를 할 줄 아는 사람이 한 명도 없어서 제일 착해 보이는 아가씨에게 땅을 가리키며 "야즈드?"라고 물으니 맞다고 고개를 끄덕입니다. '이건 아니잖아. 야즈드 너까지 나한테 왜 이러니?' 싶은 생각이 드네요. 그냥 솔직하게 이야기하면 내리는 순간, '아, 뭔가 잘못됐구나.' 싶은 생각밖에 안 들었습니다. 한마디로 좆됐다는 거지 뭐

이란 중부 고원지대의 중심 도시이자 실크로드 시절에는 이란의 대상大商들이 모였던 교역의 중심지, 그러면서도 이란에 이슬람이 들어오기 전까지 이란의 국교였던 조로아스터교의 중심지로 야즈드 역사 도시Historic City of Yazd 는 유네스코 세계 유산 목록에 등재되었을 정도로 역사적인 도시인데, 너무 보존을 잘해서인지(!) 도시의 모습도 조로아스터교의 리즈 시절이었던 사산 제국224년 - 651년 시절의 모습이네요. 제가 타고 온 건 고속버스가 아니라 타임머신이었던 건가요? 뭔가 잘못되어도 크게 잘못되었다는 느낌이 듭니다.

야즈드에서 묵을 호텔은 모쉬르 가든 호텔Moshir Garden Hotel Yazd. 이 호텔을 상징하는 오브제가 앵무새 두 마리라는 말에 조류공포증이 있는 저로

서는 정말 막막하기 그지없지만, 딱히 대안이 될만한 호텔이 보이지 않았고 올드 시티 안의 호텔은 너무 가성비가 떨어지기에 어쩔 수 없이 이 호텔을 예약할 수밖에 없었습니다. 이 호텔 역시 한국에 계신 이병선 선생님이 열심히 검색한 후에 알려주신 3배수 후보 중에 선택해서 예약한 호텔이었죠. 제 조류공포증을 잘 알고 계신 이병선 선생님께서는 "그래도 여기가 가장 나아 보여요. 다른 데는 네버님은 못 자고 그냥 나올 것 같아요. 만약에 앵무새가 보이면, 눈을 감고 막 뛰어가세요. 그럼 괜찮을 거예요." 이 냥반이 지금 장난하시나?

터미널에서 택시를 잡는데 어라? 택시 기사들이 저를 쳐다만 볼 뿐 다가오지 않네요? 아저씨들! 돈 벌기 싫은 거야? 여기 이렇게 호구가 왔는데? 가만히 그들을 살펴보니 모두 한곳을 가리키며 그곳으로 가라고 합니다. 뭔가 싶어서 가보니 택시 매표소네요. 택시 매표소? 여긴 목적지를 말하면 매표소 직원이 적당한 가격의 승차권을 판매하고, 그 승차권을 가지고 나오면 택시 기사들이 손님을 태우는 시스템입니다.

예를 들어, 터미널에서 호텔까지 50토만 정도의 거리라고 한다면그 판단은 매표소 직원이 합니다 매표소에서 50토만짜리 승차권을 판매하고, 그 승차권을 가지고 나오면 택시 기사 중에서 호텔까지 50토만에 갈 기사가 저를 태우고 가는 시스템입니다. 이곳이 이란에서 수십, 수백 번 택시를 탔지만 유일하게 바가지나 실랑이 없이 택시를 탄 곳입니다.

호텔에 도착하니 영어를 잘하진 않지만 매우 친절한 직원들이 맞아줍니다. 이 호텔 역시 얼리 체크인이 되네요. 벨맨이 제 캐리어와 배낭 등을 들고 가다가 한곳을 가리키며 저곳이 우리의 상징인 앵무새가 있는 곳이라고 말합니다. 눈은 감지 않고 냅다 뛰어가서 안전거리를 확보한 후에 그 앵무새를 바라보니 헐, 정말 헐 소리 밖에는 나오지 않을 앵무새가 저를 꼬나보고 있습니다.

저는 앵무새라고 해서 뭐 손바닥만 한 작은 새 정도로 생각했는데 조금만 과장을 보태면 이건 앵무새가 아니라 칠면조나 독수리만 한 녀석이 앉아 있네요. 아냐, 내 눈엔 타조보다도 더 커 보였어! 꼬리 길이까지 합친다면 정말 못 해도 최소한 1.5m는 될 것 같습니다. 이 책을 읽는 분이 저와 비슷한 세대시라면 기억하실 데자키 오사무의 애니메이션 <보물섬>에 나오는 실버 선장의 앵무새보다도 훨씬, 정말 훨씬 훨씬 훨씬 더 큰 칠면조가 화장을 진하게 하고 앉아 있는 느낌이랄까요? 오히려 이렇게 너무 크니 저한테 날아오지 못할 것 같다는 생각에 안도감이 들 정도입니다.

4성급 호텔인데도 방에서 냄새가 납니다. 싸구려 호텔에서 나는 곰팡내나 싸구려 표백제 냄새와는 다른, 아주 건조한 사막의 먼지 냄새 같은 느낌의 냄새랄까요? 한마디로 정리하면 '빨래하면 잘 마를 것 같은 냄새'입니다. 뭔 소리야?

간단하게 빨래를 하고 나와 택시를 불러서 야즈드 올드 시티로 갔습니다. 그렇게 올드 시티를 구경하는데 일단 벽이 모두 지푸라기로 보강한 흙벽이고, 그러니 집 색깔이 모두 같습니다. 뭔가 기억할 만한 포인트가 되는 건물이 없다는 뜻이죠. 게다가 올드 시티라는 이름답게 길이 좁고 구불구불한 길이다 보니 5분도 안 되어 길을 잃었습니다. 심지어 인터넷이 원활하지 않아 구글 맵도 먹통입니다.

그나마 다행인 건, 고원사막지대답게 햇볕은 이스파한보다도 훨씬 더 강렬해서 이 날씨에 두어 시간만 걸어도 열사병으로 죽을 것 같은데 신기한 건 몸으로 느끼는 온도는 생각보다 덜합니다. 그늘에 가면 '뭐 이 정도면 살만한데?' 싶은 정도고요. 4월 중순에 30도가 훨씬 넘는 날씨지만 우리나라의 여름과는 느낌이 사뭇 다른데요. 햇볕에 그대로 노출되어 있으면 농담이나 과장이 아니라 정말로 요단강을 건널지도 모르겠다는 생각이 드는데 그늘에만 들어가도 우리나라 여름보다 훨씬 시원해요. 습도가 낮기 때문입니다.

그래서 알게 된 게 하나 있는데요. 중동 관련 뉴스를 보다 보면 다에시나 탈레반 테러리스트들이 이상한 원피스토브 같은 옷에 속바지이자르 입고, 머리와 얼굴은 두건으로 가려서 눈만 내놓고 있거나 심지어 그 눈도 선글라스로 가리고 있는 사진을 정말 많이 볼 수 있잖아요? "그 패션은 뭐냐? 테러리스트 유니폼이라도 되는 거냐? 너희들도 초상권은 챙기겠다 이거냐?"라고 말하고 싶은 그 패션. 이렇게 입는 이유는 초상권 따위가 아니라 햇볕이 너무 세서 그 햇볕을 가리려고 그렇게 입는 거랍니다.

실제로도 이스파한에선 그런 사람을 전혀 보지 못했는데 야즈드에선 오토바이 타는 사람 중에 가끔 그런 사람을 볼 수 있습니다. 처음엔 칼라시니코프 자동소총이라도 꺼낼 것 같아 식겁했는데 식겁하는 저를 보고, 제 주변에 있던 이란 사람들이 식겁하더라고요. 저를 보고 놀란 사람에게 저 오토바이 저놈 저거 테러리스트 아니냐고 물었더니 황당해하면서 손가락으로 하늘을 가리키더니 "Sun!" 하네요. 하긴 저도 30도가 넘는 더위에도 비니를 쓰고 얇은 긴팔 옷을 입고 다녔던 게 햇볕을 가리기 위해서인 걸 생각하면 충분히 이해할만한 일이었죠.

그렇게 그늘에 널브러져 있다가 이래선 안 되겠다 싶어서 지나가던 아가씨에게 길을 물었습니다. "여기서 나가게 해주세요." 살려주세요! 다행히도 영어를 조금 알아듣는 아가씨네요. 야즈드에서 영어를 알아듣는 사람은 정말 찾기 쉽지 않거든요. 제 얼굴과 자기 시계를 몇 번 쳐다보더니 저쪽으로 갔다가 돌아서 이쪽으로 가는 척하다가 다시 저쪽으로 가면 큰 길이 나온다고 알려줍니다. 고맙다고는 했지만 이런 걸로는 길 못 찾습니다. 이 정도 길 안내로 길을 찾아갈 것 같았으면 애초에 길을 잃지 않았겠죠. 슬슬 일어서서

Yazd, Iran

아가씨가 말한 쪽으로 가려는데 그 아가씨가 제 쪽으로 걸어와서는 길을 찾을 수 있겠냐면서 어느 나라에서 왔냐고 묻네요. 한국 사람이라고 이야기하니 어딘가로 전화하고는 자기를 따라오라고 합니다. 이게 셰이다Sheyda 와의 첫 만남이었습니다.

그 친구를 따라 길을 걷는데 앞에 중국인 관광객 무리가 있네요. 셰이다에게 저들 근처에도 가기 싫어서 돌아가자고 하니 "왜? 한국이랑 중국은 가까이 있고 서로 친하지 않아?"라고 묻습니다. 정색하면서 "무슨 말을 하는 거야? 이란에서 이스라엘 멀지 않은데 이란은 이스라엘과 친해?"라고 물으니 무슨 말인지 알겠다고 하네요.

하지만 '아차!' 싶은 게 이란은 대한민국보다 중국과 훨씬 더 친한 나라입니다. 이란의 주요 교역 대상국이기도 하고, 우리나라 기업이 이란과 무역을 할 때도 주로 중국 브로커를 거쳐서 하죠. 제가 테헤란 이맘 호메이니 국제공항에서 공작금(!)을 받을 때 중국 사람에게 받았던 것도 그 이유에서였고요. 그러니 이 친구는 그게 궁금했는지 왜 중국인을 싫어하냐고 묻네요. "몰려다니면서 시끄럽고, 무례하며, 자기네들이 제일 잘났고, 중국이 제일 잘사는 줄 알아. 심지어 잘 씻지도 않아서 근처에만 가도 냄새나. 네 생각에 유대인이랑 비슷하지?"

제 기분이 언짢아졌다고 생각했는지 화제를 바꾸고서는 어딜 보고 싶냐고 묻습니다. 일단 여기 올드 시티에 들어오자마자 길을 잃어서 제대로 못 봤다고, 여기부터 보고 싶다고 하니 다시 오던 길로 되돌아갑니다. 자기는 스무 살이고 고등학교 졸업 후 바로 일을 시작했으며, 세 가지 일을 하는 쓰리 잡이라고 합니다. 꿈은 두바이에 가서 금융업을 하는 거라고 하네요. 모든 이란 청년, 아니 중동 청년들의 꿈이겠죠. 두바이는 그들에게 유일한 해방구 같은 도시니까요.

그렇게 걷다가 카페를 발견해서 우리나라의 1970년대 다방에서 팔던, 맥심이나 맥스웰 가루 커피에 설탕 넣고 얼음이 들어간 '냉커피' 같은 아이스 아메리카노를 하나씩 물고 야즈드 올드 시티를 이곳저곳 돌아다니는데 정말 개인 가이드를 고용해서 다니는 느낌입니다. 아니 그 정도가 아니라 동네 로컬이다 보니 어디에 뭐가 있고, 어디에는 뭐가 있고를 다 압니다. 굳이 비유하자면 <응답하라 1988>에서의 덕선이 느낌이랄까요? 아마 대한민국 국적의 이란 관광객 중에는 제가 야즈드 올드 시티를 가장 잘 봤을 것 같은 느낌이네요.

고맙기도 하고, 뭔가 보답을 하고 싶기도 해서 저녁을 맛있는 걸 사주고 싶다고 하니 그럼 저녁 먹고 또다시 데려다줘야 할 텐데 그럴 거면 차라리 제 호텔로 가서 거기 레스토랑에서 밥을 먹자고 합니다. 호텔로 따라오겠다고?

Yazd, Iran

나한테 원하는 게 그런 거였어? 저야 그보다 좋은 게 없죠. 으흐흐흐흐 택시 때문에 고생하지 않아도 되고, 밥 먹고 바로 쉴 수 있으니까요. 그러면서 내일은 뭐 하고 싶냐고 묻네요. 뭐 이것저것 보고 싶은 건 많은데 사막도 멀지 않으면 보고 싶다고 하니 멀지는 않은데 사막 투어는 정말 비싸다고, 자기가 예약해도 1인당 최소한 100불은 들어서 자기도 못 가봤다고 합니다. "그럼 내일 사막에나 갈까? 물론 네 비용은 네가 안내를 해주는 거니 내가 낼게." 했더니 정말 어린 아이처럼 좋아하네요.

그렇게 한국 돈으로 대략 2만 원어치 배가 찢어지게 먹고 마시면서 내일을 기약하고 헤어졌습니다. 4성급 호텔에서 둘이 배가 찢어지게 먹는데 2만 원이면 되고, 이 친구의 한 달 수입은 대략 100불 정도라는데 둘이 몇 시간 동안 200불을 쓴다? 생각이 많아지는 밤입니다.

4월 14일 여행 11일 차 All About Yazd

사막에 가느냐 마느냐를 고민하다가 잠을 거의 못 잤습니다. 사실 관광으로 사막 체험을 하는 건 이란보다 튀니지가 훨씬 좋습니다. 가격은 비슷한데 그 말로만 듣던 사하라 사막에 가는 것이니까요. 이란과 튀니지의 사막 체험 비용이 비슷하다는 건 이란의 체험 비용이 훨씬 더 비싸다는 뜻이기도 하고요. 게다가 사막은 이미 여러 번 경험했죠. 뭘 멀리서 찾습니까? 라스베이거스에서 LA로 차를 타고 이동하다 보면 반드시 거쳐야 할 데스밸리가 사막인데요.

하지만 이것보다 더 마음이 쓰이는 건 금액이었습니다. 아무리 돈을 잃어버렸다고 하더라도 2,500유로라는 적지 않은 돈이 생겼고, 한국에서 예산을 짤 때 넉넉하게 짰기에, 그리고 무엇보다 식대와 교통비가 생각보다 적게 들어 사막 체험으로 200불을 쓴다고 해도 제게 큰 타격이 있거나 제약이 생기는 건 아니었습니다. 어차피 그 돈이야 이란에서만 쓰면 되고 이스탄불에서는 카드를 쓸 수 있으니까요.

그렇지만 그건 제 기준에서 한 이야기이지 같이 사막 체험을 할 셰이다에게는 다른 문제입니다. 그녀에게 100불은 한 달 수입이에요. 그러니까 우리나라 사람에 비유한다면 2023년 최저임금을 적용한다고 하더라도 서너 시간 동안 200만 원의 돈을 태우는 셈이죠. 그럴 거면 차라리 다른 곳을 돌아보고 그 돈을 셰이다에게 주는 게 낫지 않을까요? 어차피 제겐 있어도 그만, 없어도 그만인 돈이지만 그 친구에겐 그 정도의 가외 수입이 생긴다면 당분간은 생활이 편하고 윤택해질 테니까요.

아침에 약속한 시각보다 조금 늦게 셰이다가 호텔로 왔습니다. 사막보다 야즈드를 더 구석구석 보고 싶다고 이야기하니 약간 실망한 기색이네요. 하긴 그녀 입장에선 야즈드 대신의 리워드가 갈 거라는 건 모른 체, 제가 일방적으로 계획을 변경한 셈이 되니까요.

그래도 그 친구는 조상의 빛난 얼을 오늘에 되살려, 안으로 자주독립의 자세를 확립하고, 밖으로 인류 공영에 이바지하겠다는 마음으로 저를 안내했습니다. 오늘의 주제는 조로아스터교.

조로아스터교Zoroastrianism, 마즈다교Mazdaism 또는 중국 무협지에서는 배화교拜火教 라고도 하는 이 종교는 자라투스트라의 가르침을 받드는 종교로 기원전 1,800년 경에 페르시아에서 시작해서 페르시아에 이슬람교가 전파되기 전까지 페르시아의 메인 종교였습니다. 이름이 낯익지 않으신가요? 프리드리히 니체의 <차라투스트라는 이렇게 말했다>나 이 책을 주제로 한 리하르트 슈트라우스의 관현악 교향시에서의 차라투스트라가 바로 이 조로아스터교를 만든 인물이죠. 독일어 Zarathustra차라투스트라 를 영어로 표기하면 Zoroaster조로아스터 가 됩니다.

조로아스터교 박물관에 가니 제사상이 차려져 있네요. 근데 상차림 음식만 다를 뿐, 뒤에 병풍을 세워두는 것부터 상을 차리고, 절을 하는 것까지 우리나라의 제사와 정말 너무 똑같습니다. 신기한 마음에 한국의 제사상 사진을 보여주니 셰이다도 깜짝 놀라네요.

'불의 신전' 정도로 번역되는, 아타시카데흐에 있는 '꺼지지 않는 불'을 보니 뭔가 좀 경외감이 듭니다. 서기 470년부터 한 번도 꺼지지 않았다는데 그 시절에 전기도, 석유도 없는 곳에서 어떻게 이 불을 지켰을까요? 빼당아 있었던 거지 뭐

다음으로 찾아간 곳은 '침묵의 탑'입니다. 탑이라니까 우리나라의 다보탑이나 석가탑 같은 탑을 생각하겠지만 그럼 빅뱅의 탑이겠냐? 그런 탑은 아니고 우리로 치면 나지막한 동산입니다. 조장鳥葬 의 풍습이 있는 조로아스터교의 발상지답게 그 시절의 공동묘지인 곳이죠. 쉽게 말해 사람이 죽으면 그 시신을 침묵의 탑 꼭대기에 있는 우물 구멍 같은 곳에 넣고, 그러면 독수리가 와서 시신을 파먹는 그런 곳입니다. 계단은 생각보다 가파르고 높아서 시신 옮기는 사람도 시신이 될 것 같은 그런 곳이죠.

체력이 약한 셰이다는 오르는 것을 포기해서 아래에서 기다리고 있고 저만 올랐습니다. 오르는 동안 1주기가 3일 앞으로 다가온 엄마 생각에 마음이 좋지 않네요. 시신을 버리는 곳에 가까워질수록 눈물이 흘러내리기 시작합니다. 그나마 정말 다행이었던 것은 날씨가 더워서인지 침묵의 탑에 오르는 다른 사람이 없었다는 것이겠죠. 가오 하나로 일평생을 산 사람이 가오 빠지게 질질 짜고 하는 걸 남들이 보면 가오 무너져서 어떻게 살겠습니까?(…)

100미터도 안 되는 언덕 정도지만 계단이 가팔라서인지 그것도 산이라

고 올랐다 내려오니 피곤하기도 하고, 배도 고프고, 목도 마르네요. 셰이다에게 1,500토만 정도를 주면서 5만 리알 지폐 300장 "너 오늘은 일찍 들어가야 한다니까 저녁 안 먹어도 되면 이 정도 돈으로 오늘 우리 점심 먹고, 차 마시고, 택시 타는데 부족하진 않겠지? 아무래도 내가 돈을 내는 것보다는 네가 돈을 내는 게 좋을 것 같으니까 네가 들고 다녀. 나중에 그 돈으로 집에 갈 때 택시도 타고, 중간중간 삥땅도 치고." 삥땅 치란 말에 웃으면서 돈을 받네요. 이 오빠는 네 속마음을 읽고 있단다, 애야.

"셰이다야, 우리 뭔가 좀 비싸고, 양 적고, 맛있는 것 좀 먹자. 여기에 스시 같은 것도 있니?"라고 물어보니 스시가 뭐냐고 되묻습니다. 하긴, 야즈드에서 스시 타령을 하는 게 모가디슈소말리아의 수도 나 카불아프가니스탄의 수도 에서 인절미 빙수 먹고 싶다고 하는 것과 뭐가 다르겠습니까? 그럼 야즈드의 전통 정찬을 먹을 수 있는 곳이 있느냐고 물었더니 가보고 싶은 곳이 있는데 비싸서 못 갔다고, 거기 가도 되겠냐고 되묻습니다. 이란 음식이 비싸봤자 얼마나 비싸겠냐는 생각에 삼시세끼 거기서 밥 먹어도 된다고, 그런 데 있으면 진작 가자고 하지 왜 이제 얘기하냐며 그곳으로 향했습니다. 플렉스라는 건 이런 거지. 먹다 죽자!

우리로 치면 강남역이나 신논현역 언저리에 널리고 널린 그런 분위기의 식당이었지만 5층에 테라스까지 있는 걸 보니 이란의 다른 식당과 비교해보면 그냥 여기가 야즈드에서 가장 비싼 식당인 듯 싶습니다. 실제 음식값도 어제 먹었던 호텔보다 비쌌고요.

그래봤자 한국 돈으로 3~4만 원이면 충분하기에 먹고 싶은 거 모두 다 그걸 다 먹을 수 있나 싶게 많이 주문했는데 잠시 후 매니저가 오더니 '오늘 제대로 호구 하나 걸렸는데 널 못 뜯어먹는 게 너무 한스럽다'와 '손님, 주문하신 메뉴를 준비해드리지 못해 너무 죄송합니다.'의 표정이 대략 7대 3에서

Yazd, Iran

6대 4 정도로 섞인 오묘한 표정을 지으면서 지금은 라마단 기간이라 낮에는 이란 음식을 준비하지 못해 너무 죄송하답니다.

이란 음식을 준비하지 못하면 메뉴에 있는 이탈리아 음식은 준비할 수 있느냐고 물었더니 '내가 네 놈을 물어뜯어 먹을 수 있어서 너무 기쁘구나.'의 표정과 '손님이 원하시는 음식을 제공해드릴 수 있어서 기쁘기 그지없습니다.'의 표정이 8대 2 내지는 9대 1 정도로 뒤섞인 표정으로 주문을 받습니다. 셰이다에게 피자나 파스타 같은 싸구려 음식 먹어도 되겠냐고, 원하면 다른 데 가도 된다고 하니 너희 나라에선 피자나 파스타가 싸구려 음식일지 몰라도 이란에선 아니랍니다. 송아지 스테이크와 고르곤졸라 피자, 알리오 올리오와 크림소스 파스타를 주문하니 먹기 전부터 배부른 것 같네요. 그래봤자 **4만 원**

셰이다가 운전 학원에 갈 때까지 시간이 남아 올드 시티를 한 번 더 돌아봤습니다. 다만 어제 돌아본 것과는 좀 다른 식으로 돌아봤는데요. 침묵의 탑에서 내려다보니 집들이 다닥다닥 붙어있는 게 신기하기도 하고, 예뻐 보이기도 해서 그걸 좀 가까이서 보고 싶다고 하니 뭐가 문제냐면서 가자고 합니다. 로컬와 힘! 그러고는 올드 시티의 한 호텔에 무작정 들어가서는 컨시어지에게 뭐라고 말을 하니 저쪽으로 가라 하네요. 그렇게 올라가니까 정말 그 호텔의 옥상에 올라가게 되는 겁니다!

첩보 액션 영화의 새 지평을 연 영화이자 영화 역사상 최고의 첩보 액션 영화 중 하나인 본 시리즈의 <본 얼티메이텀>을 보면 그렇게 다닥다닥 붙은 집들을 넘나들며 좁은 집안에서 제이슨 본과 다른 첩보원 간의 맨몸 격투 액션 장면이 펼쳐지는데요. 야즈드의 올드 시티가 딱 그런 느낌입니다. 굳이 <본 얼티메이텀>과의 차이점을 이야기한다면 그 장면은 모로코의 탕헤르에서 찍은 장면이라 좀 더 색감이 화려한데 여긴 흙밖에 없는 도시라 색감이 단조롭고, 거긴 제이슨 본과 CIA 첩보원이 있는데 여긴 이란의 야즈드이다 보니 제이슨 본도 없고, CIA보다는 베박VEVAK 이라고 부르는 이란의 첩보안보부나 이스라엘의 모사드가 더 어울리겠죠.

정말 신기한 건, 웬만한 건물에는 바드기르Badgir 라고 하는 천연 에어컨이 있다는 겁니다. 돔형 지붕 위에 굴뚝보다는 훨씬 큰 기둥 같은 구조물로, 그 기둥의 구멍을 통해 찬바람은 아래로 보내고 실내의 더운 바람은 밖으로 배출하면서 환기와 함께 시원한 공기를 유지할 수 있다고 하는데 이게 정말 생각보다 시원합니다. '어차피 바깥 바람도 더운 바람 아니야?'라고 생각할 수도 있겠지만 그 대류 현상이 일어나는 동안 공기가 식어서 그런지는 몰라도 한 25~26도 정도로 에어컨을 켠 느낌이 납니다.

그렇게 이곳저곳을 다니다 보니 어느새 셰이다가 운전 학원에 가야 할 시간이 되었네요. 우리에겐 "그게 뭐? 여자가 운전하는 게 이상한 일이야?"라고 말할 수도 있겠지만 이슬람 국가에서 여성의 운전은 흔한 일이 아닙니다. 시아파 이슬람의 축이 이란이라면 수니파 이슬람의 축은 누가 뭐래도 사우디아라비아일 텐데 그 사우디아라비아는 살만 빈 압둘아지즈 국왕우리에게 잘 알려진 무함마드 빈 살만 왕세자의 아버지이 2017년 9월 26일에 칙령을 발표하면서 여성이 운전을 할 수 있게 되었습니다. 지금도 이란에서 여성은 자동차는 운전할 수 있지만 오토바이는 운전할 수 없습니다.

어쨌든 그렇게 셰이다와 헤어질 시간이 되어 미리 준비해둔 봉투에 셰이다의 사막 투어 비용으로 생각했던 100유로를 담아서 주려고 하니 자기가 내일은 아침에 영어 레슨이 있어서 빨리 와도 11시에나 올 수 있다네요. 그러면서 잠을 못 자서 그런지 내가 너무 피곤해 보인다며 오늘은 푹 자고 내일 건강한 모습으로 만나자고 합니다. 야, 넌 회사 안 가니?

저는 이날 12시간을 잤습니다.

Yazd, Iran

* 이란의 음식

이란에 가기 전까지 정말 걱정을 많이 했던 게 먹는 것이었습니다. 저는 까칠하고, 예민하며, 가리는 것이 많습니다. 그 대표적인 게 음식인데요. 가끔류야 알레르기 때문에 못 먹는다고 하더라도 술 좋아하는 사람은 일주일에 한 번 정도는 먹는 삼겹살도 돼지 냄새 때문에 분기별로 한 번 정도 먹으며 그것 때문에 저탄고지 다이어트 할 때도 소고기만 먹어서 지갑에 빵꾸났다 순대도 간, 허파, 염통 등의 내장은 못 먹고, 소고기도 간, 천엽, 선지 같은 건 못 먹습니다. 내장탕? 구경도 못 해봤습니다.

냄새에도 민감해서 태국 음식이나 베트남 음식도 제 돈 내고는 사 먹어본 적이 없고요. 그런데 이란과 교역을 하고 이란에도 몇 번 다녀온 친구 말로는 "형님, 저는 형님이 거기서 일주일도 못 버티고 오실 것 같아요. 이란은 요, 밥에서 화장품 냄새가 납니다. 화장품에 밥 비벼 먹는 거 같아요. 그러니 꼭 가셔야겠다면 볶음 고추장이라도 많이 챙겨가세요."라더군요. 그래서 해외 여행할 때 볶음 고추장 같은 거 챙기는 사람 비웃던 저도 두어 개 챙겼고요.

그런데 이게 웬걸? 제겐 프랑스나 이탈리아, 독일은 말할 것도 없고 영국이나 아일랜드 음식보다도 이란 음식이 잘 맞았습니다. 영화 <클레멘타인>에 평점 10점을 주면서 '너도 한 번 죽어봐라! ㅋㅋㅋ' 뭐 이런 기분으로 말하는 게 아니라 정말 이란 음식이 맛있는 겁니다!

일단 이란은 쌀이 주식인 나라입니다. 그래서 어딜 가든지 밥을 먹을 수 있어요. TV나 동영상 같은 곳에서 이란을 소개하는 영상 중에 흰쌀밥 위에 노란 뭔가가 있는 걸 본 적이 있으신가요? 그 노란 뭔가가 밥을 지을 때 샤프란을 넣어서 지은 밥으로 샤프란 색깔 때문에 밥이 노랗게 보이는 겁니다. 바로 이런 이유로 밥에서 섬유유연제(!) 냄새가 나기도 하고요.

이란에는 장미수라는 게 있는데 밥을 지을 때 그 장미수를 넣고 밥을 짓기도 해서 밥에서 록시땅 보디클렌저 냄새가 나기도 합니다. 그런데 사람에 따라 다르긴 하겠지만 그렇게 냄새에 민감하고 향신료를 싫어하는 저도 너무 배가 고파서였는지 밥은 늘 맛있었습니다. 볶음고추장에 비벼 먹는다면 볶음고추장의 냄새가 다른 모든 향신료의 냄새를 압도해서 밥은 안남미일 뿐, 한국에서 먹는 밥맛과 똑같고요.

반찬은 전반적으로 꼭 들어가는 향신료가 몇 개 있는데요. 우리나라 사람들이 반찬에 미원 치듯 이란에선 강황이 음식마다 빠지지 않고 들어갑니다. 후추도 많이 쓰고요. 게다가 우리나라와 똑같이 하나도 안 매운 고추부터 청양고추는 저리가라 할 정도로 파이팅 넘치는 고추도 있습니다. 그래서인지 전반적으로 반찬들이 약간 매운 편이라 우리나라 사람들의 입맛에 잘 맞습니다.

바자르에 가면 'Pickled Garlic'이라고 해서 우리나라의 마늘장아찌와 똑같은, 정말 생긴 모양부터 맛까지 그거 그대로 우리나라 시장에서 팔아도 우리나라 마늘장아찌라고 생각할 만한 반찬도 있습니다. 어딜 가든, 심지어 하루 숙박료가 10불이 안 되는 호스텔의 조식에서조차 두세 종류의 치즈와 오이, 토마토는 기본 반찬으로 나오고요.

내륙지역이 많고, 그 내륙지역은 산악지대가 많은 탓에 생선은 반다르아바스 정도 가지 않으면 먹기 힘들지만 그렇다고 아예 못 먹는 건 아니고 테헤란에선 얼마든지 먹을 수 있으며, 굳이 생선 안 먹어도 될 만큼 맛있는 고기가 있습니다. 바로 양고기입니다.

이란은 양을 방목해서 키워서 그런지, 아니면 제가 항상 일정 수준 이상의 식당만 다녀서 그런지는 몰라도 이란에서 먹었던 양고기와 우리나라의 양고기는 그냥 아예 다른 고기입니다. 우리나라에서 먹었던 양고기는 아무리 잘하는 집이라고 해도 양고기 특유의 냄새가 나서 누군가와 함께 가면 예의 차원에서 억지로 한두 점 먹고 마는 수준이었는데 이란의 양고기는 딱 아르헨티나의 송아지 고기 느낌이랄까요? 냄새 하나 없이 정말 부드럽습니다. 아마도 어른 양Sheep과 아기 양Lamb의 차이도 있지 않을까 싶기도 하고, 우리나라의 양고기는 수입해오는데 이란에선 널린 게 양이니 신선함의 차이 때문에 더 맛있지 않나 싶기도 합니다.

그런 양고기를 정말 맛있게 먹을 수 있는 요리가 있는데요. 바로 쿠비데입니다. 다진 고기에 토마토 등의 약간의 채소를 넣고 뭉쳐서 꼬치에 끼워 장작불에 구운 쉬쉬 케밥 요리를 이란에선 쿠비데라고 하는데요. 투다라 꼬치구이? 좀 괜찮은 식당에 가서 쿠비데를 주문하면 소, 닭, 양 중에 꼬치를 선택할 수 있고, 그래서 소고기와 양고기를 주문해봤는데 어느 식당이든 양고기 쿠비데가 압도적으로 맛있었습니다.

다만 한 가지 아쉬운 점이라면 주식으로 먹는 음식은 한국에서 먹는 중국 음식은 비교도 안 될 정도로 정말 기름집니다. 그러다 보니 기름진 음식을 잘 못 드시는 분은 이란에서 고생 좀 하실 겁니다.

그래서인지 이란에는 정말 비만이 많은데요. 한국에선 자타공인 굳이 비만인인 저지만 이란에선 절대 비만이 아닌, 오히려 아주 살짝 날씬한 축에 속했었습니다. 이런 일이 있었는데요. 테헤란에서 묵었던 호스텔 게스트 중에 이란 친구가 있었는데 정말 잘생긴 친구였습니다. 얼굴이 딱 휴고 보스 모델의 얼굴이라면 어떤 스타일일지 감이 오시나요? 하여튼 키도 190cm 가까이 되고, 얼굴은 휴고 보스 모델의 얼굴이며, 날씬한데 저보다도 다리가 길었기에 저 친구 한국에 들어오면 뭘 하든 하다 못해 호빠 선수를 하더라도 얼굴 뜯어먹고도 잘 먹고 잘살 수 있겠다 싶었죠.

그 친구와 밥을 먹을 때 그 이야기를 해주니 비행기표는 얼마냐부터 시작해서 정말 많은 질문이 들어오기 시작했는데요. 이 친구가 살짝 타이트한 옷을 입으니 그렇게 날씬한

Yazd, Iran

친구가 배는 볼록하게 나온 게 보였습니다. "야, 한국에서 얼굴 뜯어 먹고 살려면 너처럼 배 나와선 안 돼. 일단 뱃살부터 집어넣어." 했더니 울상이 되며 이란에선 음식이 너무 기름져서 불가능하다고 하네요. 정 안 되면 풀만 처먹어, 새꺄.

또 하나 이란에서 맛있는 음식을 꼽으라면 과일, 그중에서도 견과류입니다. 이란의 피스타치오와 호두는 누구나 인정하는 전 세계 최고품질로 카펫, 캐비어 등과 함께 금수 물품으로 지정될 정도입니다. 그렇기에 이란의 바자르에서 이란산 피스타치오와 호두를 사 먹어본다면 지금까지 경험하지 못했던 견과류의 신세계를 보게 되실 겁니다.

이런 견과류뿐만 아니라 그냥 일반 과일도 정말 싸고 맛있습니다. 그중에 원탑은 석류. '미녀는 석류를 좋아해' 같은 음료수 때문에 석류에 관한 인식이 안 좋았다면, 우리나라에 들어온 석류를 먹어보니 먹기도 불편하고 그 불편함을 감수할 만큼의 맛이 아니어서 석류를 안 먹는다면 속는 셈 치고 이란에서 석류나 석류 주스를 드셔보시길 정말 강력하게 권합니다. '지금까지 내가 석류라고 알고 먹었던 건 뭐였지?'라는 생각이 드실 겁니다.

석류뿐만이 아닙니다. 오렌지, 사과, 수박, 멜론, 블랙베리 등등 이란에서 나는 과일은 그 어떤 과일이든 정말 다 맛있고 쌉니다. 수박은 우리나라 수박 가격의 1/10 수준인데 수박 한 통에 2천 원 '안에 주사기로 설탕물을 넣었나?' 싶은 생각이 들 정도로 달고, 멜론은 메로나 아이스크림 맛이 납니다.

사과? 외국에 나가면, 특히 유럽에서 정말 많이 속는 과일이 사과죠. 겉보기엔 백설공주가 먹었을 것처럼 빨갛고 윤기가 자르르 흐르는데, 그래서 한 입 먹어보면 정말 아무 맛도 안 나서 사기당한 기분이 드는 과일이 사과인데 이란의 사과는 우리나라 사과보다 맛있습니다. 전 세계 어딜 가든 사과와 배만큼은 우리나라 사과와 배가 가장 맛있다고 생각했는데 아니었습니다. 이란의 배는 못 먹어봐서 모르겠지만 사과는 확실히 이란 사과가 더 맛있습니다.

그렇다면 이란은 왜 과일이 맛있을까요? 이게 맞는 건지는 모르겠지만 이렇게 생각할 수밖에 없는 게 기후 때문입니다. 이란은 13개 기후대 중 11개의 기후대를 가진 나라이다 보니 각 과일에 어울리는 지역에 그 과일을 심는 겁니다. 예를 들어 지중해성 기후를 보이는 곳에서 올리브와 석류, 오렌지 등을 재배하니 당연히 맛있을 수밖에 없겠죠? 게다가 일조량은 풍부한데 비는 덜 오는 지역이 많다 보니 과일의 당도가 올라가는 것도 당연하고요. 대추야자 절임이나 체리, 자두, 살구, 키위, 복숭아 등을 우리나라의 옛날 불량식품 젤리처럼 만든 라바샥Lavashak 도 빼놓을 수 없죠.

특이한 건, 이란은 그 어딜 가도 과일을 깎아서 내놓진 않습니다. 어딜 초대받아서 가면 정말 극진한 대접을 하는 곳이라고 해도 과일은 화려하기 그지없는 과일 바구니에 담아서 내놓지, 과일을 깎아서 내놓진 않습니다. 대신 개인 과도를 내어 줍니다. 각자 알아서 깎아 먹으라는 뜻이겠죠.

다만 이렇게 맛있는 것만 있는 건 아닙니다. 정말 맛없는 게 감자칩. 신발도 튀기면 맛있다는 말이 있듯이 기름에 튀겨서 맛없기가 쉽지 않고, 더구나 짜고 맛없기는 더 어려운데 이란의 감자칩은 그 어렵다는 두 가지를 동시에 해내는 위업을 달성했습니다. 감자칩뿐만이 아니라 전반적으로 과자는 다 우리 입맛에는 '이런 걸 어떻게 먹지?'라는 생각이 드는 수준입니다. 그나마 비슷한 게 치토스와 다이제스티브 정도? 어아, 리수혁아. 내 딱 한 번만 얘기할 테니까네 잘 들어두라우. 내 꿈은 말이야. 언젠가 우리 공화국아, 남조선보다 훨씬 더 맛있는 과자를 만드는거야. 알갔어? 기때까진 어쩔 수 없어 아 초코파이를 그리워할 수밖에 없어.

양고기에 비해 소고기의 퀄리티는 많이 떨어져서 우리나라의 소고기 생각하면 안 될 수준이고, 피자나 햄버거, 특히 감자튀김은 이틀을 굶은 사람도 그대로 쓰레기통에 처넣을 맛입니다. 그 감자튀김에 굳이 이름을 붙이자면 '이걸 먹을 정도로 배가 고팠냐?' 정도?

특이한 건 이란에선 피자를 먹을 때 파마산 치즈나 핫소스, 스리라차 소스피자 먹을 때 핫소스 대신 스리라차 소스로 먹으면 생각 이상으로 맛있습니다 대신 케첩과 마요네즈에 찍어 먹습니다.

커피는 달달한 커피를 좋아하는 분이라면 페르시아 커피를 정말 좋아하실 거고, 저처럼 달달한 커피를 마시면 기분이 언짢아지는 분은 커피는 안 드시는 게 좋을 것 같습니다. 대신 짜이페르시아식 홍차는 정말 물 마시듯이 마시게 됩니다. 짜이를 마실 때는 투명한 노란색의 아주 작은 도깨비 방망이 같은 걸 주는데 짜이에 녹여 먹는 샤프란 사탕입니다. 그걸 뜨거운 짜이에 넣고 원하는 만큼 녹인 다음에 마시면 됩니다.

4월 15일 여행 12일 차 Goodbye Yazd, Goodbye Sheyda.

중동에서 약속을 잡을 때 가장 힘든 것 중의 하나가 이들은 시간관념이 우리와는 완전히 다르다는 겁니다. 우리는 정확하게 시간 약속을 지키는 것이 어떤 사람을 평가하는 가장 첫 번째 기준이 될 수도 있지만, 그래서 저는 약속 시간에 1분만 늦을 것 같아도 1분 늦을 것 같다고 미리 연락하고, 그런 연락을 하기 싫어서 웬만하면 최소한 약속 시간 10분 전에 도착하며, 그런 이유로 서울 시내에서 약속을 잡을 때는 늘 지하철을 이용하는 사람인데 이 동네는 그런 개념이 없습니다. 이를테면 우리나라에선 "내일 저녁 같이 먹을까?"라는 질문이 오면 "그래, 몇 시에 만날까?"라는 대답이 돌아와야 하지만 이 동네는 "그래, 알았어."라는 대답으로 약속은 성립됩니다.

이는 비단 사람 간의 관계에서만 벌어지는 일이 아닙니다. 공공관청 같은 곳에 볼일이 있어서 가야 할 때, 분명히 점심시간이 지난 시간이지만 문을 닫고 있거나, 버스가 제시간에 출발하지 않거나 하는 건 전혀 이상한 일이 아닙니다. 아니 버스가 제시간에 출발하는 게 이상한 나라가 이란입니다.

이런 점에서 셰이다는 정말 고맙고도 남을 배려할 줄 아는 친구였습니다. 오늘이 3일째지만 그 친구는 단 한 번도 약속에 늦거나 한 적이 없습니다. 이날도 약속한 12시에 1분도 늦지 않고 왔네요.

오늘은 뭘 하고 싶냐고 물어봐서 일단 선크림을 사고, 버스표를 예약하고, 환전도 좀 하고, 바자르를 구경하고 싶다고 했습니다. 이게 우리 상식에서는 시내 어딜 나가든 할 수 있는 일이라고 생각할 수 있지만 이란에선, 더구나 야즈드 같은 중소도시에서 이것만 해도 하루가 갈만한 일인데요. 일단 이 모든 곳이 다 떨어져 있고, 더 중요한 건 어디에 뭐가 있는지 모르기 때문입니다. 그래도 친절한 셰이다 덕분에 이 모든 일들을 몇 시간 만에 깔끔하게 해결했습니다.

다만 환전은 못 했는데요. 야즈드에 있을 때는 미친 듯이 환율이 오를 때여서 어제 다르고 오늘 다른 그런 상황이었습니다. 그런데 야즈드의 환전소는 두 달 전 환율로 돈을 바꾸려고 하더군요. 다음 도시가 쉬라즈이고, 쉬라즈는 야즈드와는 비교할 수 없을 정도로 큰 도시이니 오늘만 버티면 된다는 생각으로 환전소까지 찾아갔지만 어이없는 환율에 환전을 안 했죠.

어차피 라마단 기간이라 낮에는 식당이 문을 열지 않아 패스트푸드로 간단하게 끼니를 해결하고 바자르로 향했습니다. 이란의 바자르에 처음 가면 누구나 눈이 휘둥그레질 텐데요. 구리와 사파이어색의 조합, 수작업으로 멋을 낸 찻잔이나 화려하기 이를 데 없는 보석들, 각종 향신료, 견과류, 여기가 중국인지 이란인지 모를 짝퉁 명품 옷들의 향연, 롯데 백화점 1층과는 비교도 안 될 정도로 종류가 많은 향수, 알라딘이 타고 다녔을 것 같은 작은 카펫부터 20평은 족히 될 것 같은 대형 카펫, 그리고 이 모든 것보다 저를 신기해하는 수많은 사람이 있는 곳이 바자르지만 그것도 한두 번이지, 어딜 가든 규모의 차이만 있을 뿐, 다 비슷비슷한 구성의 바자르이니 이제 슬슬 지겨울 만도 했죠. 그래도 이곳에는 이곳만의 특징이 있지 않을까 싶어서 찾아갔는데 셰이다도 "이런 건 많이 보지 않았어? 지금까지 못 봤던 걸 보여줄게." 하면서 저를 바자르의 옆 골목으로 이끕니다.

그렇게 셰이다의 손에 이끌려 찾아간 곳은 다름 아닌 카펫 공방. 셰이다가 웬 가정집 같은 곳의 문을 두드리고 주인아주머니와 몇 마디 이야기를 나누니 아주머니가 잠깐 밖에서 기다리라고 하고는 히잡을 두르고 나와 반갑게 맞아줍니다. 우리로서는 바로 112에 신고할 일이지만 이란에선 그렇게 무작정 찾아온 손님도 시원한 음료를 내어 주며 편하게 보고 잘 쉬다 가라는 말을 하죠.

"쌀람!" 하고 인사를 하니 깜짝 놀란 얼굴로 셰이다에게 뭔가를 묻습니다. '내가 뭘 잘못했나?' 싶어서 어리둥절하고 있는데 "친چین?"이라고 하면서 중국 사람이냐고 물어서 "코레 주느비کره جنوبی."라고 대답하니 다시 셰이다와 뭔가를 이야기합니다. 뭔가 싶어서 물어보니 제 발음이 이란 사람 발음과 똑같아서 '이란 사람인가?' 싶었다는군요. "메르시مرسی."라고 고마움을 표시하니 그제야 이 발음은 이란 사람과 조금 다르다면서 웃네요.

이란에서의 카펫은 우리와는 약간 개념이 다른데요. 우리는 바닥이 휑하니 보온의 목적으로 깔아두기도 하고, 멋을 위해 깔아두기도 하지만 이란을 비롯한 이슬람 문화권에서는 마치 우리의 마룻바닥이나 장판처럼 쓰이는 게 카펫입니다. 어느 집에 가도 바닥은 모두 카펫이 깔려있죠. 마치 어린 아기가 있는 집이나 애완견이 있는 집 바닥에 매트를 깔아두는 것처럼요. 다만 우리 매트와 차이점이라면 우리는 필요한 공간에만 깔아두지만, 이란에선 화장실과 욕실을 제외한 실내 어디에나 카펫이 깔려있습니다.

그렇기에 카펫이 크고 넓으면 그만큼 넓은 공간이 있다는 뜻이고, 그렇기에 큰 카펫은 우리는 상상할 수 없을 정도로 크며, 무게는 '과연 이게 하늘을 날 수 있을까?' 싶은 생각이 들 정도로 엄청나게 무겁고, 알라딘 그거 완전히 구라 아니야? 이 무거운 걸 타고 어떻게 날아? 그 가격 역시 우리의 상상을 초월하는 가격이죠. 3천 원이면 서울에서 대구 정도의 거리를 가는 고속버스를 탈 수 있고, 2만 원 정도면 두 명이 5성급 최고급 호텔의 레스토랑에서 배가 찢어지도록 먹을 수 있는데, 물가가 그렇게 싼 나라에서 한국 돈으로 억 단위의 카펫이면 그 카펫이 그들에게는 얼마나 비싼 카펫인지 감이 오시나요?

놀라운 건 그렇게 큰 카펫을 양털에서 실을 뽑는 것부터 시작해서, 그 실을 염색하고, 염색한 실을 카펫으로 만드는 것까지 모두 수작업으로 한다는 겁니다. 그 과정을 보니 그렇게 비싼 이유가 납득되기도 하고요.

그렇게 쉬면서 카펫 만드는 과정을 본 다음 향한 곳은 바자르 안에 있는, 접시 등에 금속공예를 하는 공방. 역시 문을 똑똑 두드리니 창문이 열리고, 제 얼굴을 확인하더니 놀란 얼굴로 문을 엽니다. 그리고 들린 말은 "혹시 한국 사람이세요?"

뭔가 싶어서 고개를 끄덕이며 맞다고 하니 공방 안이 아주 난리 난리,

그런 난리가 없습니다. 여자 중학교에 젊고 잘생긴 남자 교생 음악 선생님이나 미술 선생님이 가면 그런 분위기일까요? 그렇다고 내가 잘생겼다는 건 아니고 젊은 여자 서너 명이 있었는데 자기네들이 모두 한국 드라마의 광팬이라면서 저도 모르는 드라마 이야기를 계속하네요.

시끄러운 걸 잘 못 견디기에 인사를 하고 나오려고 하는데 계속 이란의 간식과 차를 내어 주면서 저와 이야기하려 합니다. 제가 안 잘생겼기에 다행(!)이지, 정말 잘생기기라도 한 한국 남자가 그녀들에게 걸렸다면 아마 야즈드에 뿌리를 내리고 살아야 하지 않았을까 싶을 정도로 그들의 이야기는 끝이 없습니다. 그렇게 말뚝 박는 거자 뭐 제 분위기를 눈치챈 셰이다가 "이제 차 타러 가야 해. 조금만 더 있다가는 차 놓쳐."라고 말해줘서 겨우 그곳을 탈출(!)할 수 있었습니다. 그 서너 명으로부터 사진을 백 장 정도 찍힌 건 말할 것도 없고요.

좀 쉬고 싶어서 셰이다에게 '이란의 아이스 아메리카노' 말고 '한국 드라마에 나오는 아이스 아메리카노'를 마실 수 있는 곳이 있냐고 물으니, 택시를 타고 어디론가 갑니다. 한눈에 보기에도 '여기가 야즈드에서 가장 비싼 호텔이겠구나.' 싶은 호텔이네요.

다행히도 그 호텔에는 '한국 드라마에 나오는 아이스 아메리카노'와 샤프란 젤라또가 있습니다. 사람에 따라서는 섬유유연제 아이스크림을 먹는다고 생각할 수도 있겠지만 제 입맛에는 나쁘지 않았습니다. 석류 주스처럼 '이건 꼭 먹어봐야 해!!!' 정도까지는 아니지만 먹을 기회가 있다면 먹어보는 것도 나쁘지 않을 것 같네요.

셰이다와 만나고 처음으로 차분하게 이야기를 나눴습니다. 이란에서 젊은 사람들의 목표, 행복, 좌절, 뭐 이런 이야기를 하네요. 자기는 주식 투자와 의류 디자이너, 그리고 다른 일까지 세 가지 일을 하지만 한 달에 고작 100불

버는 게 이란 사람들의 삶이며, 아프가니스탄 같은 곳에서 건너온 사람들은 그보다도 훨씬 못한 돈을 받으며 하루에 18시간씩 일한다고 합니다.

징병제 국가지만 대학생이 되면 입대를 미룰 수 있고, 미화로 3천 불만 있으면 다른 사람이 대신 군 복무를 하게 할 수 있다네요. 조선시대의 대립군 같은 개념일까요? 그러면서 이란 사회의 불평등을 이야기합니다. 이란의 마약 문제는 밖에 알려진 것보다 훨씬 더 심각하고, 이란 여성의 인권은 그보다 더 심각하다는군요.

지금 이란에서 생기는 문제 대부분은 법 위에 샤리아가 있어서 그런 거 아니냐고 물었더니 바로 그게 서방 사람들의 선입견이라고, 법과 행정을 집행하는 사람들이 문제지 이슬람교는 아무 문제가 없다고 강변합니다. 그러면서 자기는 무슬림이라는 게 너무 좋고, 평생 이 믿음을 지키면서 살 거라고요. 제가 최종 여행지로 타브리즈와 마슈하드 중에서 고민이라고 말하니 뭘 말 같잖은 걸 가지고 고민한다는 듯이 당연히 마슈하드로 가야지 타브리즈 그 시골에 가서 뭐 볼 게 있냐고 말합니다. 잘 알려졌다시피 마슈하드는 이란 이슬람교의 주종을 이루는 열두 이맘파의 성지이죠.

그러면서 이 친구가 만약 이란에 사랑하는 사람이 생겼는데 그녀와 결혼하기 위해서는 이슬람교로 개종해야 한다면 할 것인가를 묻습니다. 난 너처럼 종교가 삶의 큰 부분을 차지하는 사람이 아니고 종교보다는 사랑하는 사람이 훨씬 큰 비중을 차지하는 사람이라 개종은 문제가 아니지만, 이란에서 살고 싶지는 않다고 말하니 제가 좋아하는 이란 여자가 생긴다면 그 여자도 이란에서 살고 싶어 하진 않을 거라며 웃네요. 뭐냐? 그린라이트냐?

그렇게 호텔에서 나오니 이제 헤어져야 할 시간. 마지막까지도 셰이다는 제가 가야 할 버스 터미널까지 같이 가주면서 위치를 알려주고, 어느 회사 부스에서 기다려야 할지도 알려줍니다. 쿨하게 돌아서는 그녀를 불러서 봉투 두 개를 주면서 "하나는 너의 사막 투어 비용이었지만 내 생각에 네겐 사막 투어보다 이 돈이 더 필요할 것 같아 준비했고, 다른 하나는 3일 동안 옆에서 가이드해준 것에 대한 고마움의 표시이다. 네가 내게 보여준 친절에는 어림도 없지만 네게 조금이라도 도움이 되면 좋겠다."라고 말하니 살짝 놀란 듯합니다.

이란 사람들의 그 끝을 모를 자존심을 생각하면 안 받을지도 모르겠다는 생각이 들기도 했지만, 제겐 서울에서 여자친구와 밥 한 끼 먹을 돈도 안되는 돈이 그 친구에겐 한 달 월급이고 자존심 따위를 내세우며 포기하기엔 자존심이 하찮게 느껴질 만한 돈일 수도 있겠죠. 만화책 <타짜 1>에서 저는 고니가, 셰이다는 은주가 된 기분이랄까요? 잠깐 고민하더니 웃으면서 받는데 여러 감정이 교차하네요. 3일 동안 같이 다니면서 정들었나 봅니다.

호텔로 가서 짐을 챙겨 나와서 터미널로 가서는 쉬라즈행 버스를 기다리는데 셰이다로부터 잘 가라며 고마웠다고 문자가 왔습니다. 평생을 막내 응석받이로 자라 남들보다 자신을 더 챙기고, 주는 것보다 받는 게 익숙한 저인데 그 친구와 같이 다니면서 쓴 돈이, 그 친구에게 준 200유로가 전혀 아깝지 않습니다. 아니 200유로밖에 주지 못해 미안한 감정이네요.

<삼국지>의 한 챕터가 떠오릅니다. '얻는 자와 사는 자'. 저는 그녀의 친절만 사고 싶었는데 그녀는 제 마음마저 얻었습니다. 그녀는 제 마음을 얻었고, 그렇게 얻은 마음은 돈으로 환산될 수도 있어야 합니다. 그게 자본주의니까요.

그렇게 야즈드에서는 좋은 추억과 마음씨 좋아 보이는 버스 회사 아저씨로부터 이슬람 묵주를 얻고 떠났습니다.

*　　마법의 인사말 '쌀람'

만약 이란을 여행할 생각이 있다면, 그래서 페르시아어를 알아야 한다면, 그중에서 딱 한 단어만 알고 싶다면 알아야 할 말이 '쌀람سلام'입니다. 페르시아어의 단어 뜻만 본다면 '평화'라는 뜻인데요. 이 단어를 인사말로 쓰면 "당신의 건강과 평화를 기원합니다."라는 뜻이랍니다. 우리로 치면 '안녕' 같은 단어지요.

마법이 인사말이 되는 데에는 몇 가지 현실적인 이유가 있는데요. 우리도 외국인이 "안녕하세요?"라며 다가오면 혹시 몰몬교 전도사? 아무래도 경계를 좀 덜 하듯이 그들도 그들의 인사말로 인사를 건네면 훨씬 표정이 온화해집니다. 또한 '쌀람'이란 인사를 받으면 반드시 같은 인사말로 인사를 하는 게 국룰이랍니다. 상대방은 내 건강과 평화를 빌어줬는데 내가 상대방의 건강과 평화를 빌지 않는 건 이슬람에서 해선 안 될 행동이라면서요.

그렇기에 실제로도 100명에게 먼저 인사를 건네면 95명 정도는 똑같이 인사를 합니다. 세 명 정도는 제가 하는 인사를 못 들은 사람이고, 나머지 두 명 정도는 머리부터 발끝까지 '이.슬.람.'이라고 쓰여 있는, 그러니까 까만 차도르를 걸치고 매우 엄근진한 표정으로 다니는 무슬림 여성 정도를 제외하고는 모든 사람이 이 인사를 하면 인사를 받아줍니다.

그렇다면 이런 인사가 왜 필요할까요? 어디를 다니건 마찬가지겠지만 여행을 다니면 제가 그들에게 아쉬운 게 있고 바라는 게 있지 그들은 제게 아쉬울 것도, 바라는 것도 없습니다. 하다 못해 물이나 음료수를 마실 곳을 찾는 것도, 택시를 탈 때 스냅을 부르는 것도, 지하철 승차권을 끊는 것도 그들의 도움이 없이는 할 수 없습니다. 더구나 이란처럼 외국에 정보가 차단된 나라라면요.

정말 다행인 건 그들은 저 같은 여행객을 도울 준비가 되어있고 기꺼이 도와주고 싶어 합니다. 문제는 그들이 먼저 다가오지는 않는다는 거죠. 즉 그들은 쩔쩔매며 어딜 찾거나, 당황스러워하거나 뭐 그런 외국인 관광객을 유심히 쳐다보면서 '쟤가 나한테 말을 걸면 빨리 가서 도와줘야지.' 뭐 그런 생각을 하지만 먼저 다가와서 "도와줄까? 뭐 문제 있어?"라고 묻지는 않습니다. 여러 이유가 있겠지만 영어를 못하는 것도 하나의 이유가 되겠죠.

바로 이럴 때 "쌀람!" 하면서 다가가면 그들도 웃으면서 대답하고 그럴 때 제가 원하는 바를 이야기하면 훨씬 이야기가 부드럽게 진행됩니다. 그렇기에 이란 사람에게 '쌀람'은 단순한 인사가 아니라 이란 사람과 첫 교감의 시작인 겁니다.

매우 중요한 또 하나의 이유는 바로 안전입니다. 아무리 나쁜 놈이라도 먼저 웃으면서

Yazd, Iran

인사를 건네는 사람에게 칼을 들이미는 놈은 없습니다. 그런데도 칼을 들이밀 놈이라면 뭔 짓을 해도 들이밀겠죠. 그렇기에 좀 불량해 보이거나 사회에 불만이 많아 보이는 친구에게 먼저 인사를 건네면 그 친구도 '어? 난 저 자식을 털려고 마음먹었었는데 저 자식은 나한테 인사를 해?'하는 표정으로 움찔하면서 인사합니다. 이게 바로 <손자병법>에서 말하는 '싸우지 않고 이기는 법' 아닐까요?

어쨌든 저는 이 '쌀람'이라는 무기로 이란의 밤거리도 나름 안전하게(!) 다녔습니다. 아무리 양아치처럼 보이는 놈들이 모여 있고, 무슨 일이 벌어질 것 같은 장소에서도 먼저 웃으며 인사하는 사람에게 시비 거는 놈들은 없더라고요. 나중에 알고 보니 전 정말 목숨을 내놓고 다녔고, 무식하니까 용감한 거다 알라신을 시작으로 하느님, 부처님, 예수님, 무함마드 등등 하여튼 여러 냥반들이 저를 지켜줬기에 털끝 하나 다치지 않고 이란의 밤거리를 활보했지만 그렇게 저를 지켜준 냥반 중에는 '쌀람'이라는 냥반도 있었습니다.

억양은 '쌀'을 약간 끄는 척하면서 '람'의 끝을 살짝 올리면 됩니다. '람'이라고 썼지만 '람'과 '롬'의 중간 정도가 맞는 발음입니다.

아마 이란에서 '쌀람'이란 말을 한다면 그 다음 단어로는 '코레 주느비 كره جنوبی'를 말하게 될 텐데요. 인사 다음으로 묻는 말이 어느 나라 사람이냐는 것이니까요. 이란의 'k'발음은 약간 목을 긁는, 그러니까 '코코코 코리투살' 할 때의 '코' 발음이 아니라 가래를 뱉을 때의 '커허' 하는 발음에 가깝고, 'h'발음에도 'k' 발음이 약간 섞입니다. 그렇기에 이란 사람에게 한국인 아나운서 발음으로 '호메이니' 하면 못 알아듣고 '커어 허메이니'하면 "너 이란 사람처럼 발음한다."라는 말을 듣습니다. 실제로도 아야톨라 루홀라 호메이니를 영어로 표기하면 Ayatollah Ruhollah Khomeini가 되고요. 여기에 "고맙습니다."의 페르시아어인 '메르시 مرسی' 정도만 알면 여행하는 데에 큰 어려움은 없습니다.

Shiraz, Iran

이란, 쉬라즈

4월 16일 여행 13일 차 Pt.1 Welcome To The Greedy City

야즈드에서 쉬라즈까지 거리상으로는 멀지 않은데 300km가 멀지 않은 거냐? 길이 안 좋은지 버스로 여섯 시간이나 걸립니다. 이제 슬슬 체력의 한계가 오고 있지만 시간을 효율적으로 써서 페르세폴리스를 하루라도 더 보고 싶다는 생각에 야간 버스를 타고 이동했습니다.

쉬라즈. 이란 남부 지역의 거점 도시로 페르세폴리스가 근처에 있는 도시입니다. 굳이 우리나라에 비유하자면 쉬라즈가 부산이라면 페르세폴리스는 경주 같은 도시. 이란 사람에게 이란의 대도시와 그렇지 않은 도시를 어떻게 구분하냐고 물었더니 가장 간단한 게 지하철이 있느냐, 없느냐를 살펴보라고 하더군요. 지하철이 있으면 큰 도시라면서요. 쉬라즈는 지하철이 있는 도시입니다. 뭐랄까요? 야즈드에서 쉬라즈로 오니 문명의 세계에 돌아온 느낌? 쉬라즈에선 쉬라즈보다 페르세폴리스에서 시간을 많이 보내고 싶습니다. 바쁜 하루가 될 것 같네요.

터미널에 내리니 여기도 야즈드처럼 티켓을 끊어서 택시를 타는 시스템입니다. 근데 2km에 80토만을 부르네요. 야즈드에선 기분 좋게 택시를 잡았는데 쉬라즈는 느낌이 쎄합니다. 아무리 대도시이고 거점 도시라고 해도 이란의 수도인 테헤란에서는 많이 떨어진 곳이고, 어느 나라나 그렇지만 수도에서 멀리 떨어질수록, 그리고 내륙지역일수록 사람은 폐쇄적이기 마련인데 쉬라즈가 딱 그런 느낌입니다. 관심법이 아니라 짬에서 나오는 바이브로 택시 기사의 모습을 보면 대충 도시의 느낌이 오고, 그 느낌은 대부분 맞는데 여긴 이스파한이나 야즈드와는 달리 "저 돈에 탈 거면 타고, 아님 말고." 뭐 이런 식입니다. 이 얘기는 그들이 만족하는 금액이란 이야기이고, 이걸 뒤집어 생각해보면 제겐 엄청난 바가지를 씌우는 거라는 거죠.

비록 버스에서지만 잠도 잘 자고 해서 '그래, 너희들 마음대로 하세요. 너희들이 그런 식으로 나오면 나도 생각이 있습니다.' 생각하고 택시 기사들을 지나쳐 터미널 밖으로 향했죠. 그러다 제가 터미널 밖으로 나가자 '어? 이게 아닌데?' 하는 표정들을 짓기 시작합니다. 어차피 저를 태우고 싶어 할 택시 기사는 줄을 섰고, '2km 정도야 정 안 되면 걸어가지 뭐.'라는 생각도 있었고요.

애초에 이건 게임 자체가 성립되지 않는 게임이고, 치킨게임이 벌어진다고 하더라도 저는 명백한 우월 전략_{안 되면 걸어간다!}이 있기에 질 수가 없는 게임입니다. 아니나 다를까, 터미널을 나가자 터미널 밖에 있던 택시 기사들이 몰려들기 시작하네요. 새벽부터 신경 곤두서고 싶지 않아 40을 부르니 택시 기사들 사이에서 제 가방 쟁탈전이 벌어졌습니다. 그렇게 도착한 호텔.

처음으로 한국의 컨트롤 타워로부터 예약 바우처가 아닌, 주소를 받고 도착한 호텔입니다. 쉬라즈의 중심가에 있고, 이 주변에도 호텔이 많이 있으니 마음에 안 들면 옮길 수도 있고, 무엇보다 쌉니다. 어차피 쉬라즈에선 하루만 있을 계획이고, 그 하루도 밤에 잠만 자면 되기 때문에 굳이 4성급 이상의 호텔을 예약할 이유가 없었죠.

확실히 트립닷컴에서 보는 가격보다는 싸네요. 방을 예약하고, 짐을 맡긴 다음, 호텔 주변을 돌아보는데 호텔 주변에 홈리스가 정말 많습니다. 아니

많은 정도가 아니라 웬만한 건물의 1층은 홈리스들이 점령하고 있네요. 새벽이라 그런가 봅니다.

방향을 바꿔 가까이에 있는 에람 정원에 갔습니다. 에람은 페르시아어로 '낙원'이라는 뜻이고, 사이프러스 나무가 정말 울창하고 빽빽하게 들어찼으며, 고지대에 위치해 그늘에만 들어가면 그리 덥지 않고, 사막 한가운데에 분수를 뿜는 정원도 있어 진짜 낙원처럼 느껴지는 곳입니다. 실제로도 여기가 사람 살기 좋은 곳이라는 느낌을 받은 게, 쉬라즈 메인 도심에서 에람 정원 쪽으로 가다 보면 테헤란에서 다르반드 쪽으로 갈 때 봤던, 우리나라로 치면 한남동이나 성북동에서 볼 수 있는 그런 집들이 양옆에 쭉 있습니다. 지도상의 위치로도 서울로 치면 한남동 정도에 있는, 그러니까 메인 도심으로부터 멀지 않으면서 조용한 동네고요.

그렇게 에람 정원에 도착했는데 바로 뒤에 있는 아줌마의 의상이 예사롭지 않습니다. 히잡 대신 모자를 쓰고 몸매가 그대로 드러나는 타이츠를 입었네요. 테헤란에서도 쉽게 보기 힘든 의상인데 그런 의상을 아랫동네인 쉬라즈에서 보다니요? 아무래도 외국물을 먹은 사람인가 봅니다. 아니나 다를까, 영어를 할 줄 아네요.

그렇게 인사를 하고 매표소의 줄을 서는데 입장료 100토만을 꺼내니 저를 아직 이란 화폐에 적응하지 못한 외국인으로 생각했는지 100토만이 아니라 10토만이라며 제 돈을 다시 지갑에 넣고는 자신의 10토만을 보여줍니다. 웃으면서 "너는 이란 사람이라 10토만이고, 난 외국인이라 100토만이야."라고 말하니 그런 법이 어딨냐며 내 말이 맞냐고 매표소 직원에게 물어봅니다.

제가 100토만을 내고 들어가니 제게 여기 뭐 볼 게 있다고 100토만이나 내고 들어가냐고 막 뭐라 하면서 매표소 직원에겐 정말 무서운 표정과 목소리로 막 뭐라 뭐라 합니다. 와, 우리나라의 떡볶이집 아줌마 난방 열사 정도는 이 아줌마 앞에선 명함도 못 내밀겠네요. 한국에서 농담처럼 들었던 "너 이란 가서 이란 여자한테 잘못하면 맞아. 이란 여자가 너보다 싸움 잘해."가 농담이 아니었음을 안 순간이었습니다. 이란판 크리스 사이보그?

에람 정원은 볼 게 많고 뭐 그런 곳이라기보다는 그냥 조용히 산책하고, 꽃과 나무를 보면서 쉬기에 좋은 곳입니다. 풀과 나무는 제가 이란에서 다녔던 곳 전체를 통틀어서라도 체헬 소툰과 더불어 첫손가락에 꼽힐 정도지만 어딜 가면 꼭 인증샷을 남겨야 할 그럴 분들이 갈만한 곳은 아니에요. 오래 같이 한 배우자나 친구와 조용하게 같이 시간을 보내고 싶을 때 좋은 그런 곳입니다. 헤어진 여자친구가 생각나는 곳이란 말이지, 끄응!

에람 정원을 돌아보고 나니 진짜 해야 할 일이 있습니다. 바로 민생고를 해결하는 일인데요. 불과 6개월 전에 비해 16kg 이상이 빠지다 보니 가만히 숨만 쉬고 있어도 힘들어 죽겠는데 이란에 와서 밥은 제대로 못 먹으면서 하루에 최소 3만 보는 걸으니 몸이 말이 아닙니다. 하지만 그보다 더 큰 문제는 돈이 없습니다. 이제 정말 환전소를 찾아야 해요. 아주 사소한 문제라면 구글 맵에 환전소는 보이지 않는다는 거죠!

이럴 때 가장 좋은 건 영어를 할 줄 아는 로컬을 만나는 겁니다. 아까의 그 잔다르크(!) 아줌마가 정말 딱 좋은데 이미 그 잔다르크 아줌마는 어디론가 가고 없네요. 먹이를 찾아 산기슭을 어슬렁거리는 하이에나가 된 기분으로 영어가 될 것 같은 사람을 찾는데 보이지 않습니다. 용필이 형님은 산정 높이 올라가 굶어서 얼어 죽는 눈 덮인 킬리만자로의 그 표범이고 싶으시다지만 그 냥반은 굶어 죽거나 얼어 죽을 일은 없으니 그런 말씀을 하시는 거고, 저는 하이에나건 표범이건 일단 살아야 합니다. 농담이 아니라 HP가 정말 0이에요. 빨리 빨간 물병을 마셔야 하고, 그러기 위해서는 영어를 할 줄 아는 사람을 찾아야 합니다. 디아블로 한다고 광고하는 거냐?

"네가 뭐 관심법 학원이라도 다녔냐? 얼굴만 보고 영어를 할지, 못할지 어떻게 아냐?"라고 물을 수 있지만 관심법 학원 안 다녀도 이란에 며칠만 있다 보면, 그래서 사람들에게 말을 걸다 보면 이 사람이 영어를 할지, 못할지 눈에 보입니다. 정말 스스로도 신기하게 그게 눈에 보여요. 그리고 그런 제 눈에 드디어 한 명이 포착됐습니다. 그 구세주는 어제 야즈드에서 버스를 같이 타고 온 이란 군인 친구. 제가 그 친구를 부르니 그 친구도 반갑게 제 쪽으로 옵니다. 진짜 지옥에서 부처를 만난 기분이네요. 아, 이란이니 부처가 아니라 무함마드라고 해야 할까요? 부처면 어떻고 무함마드면 어떠냐? 환전소만 찾으면 되지

제가 제 사정을 말하기도 전에 제 꼴을 보고 뭔가를 느꼈는지 무슨 문제 있냐고 물어봅니다. "여차여차해서 저차저차했는데 이래저래 하다 보니 형이 지금 돈이 하나도 없다. 그러니 형이 환전소를 찾는데 좀 도와줄래?"라고 하니 흔쾌히 앞장섭니다. "밥부터 먹어야 하는 거 아니야? 밥 사줄까?"라고 묻는데 자식뻘 되는 친구에게 길을 물어보면서 가오 빠지게 밥까지 얻어먹을 순 없죠. 아직 배가 덜 고팠구나! 사양하니 그럼 이거라도 마시라면서 물을 건넵니다.

무슨 군인이 지도도 못 보는지 뭐 이것저것 찾아보다가 너도 당나라구나! 이 친구도 지나가는 사람에게 길을 묻기 시작합니다. 하지만 우리나라 사람도 환전소는 갈 일이 없으니 잘 기억하지 못하듯이 이 나라 사람들도 환전소는 모르겠다네요. 열 명이 넘게 물어보고 나서야 위치를 알았습니다.

지도도 제대로 못 보는 군인이 영어는 제법 잘해서 영어를 어디서 배웠냐고 물어보니 시리아며, 아프가니스탄 같은 곳에 파병되다 보니 자연스럽게 배우게 됐다고 이야기합니다. IRGCIslamic Revolutionary Guard Corps: 이슬람 혁명 수비대 냐고 물었더니 그 친구가 더 깜짝 놀라면서 IRGC를 어떻게 아냐고 되묻네요.

그렇게 이런저런 이야기 하다 보니 환전소에 도착했습니다. 등잔 밑이 어둡다고 호텔 바로 옆 건물이네요. 환전하는데 환율이 괜찮아 300유로를 바꾸려고 하니 환전소 직원이 당황하면서 지금 그렇게 큰돈이 없답니다. 300유로가 큰돈이라니! 어쨌든 금고 안에 있던 돈까지 탈탈 털어서 겨우 200유로를 환전할 수 있었고, 그 IRGC 친구는 이란은 네가 생각하는 것보다 위험한 나라이니 돈 간수 잘하라면서 제가 가지고 있는 유로는 호텔에 넣어두고 다니는 게 좋을 것 같다는 조언과 함께 사라졌습니다. 고마운 마음에 밥이라도 사주고 싶어서 밥 같이 먹자고 하니 괜찮다면서 휘적휘적 사라지네요. 쿨내가 진동합니다.

그 친구 말대로 돈은 호텔에 넣어두고 다시 나왔습니다. 이제 진짜 밥을 먹어야죠. 구글 맵에서는 새벽에 홈리스가 많았던 그 라인에 식당이 많다는데 라마단 기간이라 그런지 문을 열지 않았습니다. 이제 진짜 HP가 0이라 빵이든 과자든 뭔가 먹어야 하는데, 가게까지 걸어갈 힘조차 남아있지 않아 홈리스가 누워 자던 그 자리에 앉아서 잠깐 쉬고 있으니 가게 주인이 나와서 저를 빤히 쳐다봅니다. 영어 할 줄 아냐고 물으니 "No English."라는 대답이 돌아오네요. 네, 그럴 줄 알았습니다. 영어를 못할 관상이거든요. 누구인가? 지금 누가 기침 소리를 내었어?

이럴 때 필요한 게 구글 번역기입니다. 페르시아어는 쥐뿔도 모르지만 구글신은 페르시아어도 잘하시겠죠. "난 한국에서 온 관광객인데 24시간을 굶었고, 계속 움직여 너무 힘들다. 닭만 안 들어가면 뭐든 상관없으니 뭔가를 좀 먹고 싶다. 지금 영업하는 식당을 알고 있으면 좀 알려줄래?"라고 적은 걸 보여주니 고개를 끄덕끄덕하면서 손짓으로 이 코너를 돌아가면 식당이 있다고 알려줍니다. 그 식당이라는 곳을 향해 걸어가려고 일어서니 잠깐 기다리라는 손짓을 하면서 누군가를 불러 뭐라고 말하고는 오토바이에 시동을 걸더니 타라고 합니다. "응? 뭐지?"의 표정으로 쳐다보니 "걱정 말고 타!"의 표정을 지으며 타라네요. 뒷좌석에 타니 식당까지 태워다주고는 식당 주인 아줌마에게 뭐라 말을 하더니 쿨하게 사라집니다.

식당은 잘 봐줘야 우리의 김밥헤븐 정도 될까요? 주로 배달과 테이크아웃을 전문적으로 하는 것 같고, 간이 파라솔 두어 개가 놓여 있는 그런 식당인데 지금 찬밥, 더운밥을 가릴 때가 아닙니다. 그 집에서 가장 비싼, 우리나라 돈으로 2,700원쯤 하는 쿠비데와 둑을 주문하니 신기한 듯 쳐다보네요. 고깃덩이가 좀 작고, 밥이 아닌 빵이 나왔지만 지금 그런 걸 따질 때가 아닙니다. 어딜 가든 이란은 먹다 죽을 정도로 음식이 많이 나오는데 이때 유일하게 이란에서 주문한 음식을 남김없이 다 먹었어요. 그렇게 밥을 먹고 호텔에 가니 얼리 체크인을 해줘서 방에 들어갔습니다. 싼 호텔은 싼 이유가 있기 마련이고, 이 호텔도 예외는 아니지만 싱글 침대 두 개를 붙이니 그래도 누울 정도는 됩니다. 그렇게 씻지도 못하고 기절했습니다.

4월 16일 여행 13일 차 Pt.2 All About City Of Greed

두 시간을 기절하듯이 자고 일어나서 샤워를 마치고 나니 이제 좀 살 것 같습니다. 쉬라즈는 볼 게 많은 도시죠. 최대한 짐을 가볍게 하고 나왔습니다.

이란 사람들의 경제 관념은 우리의 상상을 초월합니다. 우리는 예로부터 사농공상이라 해서 상업을 가장 미천한 직업으로 여겼지만, 이란은 수천 년 전부터 동서양 교역의 중심지였기에 이란 사람과 이야기를 하다 보면 경제 관념이 아예 DNA에 새겨져 있는 것 같은 느낌을 받을 때가 있습니다. 그 중에서도 쉬라즈는 좀 특별한데요. 저는 돈을 받는 모스크는 처음 봤습니다.

그것도 100토만이나!

　우리에겐 신기한 곳이지만 모스크는 사실 이란 사람들에게는 그냥 동네에 있는 교회 같은 그런 곳입니다. 큰 교회가 있으면 작은 교회도 있고, 대형 교회가 있으면 개척 교회도 있듯이 모스크의 모습이나 규모도 가지각색이고요. 그런데 쉬라즈에선 모스크도 입장료를 받습니다. 나라에서 운영하는 곳이라면 당연히 영수증도 발급하고 하겠지만 그런 것도 없이 막무가내로 100토만을 내고 들어가든지 말든지 하라는 겁니다. 영수증이 없다는 건? 그 100토만이 그 사람들 주머니 속으로 들어간다는 이야기겠죠. 그렇다면 이란 사람은? 당연히 공짜입니다. 우리나라 사람이 교회 들어갈 때 입장료 내고 들어가는 교회 없잖아요? 같은 이치죠.

　이뿐만이 아닌데요. 공항만 아니면 이란 어디든 물값은 작은 페트병은 5토만, 큰 페트병은 7~10토만으로 거의 같습니다. 유명한 관광지도 물값은 비슷합니다. 그런데 쉬라즈는 다릅니다. 작은 페트병도 10토만을 받고, 큰 페트병은 20토만을 받습니다. 우리나라에도 판매하고 있는 오로나민 C는 150토만, 말보로 담배 한 갑은 200토만을 부릅니다. 오전에 제가 먹은 쿠비데가 100토만인데 그집에서 가장 비싼 메뉴였으니 우리나라로 치면 김밥헤븐의 돈까스세트 정도 되겠죠? 그게 100토만인데 오로나민 C 한 병에 150토만을 부르는 겁니다. 얼마나 비싼 오로나민 C인지 대충 감이 오시나요? 로컬에게 물어보니 30토만이라고 하네요. 참고로 355ml 콜라 한 캔이 15토만 쯤 합니다.

　쉬라즈는 정말 어딜 가든 이런 식입니다. 사실 우리 돈으로 치면 몇백 원, 기껏해야 몇천 원 차이이고, 생각하기에 따라서는 웃으며 넘길 수 있는 금액이지만 그 금액을 떠나 외국인을 너무 바보 취급한다는 느낌이 들어서 쉬라즈에선 10원 한 장 쓰고 싶지 않았습니다. 하지만 이런 제 의지와는 상관없이 뱃속에선 계속 뭔가를 집어넣으라고 말을 하니 뭔가 먹긴 해야겠죠.

그래서 검색과 검색 끝에 찾아간 식당은 Anahita Traditional House. 쉬라즈에서 유일하게 돈 쓴 보람을 느끼게 하는 식당이었는데요.

이란 식당에 가면 메뉴의 가격 외에 9%의 부가세가 붙는 식당이 있습니다. 호텔이나 좋은 식당들은 부가세가 붙더군요. 그런데 나중에 계산할 때 보면 예를 들어 만 원어치 먹으면 만 오천 원을 내라고 하는 식당들이 정말 많습니다. 부가세에 팁에 어쩌고저쩌고하면서 말이죠. 그런데 이 집은 그런 것 없이 정말 받아야 할 금액만 딱 받고, 서빙을 하는 사람이 저와 농담을 할 수 있을 정도로 영어를 잘하며, 이층의 테라스에서 보는 뷰도 나쁘지 않고, 그 무엇보다 음식이 정말 맛있습니다. 제가 이란에서 먹었던 밥 중에 베스트 하나만을 꼽으라고 한다면 이 집에서 먹었던 밥을 꼽을 정도로요.

물론 가격도 적당합니다. 사이드와 음료까지 다 해도 1인분에 300토만을 넘기지 않습니다. 단 한 가지 단점이라면 바자르 초입의 골목길로 들어서야 하기에 찾기가 쉽지 않다는 것인데 이것도 큰 문제는 되지 않을 게 구글맵으로 주변까지만 찾아가서 이 식당 이름을 대면 누구나 다 아는 곳이라 길을 잘 알려줍니다.

기운을 차리고 다시 나선 쉬라즈. 장사치의 탐욕이 아쉽긴 하지만 쉬라즈는 여유롭게 구경하겠다고 마음먹는다면 정말 볼 게 많은 도시입니다. 만약 제가 다시 이란에 간다면 테헤란도 필요 없고 이스파한과 야즈드, 쉬라즈만 보고 오겠다고 마음먹을 정도로요. 여기에 한군데 정도만 추가한다면 이번에 가지 못한 마슈하드 정도를 추가할까요? 도심에는 카림 칸 시타델, 바킬 모스크, 바킬 바자르, 나시르 알 물크 모스크, 파스 뮤지엄, 칸 스쿨 등등 하나하나 역사적 의미가 있는 곳이 널려 있고, 조금만 멀리 나간다면 하피즈의 무덤이나 코란의 문, 그리고 택시 타고 50분 정도만 간다면 페르세폴리스에 갈 수 있는 곳이 쉬라즈입니다.

이 중에서 단 한 곳을 꼽으라면 저는 나시르 알 물크 모스크를 꼽을 것 같은데요. 구글에서 'Iran Mosque' 같은 검색어로 검색하면 가장 먼저 나오는, 붉은색 계통의 실내 사진이 보이는 모스크가 있을 겁니다. 그게 나시르 알 물크 모스크Nasir-al mulk-mosque, 우리가 흔히 말하는 '핑크 모스크'입니다. 다만 여기에는 비밀이 하나 있는데요. 그렇게 환상적인 붉은색을 보고 싶다면 태양이 옆에서 비추는 해 뜰 때 가야 볼 수 있습니다. 저처럼 낮에 가면 우리나라에서 흔하디흔하게 볼 수 있는, 성당의 스테인드글라스 같은 그런 느낌일 뿐입니다. 그렇기에 나시르 알 물크 모스크에 가시려면 꼭 새벽에 눈 뜨자마자 가시길 권합니다.

저는 이런 문화재보다 오히려 백화점이 더 신기하고 재미있었는데요. 솔직히 이쯤 되면 역사적인 문화재도 다 그냥 똑같이 보입니다. 경주에 사시는 분에게 불국사나 첨성대가 얼마나 신기하겠어요? 신기하긴 할까요? 똑같은 거죠 뭐. 그런데 백화점은 좀 다릅니다. 일단 무려 에스컬레이터가 있고요. 분명히 그 동네에선 우리로 치면 압구정 갤러리아처럼 아주 좋은 백화점일 텐데 잡화점에서 도브 바디워시, 펜틴 샴푸 같은 걸 팔고 있습니다. 뭐랄까요? 2023년에 살던 제가 타임 워프를 해서 1980년대 초반의 한남체인을 구경하는 것 같은 그런 느낌? 실제로 백화점 실내 디자인도 그런 느낌이었고요.

샤프란 소프트아이스크림을 먹으며 쉬고 있는데 한 무리의 소녀 중 한 명이 다가와 어느 나라 사람이냐고 말을 겁니다. 맞춰보라고 했더니 혹시 한국 사람이냐고 물어서 그렇다고 대답하니 그 소녀들이 펄쩍펄쩍 뛰며 난리가 났습니다. 모르는 사람이 보면 제가 한국에서 뭐 아이돌이나 연예인 같은 거 하는 사람인 줄 알겠어요.

마치 루틴처럼 이어지는 셀피 타임이 지나고 다시 사람 구경을 합니다.

Shiraz, Iran

그들은 저를 구경하고, 저는 그런 그들을 구경하고. 흥미로운 건 테헤란에서 멀어질수록, 그리고 남부로 내려갈수록 아제르바이잔 사람의 비중이 줄어드는 대신 아프가니스탄 사람이 많아지네요. 어떻게 구분하냐고요? 아리아인은 크고, 이란에서 아리아인 다음으로 많은 비중을 차지하는 아제르바이잔인은 동양 사람보다는 서양 사람에 가깝습니다. 우즈베크 느낌이랄까요? 아프가니스탄 사람은 앞에서 말한 사람들에 비해 체구나 얼굴이 훨씬 동양적이고, 여자는 히잡 대신 차도르를 두릅니다. 이 중 어디에도 속하지 않는 사람은 쿠르드인이고요.

　　이 이야기를 소녀들에게 했더니 그걸 어떻게 알았냐며 신기해합니다. 그러면서 쿠웨이트 사람과 사우디아라비아 사람, 아랍에미리트 사람을 구분할 수 있냐고 묻네요. 그걸 내가 어떻게 알아? "구분할 필요 없어. 다 아랍 사람들이야."라고 대답해줬더니 다들 자지러집니다. 그러면서 자기네들의 한국인, 일본인, 중국인 구분법을 알려주네요. 한국인은 나이키나 아디다스 운동화에 아이폰을 들었거나 에어팟프로, 애플워치 등을 감고 다니면서 한 명이나 두 명이 다니는 데 비해, 중국 사람은 스포츠머리이거나 지저분하게 기른 머리에 절대 한두 명이 다니는 게 아니라 항상 몰려다닌다고 하고, 일본인은 본 적이 없다네요. 오, 천잰데?

　　하맘에 갈까 잠시 고민하다가 며칠 전에 이스파한에서 사우나를 하기도 했고, 튀르키예도 아니고 이란이면 당연히 아저씨가 비누칠을 해줄 텐데 남자가 제 몸을 만지는 게 싫어서 그냥 호텔로 돌아왔습니다. 로비에 있으니 모발 이식 수술한 친구들이 떼로 몰려다니네요. 이 동네에 유명한 모발 이식 수술 병원이 있나 보죠? 그러거나 말거나 이제 좀 쉬어야겠습니다. 이란에 와서 처음으로 4만 보를 넘게 걸었네요.

Persepolis, Iran

이란, 페르세폴리스

4월 17일 여행 14일 차 **역사란 무엇인가**

오늘은 작년에 돌아가신 엄마의 1주기 기일. 엄마를 위해, 그리고 저를 위해 기도합니다. "엄마, 도와줘."

호텔 조식은 정말 최악이었지만 어제 오토바이로 식당까지 태워다 준, 고마운 이란 아저씨에게 스냅을 불러달라고 부탁해서 호텔에서 60km 정도 떨어진 페르세폴리스까지 90토만, 팁까지 100토만에 갔습니다. 터미널에서 호텔까지 2km에 80토만을 부르는데 60km를 90토만에 가다니, 우리로서는 상상할 수 없는 일이지만 이게 이란입니다.

그렇게 도착한 페르세폴리스. 이름에서도 알 수 있듯이 아케메네스 왕조 다리우스 1세 시대부터 페르시아의 수도로, 기원전 518년부터 조영되어 이후 페르시아 문명을 상징하는 곳이 된, 아니 페르시아의 흥망성쇠를 함께한 도시이죠. 이란 사람을 보기 위해 이란을 방문한다면 당연히 테헤란에 가야겠지만 페르시아 문명을 눈으로 확인하고 싶어서 이란에 방문한다면 가장 먼저 가야 할 곳은 페르세폴리스입니다. 아니, 수많은 이란의 여행지 중 단 한 곳을 꼽아야 한다면 당연히 첫손에 꼽혀야 할 곳이 페르세폴리스죠.

1974년 버전의 <그리고 아무도 없었다>을 보면 페르시아의 고대 유적

스틸 사진으로 시작하는데요. 그 스틸 사진의 배경이 바로 페르세폴리스입니다. 이란 혁명 이전에 제작된 영화이기에, 그때는 중동에서 서방과 가장 가까운 팔레비 왕조의 시대였기에 가능했던 이야기죠.

한국의 컨트롤 타워와 제가 모두 1순위로 찍은 페르세폴리스 관광호텔. 예약 없이 호텔에 도착했는데 CSI 마이애미 같은 드라마에 호쾌한 마약상으로 등장할 것처럼 생긴, 굳이 닮은 이미지의 배우를 찾는다면 드웨인 존슨 같은 이미지의 직원이 생각 이상으로 영어를 잘하네요.

"한국 사람이라고? 혼자야? 응, 아직 싱글이야! 좋았어, 싱글룸 가격에 스위트룸 줄게. 내가 <주몽>이랑 <양금<대장금>의 이란 방영 이름 > 팬이거든." 방은 두 개이고 침대는 세 개. 조리시설까지 있는 방을 576토만, 대략 11유로에 들어왔습니다. 그래요, 이게 맞는 가격이죠. 사막 특유의 모래 먼지가 있긴 하지만 한국 돈으로 15,000원도 안 되는 금액으로 이만한 방을 구한다는 게, 더구나 페르세폴리스까지 걸어갈 수 있는 거리에 이 금액으로 이런 호텔을 구한다는 게 쉬운 일은 아니기에 얼씨구나 하고 바로 체크인했습니다.

짐을 풀고, 샤워를 하고, 얇은 긴팔 옷과 모자로 중무장을 한 다음 페르세폴리스로 향했습니다. 여긴 4월 중순인데도 이렇게 하지 않으면 살이 타는 정도가 아니라 화상을 입는 곳이라서 피부가 약하다면 반드시 긴팔 옷을 입고 얼굴은 선크림으로 떡칠한 다음, 모자를 쓰고 나가야 합니다.

대략 3km 정도의 거리. 평지이고 길도 괜찮아 이제 이 정도 걷는 건 일도 아니지만, 문제는 날씨네요. 스냅을 부른다고 택시가 올 것 같지 않아 그냥 걸어갑니다. 페르세폴리스 가는 길의 나무 그늘에는 가족 단위나 연인처럼 보이는 이란 사람들이 돗자리 깔고 앉아 식사를 하기도 하고, 시샤를 피우기도 하네요. 웃으면서 인사를 하면 정말 한 팀도 빠짐없이 자기네들도 페르세폴리스 갈 거니까 밥 같이 먹고 자기네 차 타고 가라고 자리를 권합니다.

마시던 음료수가 보여 음료수나 한잔 달라고 하면 음료수와 물, 그리고 대추야자 절임 같은 간식까지 챙겨주네요.

그렇게 도착한 페르세폴리스. 정말 허허벌판의 사막에 이 정도 규모의 궁전터가 있다는 게 믿기지 않습니다. 역사책에서나 봤던 그 알렉산더 대왕이 밟았던 땅을 제가 밟고 있다는 게 현실감이 없습니다. 비록 궁전은 궁전터만 남았지만, 눈을 감으니 마치 그 시절을 묘사한 영화처럼 화려하기 이를 데 없는 궁전과 그 궁전이 불에 타는 장면, 그리고 알렉산더 대왕이 눈에 들어옵니다. 네, 저는 페르시아 문명의 정점, 바로 그 자리에 서 있는 겁니다. 뭔가 말로 표현하기 힘든 감정이 올라오네요.

좋기만 했던 건 아니었습니다. 궁전터나 남아있는 유적을 보면 그 규모가 짐작됩니다. 놀라운 건 이런 거대 궁전이 만들어진 시기가 기원전 6세기라는 거죠. 이 시기를 우리나라에 투영하면 단군 신화의 고조선이 아닌, 진짜 고조선이 만들어질 준비를 하던 시기였고, 중국에선 춘추전국시대, 좀 더 세밀히 살펴보면 춘추시대에서 전국시대로 넘어가던 바로 그 시기였습니다.

그 시기에 이 정도 규모의 대궁전을 지으려면, 더구나 교통이 좋았던 것도 아니고, 요즘 같은 장비가 있었던 것도 아닌데 이 사막 한가운데에 길가에 구르는 돌멩이 하나 조각되지 않은 게 없었을 정도로 화려함의 끝을 달렸던 대궁전을 지으려면 얼마나 많은 사람이 죽어 나갔을까요? 생각이 여기에 미치니 테헤란의 바자르에서 봤던 꼬맹이들이 생각나며 마음이 무거워집니다.

어쨌든 페르세폴리스는 좋아할 사람은 정말 좋아할 곳이고, 안 좋아할 사람은 두 번 다시 가지 않을 곳입니다. 다행히도 저는 전자네요. 너무 늦어 제대로 볼 시간이 없을 것 같아 내일 다시 와서 하루 종일 볼 생각으로 페르세폴리스를 떠납니다.

날씨가 선선해지니 낮에 갈 때와는 비교도 할 수 없을 만큼 길거리에서 뭔가를 하는 사람들이 많아졌습니다. 앞에서도 이야기했듯이 껄렁껄렁해 보이는 패거리일수록 먼저 다가가 인사했는데요. 그중에 한 패거리가 저를 부르더니 같이 놀자고 합니다. 20대 초반으로 보이는 친구들인데 질문이 선을 넘습니다. 아니, 선을 넘는다기보다는 그런 질문을 하는 친구들이 불쌍해 보이네요. 그들의 질문 수준이란 게 제가 결혼을 안 했다니 "섹스 해봤어?" 뭐 이런 수준입니다.

근데 한 친구가 <악마를 보았다>의 사이코패스 살인마가 잡힌 희생자를 죽이기 전에 농락할 때의 표정으로 멀쩡한 담배의 담뱃잎을 빼버리네요. 대단히 좋지 않은 신호입니다. 아니나 다를까, 마리화나를 보여주며 같이 피우지 않겠냐고 합니다. 응, 형은 그딴 거 없어도 인생이 재밌고 행복해! 우리나라에서 모르는 사람에게 저런 걸 같이 하지 않겠냐고 하는 건 상상할 수 없는 일이지만 여기에선 처음 겪는 일도 아니고 하다 보니 참 다방면으로 존나 친절하구나! 이제는 그냥 그런갑다 하고 지나갑니다.

서둘러 자리를 피하고 호텔 쪽으로 걸어가는데 또 다른 무리가 부르네요. 그냥 한눈에 보기에도 이 친구들은 좀전의 친구들보다는 훨씬 정상적이고(!) 유쾌한 친구들입니다. 같이 과자와 음료수도 먹고, 페르시아어로 욕도 배우고, 지나가는 아가씨들에게 작업 거는 거 구경도 하고 하다가 밥 때가 되어 생각해보니 여긴 밥 먹을만한 곳이 마땅치 않습니다. 이 친구들에게 정육점에 좀 가줄 수 있냐고 부탁해서 정육점에서 고기도 사고 빵도 샀습니다. 아, 빵은 한 친구가 사줬네요. 빵집을 가르쳐달라고 했더니 빵을 사옵니다. 평범한 이란 사람들은 그런 사람들입니다.

이란에서 주로 먹는 빵은 라바쉬Lavash 라고 하는데 서양식으로 효모를 넣고 부풀린 빵이 아니라 인도의 난에 가까운 빵으로 따뜻할 때는 말랑말랑하기도 하고 찰기도 있지만 조금만 지나면 과자처럼 딱딱해집니다. 그렇기에 라바쉬는 부드러운 걸 골라야 하고 만약 라바쉬가 딱딱하다면 그건 만들고 시간이 좀 지났다는 뜻입니다. 특이한 건, 우리처럼 한 개, 두 개 이런 식으로 파는 게 아니라 미터(!) 단위로 팝니다.

이 친구들의 도움으로 고기와 물, 빵을 산 다음 호텔로 돌아와서 프라이팬을 빌릴 수 있냐고 물었더니 자기네 주방을 쓰랍니다. 제가 하는 게 자기 눈엔 어설퍼 보였는지 주방장 아저씨가 저보고 가만히 앉아 있으라더니, 제가 사온 소고기에 호텔에 있던 채소와 향신료를 더해 기가 막힌 소고기 토마토 스튜를 만들어서 내왔습니다. 흐뭇한 미소로 가만히 제가 먹는 걸 보던 아저씨, 조용히 콜라 한 캔을 따서 테이블 위에 올려놓습니다. 돈을 좀 드리려 하니 "넌 내 손님이야. 다른 건 아무것도 신경 쓰지 말고 맛있게 먹기만 하면 돼."라네요. 물론 콜라값도 받지 않았습니다.

어머니가 지켜봐 줘서 이였을까요? 아침에 홈리스가 햇볕을 가렸다고 시비를 걸고 니가 뭐 디오게네스냐? 낮에 너무 더워 쓰러질 뻔하고, 길거리에서 약쟁이들을 만났지만, 이란에 온 이후로 오늘처럼 평화롭게 보낸 하루도 없는 것 같네요. 이제야 제가 생각했던 이란에 온 느낌입니다.

4월 18일 여행 15일 차 Pt.1 선택의 순간

뭐 때문인지 잠을 이루지 못합니다. 그래도 다행인 건, 전화기에 음악을 가득 채워왔고 차도 마실 수 있습니다. 지난 여행을 정리하면서 앞으로의 일정을 생각해봅니다.

다음 목적지는 반다르아바스. 세계 원유의 1/3이 지나다니는 호르무즈 해협이 있는 도시이고, 이란의 낙원이라는 케슘 섬이 있는 도시입니다. 사소한 문제라면 지금 있는 페르세폴리스에서 바로 가는 차편이 없다는 것. 쉬라즈의 터미널로 돌아가서 반다르아바스 행 버스를 타야 합니다.

여기서 선택해야 합니다. 내일 아침 차로 쉬라즈에 가서 바로 반다르아바스로 가느냐, 아니면 페르세폴리스에서 내일 저녁까지 있다가 쉬라즈로 가서 막차를 타고 반다르아바스로 가느냐.

첫 번째 선택의 경우 오늘 다시 페르세폴리스를 돌아보거나 나크시-에 로스탐을 둘러본 후, 내일 아침에 쉬라즈로 돌아가면 오전이나 낮에 버스를 탈 것이고, 그럼 저녁이나 밤에 반다르아바스에 도착할 수 있습니다. 하페즈의 무덤과 코란의 문을 둘러볼 수 있고, 반다르아바스에서 편히 잘 수 있다는 이점이 있지만 멀지 않은 곳으로 이동하는 데 하루를 써야 합니다.

두 번째 선택의 경우 오늘은 빨래나 하면서 하루 종일 호텔에서 밍기적거리거나 슬슬 페르세폴리스까지 산책이나 하면서 하루를 보내고 내일 체크아웃 시간에 짐을 맡기고 나와 DSLR을 들고 제대로 사진을 찍은 다음, 이 동네 로컬들이 알려준 식당에서 밥을 먹고 짐을 챙겨서 밤에 쉬라즈 터미널로 간 다음, 막차를 타고 반다르아바스에 도착하는 일정입니다. 하루를 온전히 쉴 수 있고, 하루치의 숙박비를 아낄 수 있지만 도착한 다음 날, 체력적으로 힘들 일정이죠.

지금 같아선 두 번째 일정이 훨씬 나아 보이네요. 지금까지 해병대 수색대 지옥주 훈련하듯이 다녔는데 하루쯤은 아무 일도 안 하고, 아무 곳에도 안 가면서 쉬고 싶고, 그러면서 숙박비도 아낄 수 있기 때문입니다. 도착해서 힘든 건 뭐, 도착해서 생각해도 늦지 않을 것 같아요. 지금 미리 걱정한다고 힘든 게 안 힘들어지는 것도 아니고, 지금까지 쭉 그렇게 여행했으니 이번에도 별문제 없겠죠.

이렇게 생각한 이유 중의 하나가 지금 묵고 있는 호텔 때문입니다. 가격은 테헤란의 호스텔과 비교해도 별 차이 안 나지만 그래도 나름 스위트룸이라 쉬기에 너무 편하고, 라디에이터가 여럿 있어서 빨래 말리기도 편하며, 무엇보다 호텔 자체가 일반적인 호텔이라기보다는 방갈로 형식으로 된 호텔인데 여기 조경이 웬만한 공원 뺨치게 좋습니다. 나무 그늘 아래에서 분수나 바라보며, 가져온 책 읽고, 심심하면 설렁설렁 산책이나 하면서 어제 남은 고기나 구워 먹으면 그게 신선놀음이지 뭐 신선놀음이 별거 있겠습니까?

또 하나의 옵션은 카우치서핑에서 알게 된 무함마드의 집에 가는 겁니다. 카우치서핑을 통해 알게 된 친구 중에 가장 적극적으로 저를 부르는 친구인데요. 며칠 전부터는 하루에도 몇 번씩 "지금 어디냐? 쉬라즈엔 언제 오냐? 우리 집에 올 거지?"를 물어보던 친구입니다. 하지만 몇 가지 마음에 걸리는 게 있는데요.

일단 이 친구는 집이 테헤란과 쉬라즈에 있다고 했었는데 자기의 본가는 재린 데스Zarrin Dasht 라는 곳에 있으니 그쪽으로 오라는데, 아무리 교통편을 찾아봐도 고속버스가 아닌 시외버스가 가는 곳이고, 혹시 그 친구와 트러블이 생겨서 떠나야 할 때 묵을 호텔이나 차편 같은 게 전혀 없다는 게 가장 큰 문제입니다. 이란 일정에서 가장 중요한 출구전략을 세울 수 없다는 뜻이죠.

또 하나는 아무리 검색해봐도 볼만한 게 나오지 않습니다. 우리나라로 치면 제가 잠시 있었던 충청남도 태안군 근흥면 도황리 같은 그런 느낌의 도시랄까요? 만약 간다면 오직 무함마드 한 명 보고 가는 거죠.

마지막으로, 이때까지만 해도 이스탄불 카우치서핑의 악몽에서 벗어나질 못했습니다. 기본적으로 카우치서핑을 신뢰하지 못하게 되었는데 계속 장소가 바뀌면서 듣도 보도 못한 곳으로 오라 하니 믿음이 생길 수 없죠. 만약 제가 재린 데스로 간다면 '인간은 망각의 동물이고, 같은 실수를 반복한다.'라는 명제 증명의 산증인이 될 겁니다.

중요한 건 어딜 가든 급할 것 없고, 힘들면 쉬어가면 됩니다. 그게 여행이고, 그게 인생이니까요. 이번 여행에서 가장 많이 배우는 건 페르시아 문명과 이란 사람들의 친절함이 아니라 인생입니다.

4월 18일 여행 15일 차 Pt.2 을 같은 갑이 되지 않는 법

이번 여행의 가장 큰 조력자인 이병선 선생님께서 제가 나크시-에 로스탐Naqsh-e Rostam 에 가보길 원하시는 것 같아 호텔 직원에게 스냅을 부탁했습니다. 금액은 13.5토만. 가까운 곳이란 얘기죠. 잔돈 받기도 귀찮고 해서 20토만을 줬습니다. 금액으로는 얼마 안 되지만 비율로는 꽤 많은 팁을 준 셈이죠. 3,400원 나왔는데 5천 원 주면서 거스름돈은 안 줘도 된다고 한 셈이니까요.

택시 기사가 팁에 기분이 좋아졌는지 어디에서 왔느냐, 한국? 한국 좋지, 여기엔 중국 차도 많고 한국 차도 많은데 한국 차가 훨씬 더 좋아 등의 이야기를 하면서 훈훈한 분위기를 만들었습니다. 근데 나크시-에 로스탐에 도착하니 자기가 기다릴 테니 얼른 보고 오면 호텔에 데려다주겠다며 2유로를 내랍니다. 2유로면 최근에 환전한 환율로 1,060,000리알. 쉬라즈에서 페르세폴리스까지 70km 가까운 거리를 오면서 900,000리알에 왔으니 우리로 치면 강남역에서 압구정역 가는데 10만 원에 가주겠다고 말하는 셈입니다.

말 같잖은 소리 씨불인다고 생각하며 무시하고 뒤돌아서는데 매표소 직원까지 저를 붙잡고 페르시아어로 뭐라 해서 2유로면 쉬라즈에 가고도 남는다고 했더니 그 매표소 직원은 저를 놔줬는데, 스냅 기사가 페르시아어로 뭔가 저주를 퍼붓고 떠났습니다. 별 미친놈 다 보겠네

하지만 곧 뭔가 잘못되었다고 느낀 게, 여긴 정말 아무것도 없이 돌산만 있는 그런 곳입니다. 이게 의미하는 바는? 저에겐 선택권이 없다는 거죠. 이 곳의 유일한 출구전략은 그 스냅 기사였는데 제가 대한민국식 사고방식으로 그 출구전략을 스스로 걷어찬 겁니다! 에라, 모르겠다. 존나 인샬라다! 어떻게든 되겠지 뭐.

어쨌든 볼 걸 보고 사진을 찍고 나오는데 거기에 온 이란 사람에게 스냅을 좀 불러달라고 하니 택시를 불러 돈을 내 달라고 알아들었는지 싫다고 하고, 매점에서 일하는 직원은 모두 택시와 커넥션이 있는지 자기넨 불러주면 안 된다고 하네요. 그럼 어전스는 얼마에 갈 수 있냐고 물었더니 2불이랍니다. 2불이나 2유로나.

이게 바로 이란을 비롯한 중동 지역이나 이집트 같은 아프리카에서 흔히 겪을 수 있는, 을 같은 갑이 되는 상황입니다. 한 마디로 아주 좆같은 상황이라는 거지 내가 돈을 내지만 내가 굽히고 들어가야 하는 상황. 말이 안 통한다는 핸디캡과 인터넷이 안 된다는 핸디캡이 갑이지만 을이 되어야 하는 상황을 만드는 것이죠. 전형적인 이란 장사꾼들 수법입니다.

'난 걸어가면 걸어갔지, 그 돈 내고는 못 가겠다.' 생각할 수도 있지만, 한국 같았으면 그랬겠지만 여긴 한낮에 7.6km를 걸을 수 있는 그런 곳이 아닙니다. 존 윅도 사막에서 길을 잃고 쓰러졌는데 어디 감히 저따위가 그 땡볕을 뚫고 7.6km를 걸어갈 수 있겠습니까? 더구나 여긴 햇볕에 살이 타는 게 아니라 햇볕이 살을 때리는 곳입니다.

이걸 자존심 싸움으로 생각해서 그놈들에게 2불을 주지 않고 걸어가

Persepolis, Iran

는 게 이기는 거로 생각할 수 있겠지만 아닙니다, 절대 아니에요. 그건 이란 사기꾼들에게 지는 겁니다. 체력과 시간이라는 펙터를 고려하지 않은 셈법이기 때문입니다. 그리고 그렇게 되도 않을 자존심 싸움하다가 진짜 죽을 수도 있습니다. 여기서 이기는 건 리즈너블한 돈을 내고 택시를 타고 오는 겁니다! 어디 네가 이기나 내가 이기나 한 번 해보자. Get in the ring!

난감한 상황에 매표소 매점의 파라솔에 앉아 생각을 정리하는데 땡볕에 내놓은 아이스크림처럼 몸이 녹는 것 같습니다. 그렇게 정신줄 놓은 것처럼 10분 정도 앉아 있다가 어제 만난 친구들이 생각나 문자라도 보내볼까 생각하고 있었는데 관광지에서 책 파는 아가씨가 책 사지 않겠냐며 다가옵니다. '그래, 여기선 네가 나의 구세주고, 네가 나의 알라다. 네 마음을 잡아야겠다!'

난 대한민국에서 온 여행객이고 지금 이런 상황인데, 이게 네가 좋아하는 BTS와 블랙핑크의 나라에선 상상도 할 수 없는 일이고, 난 이 상황이 너무 부당하게 여겨진다고 이야기하니 이 아가씨가 택시비 딜을 해주는데 1달러까지 떨어졌습니다. 대략 50토만.

이 정도면 기분은 나쁘지만 타고 올 수는 있는 금액이고, 그 책 파는 아가씨는 저를 위해 정말 최선을 다해서 딜을 해줬습니다. 하지만 이제 출구전략이 세워졌으니 전술을 바꿔서라도 이 게임에선 이겨야겠습니다. 원래 화장실 들어갈 때와 나올 때가 다른 법이지

"사실 내가 튀르키예에서 돈을 소매치기 당해 돈이 별로 없다. 그래서 네가 파는 책도 사고 싶지만 못 사고 있는 거다. 나도 글을 쓰는 사람이고 베스트셀러 3권을 낸 사람이다. 네 전화기가 인터넷이 잘 된다면 지금 당장 내가 쓴 책을 보여줄 수도 있다. 아니면 한국에서 가장 큰 스트리밍 사이트에 기고했던 BTS 관련 글을 보여줄까? 다음에 다시 여기에 온다면 꼭 네게 연락해 이 고마움을 갚겠다. 아니 내 인스타그램 아이디를 알려줄 테니 혹시라

도 네가 한국에 온다면 꼭 연락해라."

그 아가씨가 BTS 정국의 광팬이어서인지, 이란 사람들이 한국과 한국인을 좋아해서인지, 이도 저도 아니면 오늘 유독 머리가 자연스럽게 잘 세팅되고 자외선 차단제가 잘 먹은 덕분인지 하나둘 아가씨들이 모여들기 시작했고, 자기네들끼리 뭔가 이야기하더니 스냅 앱을 열었습니다. 17토만이지만 급행으로 불러 우리로 치면 카카오 블루 23토만. 그 아가씨 입장에선 다른 관리직 직원이 보기 전에 저를 빨리 보내야 할 것이고, 그래서인지 본인이 직접 전화 걸고, 택시 확인하고, 요금을 선불로 내니 살뜰하게 잔돈까지 챙겨줬습니다. 이걸로 게임 오버.

어느 조직이든 그 조직에 반기를 드는 사람은 있기 마련입니다. 나크시-에 로스탐에선 책 파는 아가씨가 그런 아가씨였죠. 제가 어떤 조직과 싸워야 한다면 가장 먼저 해야 할 일은 그 조직 내에 제 편을 만드는 겁니다. 굳이 그 조직을 무너뜨릴 생각까지 할 필요도 없어요. 저는 그저 조력자를 통해 제가 취해야 할 것을 취하고 떠나면 되는 것이고, 여기선 책 파는 아가씨가 제게 알려줬습니다.

귤이 회수를 넘으면 탱자가 된다 橘化爲枳 고 했던가요? 실크로드 시절부터 수천 년을 이어온 이란의 장사꾼들을 상대하다 보니 저도 점점 이란 장사꾼이 되어가는 느낌이네요. 어쨌든 무사히 호텔에 돌아왔습니다. 바짝 섰던 신경이 풀리니 다리도 풀리네요.

페르세폴리스의 밤은 낮과는 완전히 다른 동네가 됩니다. 길 잃은 젊은 청춘들의 해방구랄까요? 오토바이는 여기저기서 윌리를 하고 자동차는 드리프트를 하는데 여자들끼리 온 팀에게 잘 보여서 어떻게 해볼 요량인지 여자들끼리 온 자리 앞에서는 이런 오토바이와 자동차가 엉켜 대환장파티가 벌어집니다.

저 멀리에선 이란의 후지와라 타쿠미와 다카하시 료스케가 각각 프라이드 베타와 푸조 파르스로 드래그 레이스를 펼치는데 진짜 자랄도 풍년이구나 우리나라의 드래그 레이스와의 차이점이라면 우리나라에선 스타트와 함께 목이 꺾일 정도로 빠른 차들이 달리는데 여긴 길도 안 좋고 차도 안 좋아서인지 드래그 레이스하다가 늙어 죽는 게 아닌가 싶은 생각이 들 정도로 천천히 달립니다. 그저 시끄러울 뿐이죠. 당연히 아크라포빅 배기 류의 시끄러움은 아니고 머플러 깨졌을 때 나는 소리입니다. 불타는 화양리 쇼바를 올려라놀랍게도 밴드 이름입니다 의 'No Woman, No Cry'가 생각나는 밤입니다.

무함마드에게선 계속 연락이 오고, 그 집에 갈까 말까 계속 고민입니다. 쉬라즈에서 재린 대스에 가는 버스 기사가 자기 친구인데 그 친구 차를 타고 가면 되고, 재린 대스에서 반다르아바스 가는 차편도 얼마든지 알아봐 줄 수 있다고 하네요. 그러면서 계속하는 말이 "No problem.". 이란에 가보시면 알겠지만 이란 남자들은 좋게 표현하면 책임감, 안 좋게 표현하면 쓸데없는 자존심 내지는 가오 때문에 정말 'No problem.'이란 말을 잘합니다. 그렇게 페르세폴리스의 마지막 밤이 깊어갑니다.

Zarrin Dasht, Iran

이란, 재린 데스

4월 19일 여행 16일 차 Pt.1 **여행과 관광**

새벽에 일어나 산책을 하고 아침 먹고 오는데 우리 까뮈얼마 전에 무지개다리를 건넌 31kg 청삽사리 보다 훨씬 큰 들개가 꼬리를 흔들며 따라옵니다. 들개들은 사람을 보면 꼬리를 말고 딴짓을 하거나 피하기 마련인데, 따라오는 거 보면 어지간히 배가 고팠던 모양이네요. 짠한 마음에 가만히 서서 그 녀석을 살펴보니 젖이 부어 있습니다. 분명히 새끼를 낳은 지 얼마 되지 않은 녀석입니다.

방갈로 앞까지 쫓아오다가 방문을 여니 문 앞에서 머뭇거리네요. "앉아!"의 손짓을 하니 바로 앉습니다. 어? 훈련이 되어있는 녀석인걸?

그저께 저녁에 사 와서 이제는 크래커처럼 딱딱해진 빵을 주니 엄청나게 잘 먹습니다. 이란은 사람이나 개나 많이 먹나 보네요. 제가 이틀 동안 먹은 양보다 많은 양을 순식간에 해치우는 걸 보니 정말 배가 고팠나 봅니다. 빵을 먹고 나면 목이 메는 법, 물 없어 다이제스티브 먹어 봐. 그럼 바로 알아! 물을 따라주니 거의 500ml를 마십니다. 뭐 이런 녀석이 다 있지?

어느 정도 배가 찼는지 물을 마시고는 고맙다는 인사도 없이 돌아서서 갑니다. 존나 쿨하네, 개새꺄.

뭐에 씌었는지 무함마드의 집으로 가기로 결정했습니다. 어쩌면 이번 여행은 고생담이나 실패담을 쓰기 위해 온 건지도 모르겠습니다만 언제부터 M 취향이었냐? 저는 관광보다 여행을 하고 싶었습니다.

역시나, 누가 페르세폴리스는 이란이 아니랄까 봐 호텔 인포메이션 센터에 앉아 있는 파키스탄 아저씨는 마시지도 않은 짜이 값으로 200토만을 내라고 하고, 난 따로 짜이를 마신 적이 없어! 없음 말고~ 택시는 200을 부릅니다. 참 신기한 건, 비단 이 호텔뿐만이 아니라 어느 호텔에 가든 저와 잘 지냈거나 팁의 힘! 친절한 역사 팁의 힘! 직원은 꼭 필요할 때는 없더라고요.

마시지 않았거나 주문하지 않은 음식 가격을 청구하는 건 이란을 비롯한 중동이나 튀르키예에선 흔한 일이고, 이집트 같은 나라에선 일상적인 일입니다. 그렇기에 반드시 주문서를 확인하고 주문하지 않은 음식이 나오면 바로 말해야 합니다. 다행인지는 모르겠지만 이 나라 사람들이 헛빵인 게 체격은 다들 UFC 파이터들인데 제가 눈 부라리고 목소리 깔면 무서워 하더라고요. 너니까 그런 거야

개인 거래에서 흥정 같은 걸 하기 싫어서 오디오도 샵 거래만 하고 중고나라나 당근 역시 한 번도 해보지 않았던 제가 택시 기사와 흥정을 합니다. "그냥 가는 게 200토만이라고? 야, 너 너무하는 거 아니냐? 나 90에 왔어. 그래, 너도 먹고살아야 하니까 200토만 줄게. 대신 어차피 가는 길이니까 코란의 문이랑 하페즈의 무덤을 차 타고 한 바퀴 돌아줘. 그 정도는 할 수 있지?" "300." "250." "300." "안 되겠다. 넌 그냥 가라. 다른 기사 부르지 뭐." "250" "아니야, 됐어. 빈정 상해서 네 차 타고 싶지 않아. 어이, 파키스탄 아저씨. 다른 기사 불러줘."

실랑이가 한창 진행되던 중에 그 쾌남아 드웨인 존슨이 등장합니다. "야, 너 나이스가이잖아. 근데 너 왜 이렇게 화났어? 무슨 일 있어? 무슨 일이

야?" 마시지도 않은 짜이 값을 내라고 한 것부터 사정을 이야기하니 택시 기사에게 막 뭐라 뭐라 하고는 250에 가라고 합니다.

코란의 문은 우리로 치면 독립문 정도 크기의 문이고, 하페즈의 무덤은 정원이 그리 좋다는데 밖에서 봐서 그런지 좋은지 잘 모르겠네요. 좋아 보였으면 재린 데스 대시 하페즈의 무덤을 선택했을 텐데 그렇지 않은 거 보면 제 눈엔 흔하디흔한 이란의 정원처럼 보였나 봅니다.

어쨌든 도착한 터미널. 대도시를 이동하는 고속버스도 제가 올라타면 그 순간 버스 안에 있던 모든 사람의 시선이 제게 쏠리는데 시외버스니 오죽할까요? 다행히도 바로 무함마드의 친구라는 버스 기사를 만나서 차 시간을 기다리고 있는데 빨리 안 타고 뭐하냐며 제 손을 이끌고 올라가더니 맨 앞줄 자리에 앉힙니다. 진짜 황당한 건, 2시에 출발하는 차가 1시에 출발했다는 것. 출발 시간은 2시지만 좌석이 다 차니 그냥 출발한 것 같습니다. 늦게 가는 거야 그럴 수 있다 쳐도 정해진 시간보다 한 시간이나 빨리 가다니요! 역시 이란입니다.

가까운 줄 알았는데 네 시간 정도가 걸리네요. 거리는 270km 정도로 우리나라에선 서울에서 대전보다 먼 거리지만 이란에선 옆 동네 정도로 생각하는 거리인데 도로 사정도 좋지 않고, 정류소 같지 않은 곳에서 사람들이 내리고 하다 보니 시간이 오래 걸린 것 같습니다. 가는 길의 풍경은 영상에서 보던 중앙아시아 고원지대나 아프가니스탄 느낌이네요. 황량하기 이를 데 없는데 나침반 앱으로 높이를 측정해 보니 높이는 6,200피트, 대략 1,890미터입니다. 물론 이보다 높은 곳도 지나가고요.

언제부터인가 옆옆 자리, 그러니까 버스 복도로 나뉜 건너편 자기에 앉은 아줌마가 저를 계속 쳐다보는 게 느껴집니다. 하여튼 이놈의 인기는 이란의 시골 마을에서도 식을 줄을 모르는구나. 그래도 아줌마, 그 마음은 알겠는데 난 유부녀에 관심 없어!-그래서 저도 쳐다봤죠. 맑은 눈의 광인(!) 느낌으로. 그러니 아줌마가 어디론가 전화를 하고는 제게 전화를 바꿔주면서 "English?"라고 물어봅니다. 영어 할 줄 아냐는 뜻이겠죠?

전화를 바꾸니 정말 흥분했다는 게 목소리에서도 느껴지는, 대략 중학생이나 고등학생 정도의 여학생이 말을 합니다. "전화를 바꿔준 사람은 우리 엄마이고, 우리 엄마는 당신이 일본 사람처럼 보인다는데 일본 사람 맞아요?"라고 물어봅니다. 대체 이게 무슨 상황인지 황당하긴 하지만 "난 일본 사람이 아니라 한국 사람이란다. 그런데 왜?"라고 대답하니 전화기 건너편에서 소리를 치고 난리가 납니다. "오빠, 어디 가요? 오빠 보고 싶어요."라는 대답이 돌아오네요. 영어가 아닌 한국어로! 난 너의 오빠가 아니라 네 엄마한테도 큰 오빠뻘이야!

어쨌든 덜컹거리는 버스를 타고 도착한 재린 데스. 저는 왜 반다르아바스가 아닌 재린 데스로 온 것일까요? 아마도 저는 관광이 아닌 여행을 하고 싶었나 봅니다.

Zarrin Dasht, Iran

> ***   여행과 관광**
>
> 우리는 보통 여행이라는 단어와 관광이라는 단어를 혼용합니다. 나무위키에서는 여행을 travel, 관광을 sightseeing이라고 표현했는데요. 제 생각에는 관광이 seeing이라면 여행은 being이 아닐까 싶습니다.
>
> 물론 사람마다 생각이 다 다르니 제 생각이 옳다는 말이 아니라는 걸 전제로 이야기하자면, 유명 관광지 가서 사진 찍어 오는 게 무슨 의미가 있나요? 그 사진 인스타그램에 올리고 틱톡에 올려서 '좋아요' 몇 개 더 받는 게 내 삶에 도움이 되나요? 아니 요즘에는 워낙 해외여행을 많이 가서 웬만한 용기가 있지 않고서는 가기 힘들거나 대표적으로 이란, 모로코, 레바논, 정말 우리나라 사람이 가는 것 자체가

힘든대표적으로 페루, 칠레, 쿠바 나라가 아니라면 큰 의미 없습니다. 오히려 잘못된 선입견만 생기죠.

관광이 아닌 여행을 하고 싶다면 방법은 간단합니다. 그들이 자는 곳에서 자고, 그들이 먹는 걸 먹고, 그들이 하는 걸 따라 해보는 겁니다. 근데 이게 말은 그럴싸하고 뭐 그리 어려울 것 같지도 않은데, 잠이야 에어비앤비에서 자고, 그 근처 식당에서 밥 먹고, 어슬렁거리면서 동네 카페에서 아이스 아메리카노나 홀짝이면서 사람 구경하면 될 것 같은데 그게 그리 쉬운 게 아닙니다.

에어비앤비에서 자면 로컬처럼 잔다고 생각하겠지만 에어비앤비가 있다는 것 자체가 그곳이 관광지라는 생각은 안 해보셨나요? 제가 지냈던 충청남도 태안군 근흥면 도황리 같은 곳에 에어비앤비 있을까요? 로컬들이 가는 식당? 딱 메뉴판만 확인해봐도 알 수 있습니다. 진짜 로컬들이 가는 식당에는 영어로 된 메뉴가 없어서 음식 주문 자체가 하나의 허들이 돼요. 아이스 아메리카노? 전 세계에서 아이스 아메리카노라는 메뉴가 있는 나라가 몇 나라나 될 것 같나요?

여기에 또 하나의 허들이 있는데요. 바로 치안입니다. 대한민국은 치안 수준이 전 세계에서도 거의 첫손에 꼽을만한 곳이라 우리는 인지하지 못하지만 외국은 대로변, 그 안쪽 골목, 그 안쪽 골목 순으로 치안 수준이 떨어지는 게 정말 눈에 보입니다. 위험한 동네도 많고요. 그렇게 여행하기 좋아하는 우리나라 사람들이 왜 그 유명한, 아니 유명한 정도가 아니라 뉴욕 재즈의 상징인 코튼 클럽 내부에서 찍은 사진을 올리는 사람이 없을까요? 이유는 간단합니다. 코튼 클럽은 할렘에 있기 때문에 못 가서 못 찍은 거예요.

이뿐만이 아닙니다. 우리나라는 차마다 상식처럼 달고 다니는 블랙박스지만 우리나라처럼 블랙박스 많은 나라 없습니다. 중동에선 두바이, 사우디아라비아, 카타르 정도 제외하면 아예 없다고 생각해도 되고요. 게다가 황무지는 넓디넓으니 정말로 '나 여기서 죽으면 시체도 못 찾겠구나.' 하는 생각 듭니다. 택시를 타거나 로컬들의 호의로 자동차를 얻어 탔는데 내 생각과 달리 이상한 골목길로 간다면? 아무도 다니지 않는 황무지를 달린다면? 이럴 때의 공포감은 여러분이 무엇을 상상하든 그 이상입니다.

진짜 여행을 하고 싶다면 방법은 하나, 카우치서핑입니다. 정말 로컬들이 자는 곳에서 자고, 로컬들이 먹는 걸 먹고, 로컬들이 가는 곳을 가며, 로컬들이 하는 걸 할 수 있는 방법은 카우치서핑 밖에 없습니다. 더구나 그들과 함께 다니니 어느 정도 안전도 담보되고요. 다만 카우치서핑에서 가이드를 빌미로 돈을 뜯어내겠다는 사람이 생각보다 많으며, 여자 혼자일 경우 성폭행의 위험이 도사리고, 이게 아니라면 제가 이스탄불에서 경험한 것처럼 우범지대만을 다닐 수도 있으니 카우치서핑을 하겠다고 마음 먹었을 때는 호스트가 어떤 사람인지, 어디에 있는지, 무슨 일을 하는지 꼼꼼하게 알아봐야 합니다.

4월 19일 여행 16일 차 Pt.2 New Family in Iran

버스에서 내리자마자 버스에 탔던 사람 거의 전부와 셀피를 찍었습니다. 아마도 이 지구가 생긴 이후 이 동네에 온 첫 한국인이 아닐까 싶네요. 동네의 느낌이 태안중학교가 있는 태안 읍내 느낌입니다.

무함마드가 동생과 함께 마중을 나왔습니다. 이제 밥이 되든, 죽이 되든 이 친구와 함께 해야 합니다. 일단 재린 데스를 소개해주겠다며 어디론가 가는데 길 생긴 모양이 중국에서 백두산중국에서 부르는 명칭은 장백산 올라가는 길 같습니다. 경사는 엄청난데 가드레일 없어서 조금만 삐끗하면 요단강 건너가는 그런 길. 더구나 수동기어 차인데 너무 고단 기어를 써서 오히려 차가 못 올라갑니다. 하아. 형아 운전할 테니 나와 개새꺄!

그렇게 올라가서 내려다보니 재린 데스 시내가 한눈에 들어오네요. 왜 구글에게 물어봐도 별다른 대답을 안 하는지 알 것 같습니다. 동네 분위기가 김 회장님이 어머니 모시고 살던 시절의 양촌리 같은 느낌입니다.

드디어 도착한 무함마드의 집. 집에 차가 두 대나중에 알고 보니 아버지가 타고 나가신 것까지 세 대 있고, 집 안 마당에 야자수가 있습니다. 뭐지? 그 말로만 듣던 이란의 부잣집에 온 건가요? 무함마드야, 아깐 형이 잘못했다. 이제 친하게 지내자. 네가 형 해도 된다!

정말 너무 친절하지만 모두 호기심 어린 눈으로 저만 쳐다보니 '뭐든 좋으니 빨리 뭐가 좀 하면 좋겠다.'라는 생각이 들 때, 무함마드의 어머니가 갑자기 나갑니다. 밥 안 주고 어디 가시냐고 물었더니 기도 시간이라 모스크에 가신다네요. 집안의 어색한 분위기에 못 견딜 것 같았는데 잘 됐습니다. 주머니에서 버스 회사 아저씨에게 받은 이슬람 묵주를 꺼내며 같이 가자고 하니 놀라면서 저보고 무슬림이냐고 묻네요. 그럴 리가요?

Zarrin Dasht, Iran

모스크에 가니 정말 모든 사람의 시선이 제게 쏠렸고, 무함마드가 이슬람 신부에게 뭐라뭐라 합니다. 그러니 그 냥반 시다! 처럼 보이는 우리로 치면 성당의 복사 정도? 냥반이 의자와 차, 대추야자 절임을 가져오며 편히 있으라고 하네요.

이미 모스크에는 수십 번 가봤고, 갈 때마다 이슬람식으로 절을 하고 기도 했기에 리츠 크래커 치즈 맛이나 오레오처럼 생긴 돌멩이에 이마를 댄다는 것 외에는 우리나라 절하는 것과 똑같습니다. 능숙하게 그들처럼 기도하니 이 냥반들이 보라는 알라는 안 보고 저만 쳐다보며 기도하네요. 내일 점심쯤 되면 재린 데스 인구의 최소한 1/3은 제가 왔다는 걸 알게 되지 않을까 싶습니다.

드디어 기다리던 저녁 시간. 오늘따라 호텔에서의 아침이 너무 맛이 없어서 먹는 둥 마는 둥 했고, 거의 24시간 이상을 굶으며 2만 보 이상을 걸었으니 배가 고플 만도 했죠. 일단 샤프란으로 만든 차부터 시작하네요. ~~た ん ほう す~~ 설탕의 달달함과는 조금 다른, 섬유유연제의 달달함(!)이 느껴지면서 참 좋습니다. 이어서 샤프란과 견과류로 만든 묵 같은 게 나오는데 이거 정말 맛있습니다.

이어 오트밀에 설탕 넣고 샤프란 넣어 만든 것 같은 죽과 이란 전통 과자. 보통의 이란 식당에 가면 '지금 먹을 거로 시비 거는 거냐?'라는 생각이 들 만큼 음식량이 많은데 무함마드의 가족은 다른 이란 사람에 비해 식사량이 적네요? 제가 적당히 배부르게 먹을 정도면 보통 사람에겐 약간 배가 고플 양일 텐데 다들 먹는 거에 별 관심이 없는 것 같습니다. 더 이상 들어갈 자리가 없어 "잘 먹었습니다." ごちそうさまでした。 하고 몸을 뒤로 빼려니 다들 "???"의 표정으로 저를 쳐다봅니다. '왜?' '뭐?' 이런 표정으로 쳐다보니 무함마드가 말하네요. "지금 먹은 건 저녁이 아니라 스타터야. 네가 닭 못 먹는다고 해서 지금 소랑 양 굽고 있어. 페르시안 정식이 뭔지 알고 싶다며?"

Zarrin Dasht, Iran

과장이 아니라 저녁을 다섯 시간은 먹는 것 같습니다. 먹고 쉬다 또 먹고 또 쉬다가 또 먹고를 다섯 시간 동안 해요. 정말 미치겠는 건 너무 오랜만에 음식다운 음식을 봐서 그런지, 그게 아니면 음식이 맛있어서 그런지 배불러 죽겠는데 계속 먹게 된다는 겁니다. 이란 남자들이 배가 나온 이유가 있네요.

마지막으로 수박과 사과, 멜론, 체리가 나온 후에야 포크가 멈췄습니다. 저 과일들은 모두 나오는 시기가 다른 과일들이고, 더구나 4월에 먹을 과일들은 아닌데 하나같이 제철인 것처럼 맛있는 걸 보면 이란이 넓긴 넓은가 봅니다.

우리와 다른 점이 또 하나 있는데요. 우리는 보통 가족만 식사를 같이 하지만 여긴 온 동네 사람들 다 모여서 먹는 것 같습니다. 출가한 무함마드의 형 가족은 물론이고, 옆집 가족, 그리고 저를 보기 위해 온, 아까 버스에서 전화기를 바꿔 준 아줌마와 그녀의 딸까지 같이 먹었습니다. 한눈에도 아리안 족의 우수성을 알려주는 그 친구는 거의 울면서 사정하듯이 자기네 집에서도 같이 밥을 먹자고 하네요. 난감해서 무함마드를 쳐다보니 자기가 데려다 주고 태우러 갈 테니 그 집에 한 번 가보라고 합니다. 결국 낯선 이의 초대를 승낙했습니다.

먹고 나니 눕고 싶으면 누우라고 쿠션 두 개를 주네요. 춘자씨엄마 가 늘 말하길 "먹고 바로 누우면 소 돼, 소."라고 했었고, 소로 사는 것도 나쁘지 않겠다 싶긴 했지만 뭐 굳이 이란까지 와서 소가 될 필요가 있을까 하는 생각에 무함마드와 같이 산책에 나섰습니다. 이 친구는 뭐 이 동네 인싸랍니까? 모르는 사람이 없고, 인사 안 하는 사람이 없네요.

여기저기를 걷다가 아이스크림을 먹자며 낮에 들렀던 동네 구멍가게에 다시 갔는데 이 친구가 뜬금없이 자기가 한국에 가도 내 집에서 재워줄 거냐고 묻습니다. 우리 집안이 좀 이상한 집안인지는 모르겠습니다만 우리 집안은 가족끼리 100만 원 빌린다고 해도 돈 100만 원에 차용증 쓰는 집입니다. 작년에 큰누이가 십 년 만에 한국에 들어왔을 때도 저의 집이 아니라 호텔에서 묵다가 갔습니다. 저의 집에서 잘 수 있는 사람은 제 여자친구뿐입니다. 여자친구가 없다는 게 문제지 그런데 저의 집에서 잘 수 있느냐니요?

"아니. 안 돼. 내 집은 내 여자친구만 올 수 있어. 네가 한국에 온다면 한국에서 가장 좋은 호텔을 예약해주고, 거기 하룻밤이 너희들 몇 달 월급이다 아침부터 저녁까지 네가 가고 싶다는 곳은 어디든 데려갈 수 있지만 내 집은 안 돼."

갑자기 얼굴이 확 바뀌더니 옆 사람들에게 뭐라고 이야기하고, 그 이야기를 옆 사람들은 비웃음과 경멸이 5:5 정도로 섞인 표정으로 누가 5야? 저를 쳐다보기 시작했습니다. 그러면서 자기는 이렇게 최선을 다해 극진히 대접하는데 어떻게 호텔에 자라고 할 수 있냐고 막 따지네요. 내가 오겠다고 했냐? 네가 오라고 했잖아!

"너희 이란 사람들은 다들 가족 같고 남의 집에도 잘 들어가고 하지만 대한민국은 절대 그렇지 않아. 대한민국은 부모가 자식 집에 갈 때도 연락하지 않고 가면 경찰 부르는 나라야. 그런 나라에서 네가 한국에 있는 내내 호텔 예약해주고 에스코트 해주겠다는 건 내가 보일 수 있는 최고의 친절이고 존중이야. 근데 이런 문화의 차이는 모르고 비난부터 해? 저 사람들 눈빛 뭐야? 네가 오라고 해서 왔는데 내가 왜 이런 대접을 받아야 하는데? 나 불편해서 여기 못 있겠어. 집에 가서 짐 가지고 호텔가서 자고 내일 떠날 거니 당장 집으로 가." 지훈아, 그 동네엔 호텔 같은 거 없어!

사실 그 동네는 호텔 같은 것도 없고 그 친구 집 아니면 대안이 없는, 그러니까 이런 제 행동은 블러핑에 가까웠지만, 그 이란 사람들의 경멸하는 눈빛이 너무 기분이 나빠서 참을 수 없었습니다. 만났을 때부터 몇 시간 동안 이 친구의 행동을 보니 사람은 정말 착한데 눈치가 없는 그런 스타일 같고요. 생각이 여기에 미치니 이 친구랑 며칠 있을 걸 생각하면 그 시간이 자대 배치 기다리는 훈련병 마음 같을 거라는 생각도 들었고 한시라도 빨리 떠나야겠다는 생각이 들었습니다. 대안이 없긴 했지만 뭐 정 안 되면 반다르아바스까지 택시 타고 가죠 뭐.

갑자기 이 친구가 울 듯한 표정으로 정말 미안하다고, 자기가 어떤 의도를 가지고 그런 말을 했던 게 아니라 그냥 즉흥적으로 한 말인데 그게 기분을 상하게 했다면 진심으로 사과한다면서 계속 미안하다며 제발 가지 말라고 이야기합니다. 야, 누가 보면 우리가 커플이라도 되는 줄 알겠다 저를 경멸의 눈빛으로 쳐다보던 사람을 쳐다보니 이 친구가 그 사람들에게 막 뭐라 하고, 그 사람들도 제게 사과하네요.

언짢아진 기분으로 나와 30분 정도 말없이 걷는데 저 멀리서 월미도 디스코 팡팡 같은 불빛과 음악 소리가 들립니다. 뭐냐고 물었더니 결혼식 피로연이라며 구경하러 가자고 합니다. 그럴 기분 아니라고 했더니 잠깐 있으라며 차를 가지고 오네요.

여기는 여자들이 부르카나 니캅까지는 아니더라도 차도르는 걸치고 다니는 동네인데 히잡조차 두르지 않은 여자들이 모여 흙바닥 위에서 민요 댄스(!) 비슷한 춤을 추니 뭔가 꿈을 꾸는 듯한, 매우 비현실적인 기분이 듭니다. 일주일 동안 매일 밤 저런다네요. 기운도 좋다. 그렇게 기운이 좋아서 애도 많이 낳는 건가?!

Zarrin Dasht, Iran

4월 20일 여행 17일 차 Pt.1 The guest is God's friend.

새벽에 일어나서 나와보니 다들 수해 지역의 체육관에 모인 이재민처럼 방이 아니라 마루 여기저기에서 자고 있습니다. '왜 이 넓은 집에 멀쩡한 방 놔두고 저기서 자지?' 생각하며 쳐다보고 있으니 무함마드의 어머니가 잘 잤냐며 아침은 어떡할 거냐고 묻습니다. 생각 없다고, 신경 쓰지 않으셔도 된다고 하니 그래도 뭔가 먹긴 해야 한다며, 간단하게 준비해줄 테니 잠시만 기다리라고 하시네요.

간단하게 준비한 게 세 종류의 빵과 염소 치즈, 두 종류의 크림치즈, 꿀, 스크램블드에그, 견과류, 대추야자 절임, 둑, 그리고 짜이네요. 대충 준비한

224

게 이 정도이니 제대로 준비하면 생일상이라도 내올 것 같습니다. 한국에선 생일날에도 혼자 라면 끓여 먹는 인간이 이란 와서 호강합니다. 사실 어제 저녁 정도면 거의 내 환갑잔치지. 아니 내 환갑에도 저 정도로는 안 할 것 같은데?!

아침부터 거하게 한 상 받고 식사 후에 딱히 할 일도 없고 해서 빈둥거리고 있으니 무함마드가 아버지 공장에 가자며 나섭니다. 저는 평생을 화이트칼라로만 살았고, 저 주변 사람들도 모두 그러니 블루칼라를 만나면 어색하기도 하고 무슨 말을 어떻게 해야 할지 모르는 사람인데 무함마드의 아버지는 정말 지극히 전형적인 블루칼라처럼 보입니다.

팔자에도 없는 시골 생활을 몇 년 하면서 손가락이 굵어지긴 했지만 그럼에도 저는 50이 넘은 나이에도 손가락이 밀가루 떡볶이 같은데 지극히 전형적으로 게으른 사람의 손 무함마드 아버지의 손은 조금만 과장을 보태면 손가락 하나가 제 팔목만큼 굵고, 거칩니다. 평생 가족을 위해 일한 손이라는 게 느껴질 정도로요. 새벽 다섯 시 반에 출근하는 것도 그렇고요. 게다가 우리나라 같으면 은퇴를 했어도 열두 번은 했을 나이에 처자식 먹여 살리느라 새벽부터 밤늦게까지 일하시는 모습이 상상되니 공연히 마음이 좀 무거워질까 봐 선뜻 나서기가 좀 그랬는데요.

그래도 공장 구경이라는 말에 따라나섰습니다. 공돌이 출신이라 그런지 저는 기계 보는 걸 아주 좋아하기도 하고, 제가 이란이라는 나라에 가졌던 의문점 중의 하나가 풀리지 않을까 하는 생각에서요. 어쨌든 차 타고 20분쯤 가니 담벼락에 '경축! 수출 100억 불 달성!' 뭐 그런 게 쓰여있을 것처럼 낡아 보이는 공장에 도착했습니다. 그게 대체 언제 적 얘기냐? 근데 무함마드의 차가 공장 문 앞에 서니 자동문처럼 보이는 수동문이 스르르 열리고, 모든 사람이 무함마드에게 인사를 하네요. 뭐지? 야, 너 뭐야? 누구냐, 넌?

무함마드가 아버지 공장이라고 말한 공장은 아버지가 직원이 아니라 창업주이자 사장인 공장이었고, 그 공장은 루마니아에서 오래된 농기계를 수입해서 수리한 다음 다른 기계로 개조해서 판매하는 공장이라는군요. 좀 더 정확히 말하자면 로더를 노가다판에서는 로다, 공병대에서는 로우더라고 부르는 그것 수입해와서 엔진과 트랜스미션은 완전히 분해 후 엔진 보링 등을 통해 다시 엔진을 살려내고, 이란 지형에 맞게 차량의 앞뒤를 반대로 해서 판매를 한다는 겁니다. 물건이 없어 판매를 못 할 정도로 장사가 잘된다면서요.

이제야 어떻게 무함마드는 하는 일 없이 빈둥대는데 차가 있고, 무함마드의 형은 경비행기를 조종하다 다리가 부러져서 깁스를 하고 있으며, 추울 땐 온 가족이 반다르아바스에서 지내고 더울 땐 테헤란에서 지내면서, 이란의 각 도시마다 집이 있는지 알게 되었습니다. 테헤란에서 석유와 관련된 일을 하는 슈퍼 리치 정도까지는 아니더라도 이란의 상위 1%에 해당하는 집임에는 분명하네요.

그러니 무함마드의 어머니가 왜 그리 손이 크고 정말 음식을 어마어마하게 합니다. 그 집 한 끼가 제 한 달 치 식량 사람들 잘 챙기면서도 눈썰미가 좋은지, 한마디로 종갓집 맏며느리 무함마드의 형이 친구도 무함마드 이 어떻게 이란의 그 시골에서 박사 아내를 얻었는지, 무함마드가 그렇게 지기 싫어하고 철이 없으면서도 왜 그리 착한지, 어떻게 무함마드의 집을 알아서 버스에서 만났던 엄마와 그의 딸이 저를 보러 왔는지 등등이 모두 이해됐습니다.

무함마드에게 "너희 아버지가 사장님이야?" 하고 물으니 특유의 으쓱한 표정으로 "몰랐어?"라고 묻네요. 내가 궁예냐? 말을 안 했는데 어떻게 알아? 그러면서 자랑 가득한 목소리로 회사의 설비를 설명하는데 기계에 대해 잘 모르는 것 같네요. 답답해서 제가 이야기합니다. "이게 밀링머신이고 제게 선반이야. 여기 보링머신도 있네. 이런 크레인을 호이스트라고 불러. 어? 너희

아버지 회사에 CNC 머신도 있네?" CNC 머신을 알아보는 저를 신기해하며 자랑스럽게 말합니다. "재린 데스에선 이 공장에 밖에 없는 최첨단 기계지." "야, 이거 우리나라에선 을지로에서 PVC 자를 때나 쓰는 거야. 요즘엔 다 3D 프린터로 만들어."

자기가 이 동네에서 가장 큰 공장 사장의 아들이자 후계자인데 이상한 나라에서 온 놈 때문에 살짝 자존심이 상한 듯합니다. 그러게 왜 형한테 개겨? 개기긴. 내가 첫사랑에 실패만 하지 않았어도 너만 한 자식이 있어 임마 엔진부로 저를 데려가네요. 누군가를 불러와서 설명하라고 하는 것 같은데 그 사람은 영어를 못하고 제가 페르시아어를 알아들을 리 없잖아요? 제가 선수를 칩니다.

"이건 카뷰레터 방식이고, 앞에 있는 팬이 냉각 시스템이야. 공랭식 엔진이네. 스파크 플러그가 있는 거 보니 가솔린 엔진이고, 엔진 크기를 보니 대략 150~200마력 정도 나오겠다. 이게 알터네이터고 이게 오일 필터, 저게 연료 필터야. 지금 여기서 보이는 이 벨트는 팬벨트고 타이밍 벨트는 안에 있어. 이건 체인이 아니라 벨트 방식이라 나중에 꼭 교체해 줘야 해." 무함마드와 그 친구가 부른 냥반의 눈이 휘둥그레지네요.

이번엔 제 차례입니다. "너 이거 뭔지 알아?" "기어잖아." "그냥 기어가 아니지. 어디 들어가는 기어인지 알아?" "그런 건 모르지." "이건 디퍼런셜 안에 있는 평 기어spur gear야." 임마, 형은 연장만 있으면 엔진 뜯었다 조립할 수 있는 사람이야. 마지막 무함마드의 공격. "자, 한쪽 바퀴는 아주 작고, 한쪽 바퀴는 아주 커. 어디가 앞이게?" "앞에 이렇게 큰 삽을 달았다면 바퀴가 큰 쪽이 앞이 되어야 해. 그래야 힘을 제대로 받아. 바퀴가 작은 쪽이 앞이 되면 속도가 빠르지만, 힘을 제대로 못 쓰지." 이걸로 게임 오버.

공장에서 나와 집으로 가니 무함마드 어머니가 기다리고 있습니다. 외갓집에 가는데 같이 가자네요. 우리로 치면 아파트는 아니고 타운하우스? 같은 집에 노부부가 살고 계십니다. 찾아가서 인사를 드리니 너무 좋아하시네요.

알고 보니 무함마드의 외할머니는 팔레비 왕의 옷을 지었을 정도로 유명했던 패션 디자이너였다고 합니다. 외할아버지는 군 장성 출신이고요. 지금도 박물관까지는 아니지만, 무함마드 외할머니의 작품을 전시한 공간이 있습니다. 제가 장신구를 좋아해서 팔찌를 보니 팔찌 하나를 선물로 주시네요. 손주 친구까지 챙겨주는 마음은 우리나라 할머니나 이란 할머니나 다를 게 없는 것 같습니다. 내 외할머니가 그랬나? 안 그랬던 거 같은데…

그리고 도착한 마흐사의 집. 자기네 집에 오라고 울먹이던 친구 이름이 마흐사라는 걸 이제야 알았네요. 마흐사 아미니와 같은 마흐사냐고 물었더니 마흐사 아미니 사건을 아냐며 깜짝 놀랍니다. 오빠 집도 인터넷 돼 어제도 그렇고 오늘도 그렇고 히잡을 쓰고 있지 않아 히잡 안 써도 되냐고 물었더니 자기는 프로테스탄트^{이란에선 개신교가 아니라 무교를 프로테스탄트라고 합니다}라서 학교에 갈 때를 제외하고는 히잡을 쓰지 않는다는군요. 그렇기에 혹시라도 유출되면 큰 문제가 될 수 있어서 어제 사진도 못 찍게 했다고 하고요.

마흐사가 집에서 편한 옷을 입고 있으니 어디에 눈을 둬야 할지 모르겠습니다. 형아 여자를 좋아하긴 하지만 로리콘은 아니다! 괜히 성추행범으로 오해받기 싫고, 특히나 저 나이대의 여자아이는 한국에서도 볼 일이 없으니 난감해하고 있는데 고맙게도 때마침 마흐사 어머니가 논현역 자생한방병원 특실에 병문안 갈 때나 어울릴 것 같은 과일 바구니를 내놓으며 괜히 억지로 먹지 말고 먹고 싶은 것만 편하게 먹으라고 이야기합니다. 이 정도 융숭한 대접이면 당연히 과일을 깎아서 내오는 게 정상처럼 보이는데 이란에선 개인 포크처럼 개인 과도를 줘서 먹고 싶은 것만 먹게 하네요.

조금 있으니 마흐사의 동생 아리아나가 영어 학원에서 돌아왔습니다.

열 살이라는데 지금까지 제가 봤던 열 살 중에서 가장 예쁘고 귀여운 열 살이었습니다. 얼굴이 너무 작은 게 신기해서 제가 주먹을 쥐고 그 주먹을 얼굴 옆에 대볼 만큼 얼굴이 작은데 그 꼬맹이 얼굴에 빈틈이 없습니다. 뭐랄까요? 에미레이트 항공이나 카타르 항공의 비행기를 타면 겁나게 키가 크고 예쁜, 아랍계 인형처럼 생긴 승무원이 인사를 하는데 그 승무원의 미니어처! 인형이 말을 하는 느낌이랄까요?

달라도 너무 달라 마흐사에게 둘이 친자매 맞냐고 조용히 물어보니 웃으며 그런 질문 정말 많이 듣는다고, 자기가 정말 사랑하는 친동생이라며 동생을 끌어안고, 더 놀라운 건 동생이 언니에게 안깁니다. OMG! 이러니 이 삼촌이 오해를 하지

마흐사의 아버지를 보니 이해가 되네요. 마흐사의 어머니는 얼굴에 아리아인이라고 쓰여있는 아리아인인 데 비해 마흐사 아버지는 버럭 오바마가 이란에서 태어났다면 이렇게 생겼을 것 같다 싶게 버럭 오바마와 정말 닮았습니다. 약간 아랍계 느낌도 나고요.실제로 버럭 오바마는 케냐 무슬림 집안 출신입니다.

이란에서 진짜 극진한 대접이란 게 어떤 건지 이 집에 오고 알았습니다. 그들이 보기엔 입이 짧아도 너무 짧은 제가 쿠비데는 잘 먹는 걸 보고 쿠비데를 준비했다는데 각 채소를 색깔 별로 따로 준비하고, 고기 역시 지금까지 이란에서 먹었던 소고기와는 격이 다른 소고기였습니다. 마흐사가 한국은 밥을 먹는 나라라고 했다면서 샤프란 밥을 준비했는데 그냥 색깔만 봐도 샤프란을 정말 많이 넣은 게 눈에 보였으며, 제가 둑을 좋아한다는 말을 듣고 둑을 직접 만들었다고 합니다. 나이 집 사위 되는 건가?

마흐사 아버지가 어서 먹으라고 권해서 한국은 나이가 많은 사람이나 호스트가 먼저 시작해야 식사를 시작한다고 알려주자 그건 이란도 똑같다고 하네요. 식탁이 아니라 바닥에 앉아 먹기에 흘릴까 봐 조심하고, 흘린 건

닦아가며 식사하니 한국 사람은 다 그러는지, 아니면 저만 그런 건지 물어봅니다.

어쨌든 잘 먹고, 디저트까지 알뜰히 챙겨 먹은 다음 슬슬 갈 준비를 하니 아리아나가 가지 말라며 떼를 쓰기 시작합니다. 수줍음이 많아 같이 있던 내내 제겐 말 한마디도 못 하고 언니에게 말을 하던 녀석이 정작 갈 시간이 되자 제 옆에 딱 붙어서는 움직이질 않네요.

울먹이는 아리아나와 제가 마음에 들었는지 마흐사 아버지도 오늘 안 가면 안 되냐고 해서 오늘은 꼭 가야하고, 그럼 내일 다시 오겠다고 하니 마흐사 아버지가 그럼 내일은 저녁때 와서 저녁을 같이 먹고 아이들에게 이란 바깥의 이야기도 좀 해주면서 자고 가라고 합니다. 오늘은 라마단 기간인데 낮이라 대접이 소홀해서 그게 마음에 걸렸다면서요. 이게 대접이 소홀한 거면 제대로 대접하면 하렘이라도 지어주겠다는 건가?

우리나라에선 상상도 못 할 일이기에 벙찐 표정으로 있으니 이란에선 손님을 신의 친구로 생각한다고 하고, 그래서 정말 극진히 대접해야 하는데 제 예의 바른 모습이 너무 좋아서 한 번 더 만났으면 한다고 하네요. 이런 말까지 들었는데 거절하는 것도 예의가 아닌 것 같아 그러겠다고 했습니다. 그 말을 듣고 나서야 아리아나 얼굴에 해가 떴네요. 열 살이면 자기는 다 컸다고 생각할 나이지만 애는 애입니다. 그것도 너무 귀여운.

4월 20일 여행 17일 차 Pt.2 **태초의 자연**

무함마드의 가족은 주말마다 별장에서 지내다 온다고 합니다. 정확히는 별장은 아니고, 원래 살던 집인데 그 집을 팔지 않고 나와서 재린 데스 시내에 시내는 무슨 얼어 죽을 시내? 읍내! 집을 지었다고 하네요. 그래서 주말에는 원래 살던 동네에 간다고 합니다.

이 친구의 원래 집이 있던 동네에 가니 모든 사람이 인사하네요. 느낌이 딱 조정래의 대하소설 <태백산맥>의 김범우영화에선 안성기 분 집안이나 현실 세계라면 경주 최 부자댁 같은 그런 느낌입니다. 이게 단지 느낌만 그런 게 아닌 게, 무함마드의 고조할아버지는 100여 년 전에 이 마을 사람들을 위해 지하 물탱크를 지어줬고, 무함마드의 아버지는 이 시골에 공장을 지어 사람들이 일할 수 있게 했고, 그 사람들을 위해 잠실 체조경기장 크기의 실내 경기장을 짓고 있습니다. 그러니 무함마드를 대하는 것도 그냥 동네 누구네 아들 정도가 아니라 도련님 대하듯이 대한다는 느낌을 많이 받았고요.

제가 황무지 사진을 찍는 게 무함마드에겐 신기하게 보였나 봅니다. 황무지를 왜 찍냐고 물어봐서 우리나라엔 이렇게 지평선이 보이는 황무지가 없고, 황무지도 그냥 빈 땅을 황무지라고 말하지 정말 여기처럼 진짜 황무지는 없다고 이야기하니 진짜 황무지는 여기가 아니라며 따로 있는데, 가보지 않겠냐고 묻습니다. 안 갈 이유가 없죠. 그런데 자동차가 아닌 오토바이를 끌고 나오네요. 길이 없어서 차가 아니라 오토바이로 가야 한답니다.

워낙 작은 마을이다 보니 오토바이로 10분 정도 나오면 인적이 끊깁니다. 그리고 시작된 황무지. 정말 아무것도 없는 길을 15분 정도 달리니 폭스바겐 마이크로버스를 개조한 쉼터가 보입니다. 주변으로 피스타치오 나무를 심은 것도 보이고, 석류나무도 보이지만 여기까지 왔던 길을 돌아보니 정말 하늘과 땅 외에는 아무것도 없습니다. 너무나도 상투적인 레토릭이지만 대자연 앞에 인간이 얼마나 작고 나약한 존재인가를 생각하게 됩니다.

가만히 그 황무지를 걷습니다. 치매로 당신 자신도, 저도 몇 년을 너무 힘들게 했던 엄마의 얼굴이 떠오르고, 무지개다리를 건너편에서 아부지와 같이 놀 날만을 기다리고 있을 개념이와 까뮈도 떠오르네요. 그 녀석들을 여기에 풀어놓으면 얼마나 미친 듯이 신나서 뛰어다닐까요?

잊고 싶어서, 고생을 통해 잡념을 지우며 그 사람까지 지우려고 생각했던 사람의 얼굴도 떠오르고, 아버지의 마지막 모습도 떠오릅니다. 저와 장난을 칠 때면 제 머리를 쓰다듬으며 "잘했어, 치타."라고 까불던 친구도 생각나네요.

병원 응급실 중증 응급환자 진료 구역과 고속도로에서 죽음의 순간 비슷한 걸 경험했던 적이 있었습니다. 사람이 죽음의 순간이 되면 지나온 삶이 주마등처럼 스쳐 지나간다는데 실제 주마등을 본 적은 없지만, 저도 지난 인생이 매우 빨리 스쳐 지나간 적이 몇 번 있었는데 여기서는 꿈꾸듯 느리게 지난 인생이 스쳐 지나가네요. Largo sognando천천히, 꿈꾸듯 몽환적으로.

그렇게 걷고 있는데 갑자기 2행정 공랭식 엔진 특유의 배기음과 함께 무함마드가 제 앞에 오토바이를 세웠습니다. 자기가 저를 얼마나 불렀는지 아냐면서 왜 들은 척을 안 하냐고 막 뭐라 하네요. 이 친구가 제게 페르시아어로 이야기하는 건 분명히 좋은 이야기가 아닌데 페르시아어로 이야기하는 걸 보니 욕하나 봅니다. 그런 걸로 감정 상하고 싶지 않아 잠깐 생각나는 게 있어서 좀 걸었다고 하니 제가 얼마나 걸었는지 한 번 보라네요. 뒤를 돌아봤더니 마이크로버스가 점처럼 보입니다. "내가 이렇게 먼 거리를 걸었다고?" 물어보니 가만히 있는데 울더니 어디로 막 걸어가서 미친 사람 같았답니다.

스위스의 80세 노인이 시간으로 자신의 인생을 계산해보니 잠자는 시간 26년, 식사 시간 6년, 세수를 한 시간 228일, 넥타이를 맨 시간 18일, 다른 사람이 약속을 지키지 않아 기다린 시간 5년, 혼자 멍하니 보낸 시간 5년, 담뱃불을 붙이는 시간 12일, 그리고 그중 인생에서 가장 행복했던 시간이 46시간이었다고 하네요. 제가 만약 80세까지 살 수 있다면 그 46시간 중에 한 시

A Night in Persia

간 반은 이곳에서 보낸 시간일 겁니다.

갈 때는 제가 오토바이를 운전해서 갔습니다. 수십 년 만이지만 몸이 기억하네요. 정말 미치겠는 건, 이렇게 환상적이고 비현실적인 경험을 했는데 워낙 흔들리는 오토바이에 제대로 앉지도 못하고 황무지를 달리다 보니 몸 어딘가에서 불편하다는 신호가 왔고, 그 신호가 예사 신호가 아니었다는 겁니다. 급똥!

한국 사람이 이란을 여행한다면 누구나 걸릴 것 같은, 이란 여행 내내 투병했던 바로 그 집요하고도 끈질긴 병마, 변비(!)가 신호를 보낸 거죠. 인생은 멀리서 보면 희극이고 가까이서 보면 비극이라고 말했던 냥반이 찰리 채플린이었던가요? 그렇게 몽환적이면서도 비현실적인 체험을 하고 돌아가는데 배가 아파서 빨리 돌아가야 한다니, 이런 게 '인간의 굴레'인가 봅니다.

Zarrin Dasht, Iran

마을 잔치라도 하는지 최소한 20명은 모여서 밥을 먹는 것 같습니다. 또 그렇게 다섯 시간 동안 밥을 먹고, 너무 배가 불러 잠이 안 올 것 같아 무함마드 형제들과 밤 12시에 동네를 어슬렁거리는데 이슬람 신부처럼 보이는 친구를 중심으로 온 동네 아저씨들은 다 모아놓은 것처럼 모여서 뭔가를 이야기하고 있네요. 저도 그사이에 슬쩍 끼어 앉으니 무함마드가 이란 사람보다 더 이란 사람 같다며 웃습니다. 사진을 보니 저도 제가 한국 사람인지 이란 사람인지 구분이 안 됩니다. 이참에 이란 이름 한 번 지어볼까요? 하산 샤리프 술레이만 지훈?

* 이란의 화장실

이란에 처음 도착하면 두 가지 문화 충격을 받습니다. 일단 도착하자마자 느끼는 건, 길거리의 무서운 초상화 벽화. 어딜 가든 사람들 얼굴이 벽화로 그려져 있는데 그게 우리의 아름다운 초상화와는 아주 거리가 멉니다. 구글에서 'wall mural iran iraq war' 같은 검색어로 검색해보면 바로 나오는데요.

뭔가 좀 강백호 저리 가라 할 정도의 '단호한 결의'의 표정을 한 냥반들과 함께 이란의 두 라흐바르인 호메이니와 하메네이의 초상화가 그려져 있는데, 낡은 벽에 색이 바래 그로테스크한 느낌마저 납니다. 검색어에서도 알 수 있듯이 이란-이라크 전쟁에서 사망한 전쟁 영웅들의 초상화라는군요. 심지어 반다르아바스 항구 터미널 같은 곳에는 실제 인물 크기의 마네킹도 있습니다.

그런 거 처음 봤을 때는 어릴 때 이승복 기념관에서 칼을 들고 이승복 어린이를 아 냥반은 언제까지 어린이냐? 하긴 뭐, 유관순 누나(…)도 있으니 협박하는 북한 무장공비 마네킹을 봤을 때의 공포 같은 게 느껴졌는데 하도 많이 보다 보니 나중에는 그런 초상화 옆에서 사진까지 찍게 되었습니다. 하지만 진짜 공포는 이런 게 아니라 이란 화장실입니다. 다른 것도, 다른 곳도 아닌 화장실.

일단 이란은 어디든 남성용 소변기가 없습니다. 물론 공항에도 없고, 5성 호텔 로비에도 없습니다. 그러니 남성이 소변을 볼 때도 칸막이 안에 들어가야 합니다. 진짜 공포는 이제부터.

이란의 화장실은 미국의 화장실처럼 위아래가 뚫려있는 쭈그리고 식 좌변기이고, 휴지도 없고, 결정적으로 물 내리는 레버가 없으며, 용도를 고민하게 될 고무호스가 하나 있습니다. 그 고무호스의 용도가 감이 오시나요? 그렇습니다. 이란에서는 볼일을 본 뒤, 그 고무호스를 비데처럼 쓰며, 그 물로 전리품을 내리는 뒤처리까지 합니다! 그렇기에 이란의 화장실 좌변기는 발판이 조금 올라와 있고, 그 아래에는 물(!)이 흥건합니다.

당연히 그냥 수도꼭지에 호스 한 연결한 것 같은 호스 내지는 정말 잘 봐야 샤워기 헤드 없는 샤워기 호스 같은 느낌의 호스이니 제대로 닦일 것 같지 않고, 그래서인지 뭔가 다른 걸(!) 이용할 것 같은 느낌이며, 제 생각이 맞는지 이란 남자들은 화장실에서 볼일을 본 후, 정말 깨끗하게 손을 씻습니다. 아니 저는 이란에 있는 동안 화장실에 가면서 칸막이에서 나와 손을 안 씻고 나가는 사람은 단 한 명도 보지 못했습니다.

그러니 제게는 화장실 문을 만지는 것부터 대단한 용기가 필요한 일이었는데 좌변기에 앉아 일을 본다니 잘 될 리가 있겠습니까? 그러니 어떻게든 화장실 가는 횟수를 줄이려고 노력했고, 그러니 변비가 생겼죠.

제가 평소에 먹는 양만 먹었다면 재린 데스에 있는 동안에는 화장실에 안 갈 수도 있었을 텐데 무함마드 어머니가 저를 볼 때마다 왜 그렇게 조금 먹냐며, 음식이 입에 맞지 않냐고, 다른 걸 해줄까? 계속 물으니 안 먹을 수가 없었고 그러다 보니 지옥을 경험하게 되었습니다.

물론 우리나라 사람들이 갈만한 호텔 객실은 모두 양변기가 있으니 걱정하지 않으셔도 됩니다. 호스텔도 마찬가지고요. 하지만 그런 곳이 아니라면, 저처럼 카우치서핑을 하거나 낮에 밖에서 볼일을 봐야 한다면, 최대한 한국식 비슷하게 볼일을 보고 싶다면 휴지나 물티슈 꼭 챙겨가세요. 여행용 크리넥스보다는 물티슈가 훨씬 더 여기저기서 유용하게 쓰이니 물티슈 꼭 챙기시고요. 저처럼 물티슈를 달고 사는 정도가 아니라면 웬만한 물티슈 큰 거 한 통이면 한 달 여행하는데 아무런 문제 없습니다. 나머지는 레버를 내리는 대신 그냥 그 고무호스를 변기를 향해 쏘면 됩니다. 덩어리(!) 가 내려가고 안 내려가고는 인샬라!

분명히 제가 학교 다닐 때도 좌변기가 있었고, 심지어는 푸세식도 있었는데 왜 이렇게 무서워했나 생각해보니 그때도 무서워서 밖에선 큰일을 보지 않았던 것 같습니다. 그래서 보이스카웃 캠프 때마다 고생했었던 것 같고요. 혹시라도 저처럼 좌변기가 익숙지 않은데 이란 여행을 꿈꾸고 있다면 좌변기가 있는 지하철 화장실 같은 곳에서 현지 적응 훈련(!)이라도 하시면 좀 낫지 않겠습니까?

Zarrin Dasht, Iran

4월 21일 여행 18일 차 Pt.1 Ordinary life in Iran

어제 갔던 곳에서 일출 사진을 찍고 싶어서 무함마드에게 부탁했는데, 그리고 무함마드는 예의 그 '걱정하지 마, 내가 알아서 해줄게.'의 표정으로 "No problem."을 연발했는데, 무함마드 이 자식이 해가 중천에 뜨도록 일어나지 않아 아침 7시가 돼서야 사진을 찍으러 갈 수 있었습니다. 그래도 뭐, 간 게 어딥니까?

사진을 찍고 와서 밥을 먹고 빈둥거리고 있으니 너무 좋네요. 심심하면 집에 있는 나무에서 블랙베리 따서 먹고, 쿠션 끼고 누워 야자수 아래에서 배 긁으면서 꼬맹이들 뛰어노는 거 구경하니 신선놀음도 이런 신선놀음이 없습니다. 라마단이건 뭐건 넌 외국인이고 무슬림도 아니니 상관없다며 하도 쉴 새 없이 먹을 걸 줘서 살도 최소한 2kg은 찐 것 같고요. 그냥 이란에 일 년 정도만 말뚝 박고 살 수만 있다면 그것도 괜찮을 것 같다는 생각도 듭니다. **말년 병장의 삶이랄까?**

이렇게 빈둥거리면서 자는 것도 아니고, 안 자는 것도 아닌, 밍기적거리며 있는데 무함마드가 전화를 받더니 원래는 내일 가는 건데, 하루 더 있다 가야 한다며 제 일정이 바뀌었다네요. 왜?

원래 재린 데스에 올 때부터 반다르아바스에 어떻게 갈지를 무함마드와 이야기했었고, 무함마드는 특유의 "No problem."으로 어떻게든 반다르아바스에는 갈 거니까 걱정하지 말라고 했습니다. 가장 좋은 방법은 그 동네에서 반다르아바스까지 가는 트럭 기사에게 얘기해서 그 트럭을 타고 가는 것이며, 그게 아니면 모스타김을 알아봐 주겠다고 했었죠. 정 안 되면 어전스처럼 택시를 불러서 갈 수도 있고요. 물론 거리가 상당하기에 요금도 꽤 나오겠지만 그것도 자기가 이야기하면 어느 정도 해결될 거라 했습니다.

재린 데스에 오니 무함마드가 이 동네의 도련님이란 걸 알았고, 무함마드 말로도 여기서 트럭을 타는 건 네가 생각하는 히치하이킹이 아니라 아는 사람 차를 타고 가는 것이기에 그게 훨씬 더 안전하니까 웬만하면 트럭을 타고 가라고 했었고, 저도 그게 맞을 것 같아 그러겠노라고 했는데 아무래도 저를 반다르아바스까지 데려다줄 트럭을 찾지 못했나 봅니다.

모스타김은 매일 있냐고 물었더니 그건 걱정하지 말라고, 자기가 말하면 200토만에 반다르아바스에서 케슘에 들어가는 터미널까지 태워다줄 거라고 합니다. 대신 새벽 네 시에 떠나는 차이기에 마흐사 집에서 잘 수는 없다고 하네요.

호텔도 마찬가지입니다. 반다르아바스든 케슘이든 모든 호텔에 방이 없습니다. 무슨 일이냐고 물었더니 내일이 라마단이 끝나는 날이라서 이란에선 내일부터 일주일 동안 휴가이고, 그래서 모든 사람이 다 여행을 가기 때문에 그런 거랍니다. 그러면서 저보고 반다르아바스에 꿀 발라 놓은 것도 아닌데 그냥 여기에서 며칠 더 있다 가는 건 어떻겠냐고 하네요. 시끄럽고 빨리 방이나 찾아 새꺄!

돌이켜 보면 그게 나은 선택이었을 수도 있었겠다는 생각이 들지만, 그때는 왜인지 모르겠지만 케슘 섬에 가보고 싶었습니다. 그게 맞았지. 내가 반다르아바스에서 고생한 걸 생각하면 아휴… 둘이서 두 시간 동안 방을 찾아도 에어컨이 고장 난 방 외에는 방을 못 찾아서 이거라도 예약할까 했더니 무함마드 말로는 거긴 에어컨 없으면 사람이 살질 못하는 동네랍니다. 로컬이 그렇게 말을 할 정도면 저는 근처에도 못 간다는 얘기겠죠? 그리고 둘이 내린 결론은, "인샬라."였습니다. 가면 어떻게든 되겠죠 뭐. 설마 노숙하겠습니까? 무함마드는 매우 천진난만한 얼굴로 방 없으면 다시 오라네요.

차도 확실한 게 아니고, 방도 못 구하고 하다 보니 좀 다운되었나 봅니

Zarrin Dasht, Iran

다. 무함마드가 가만히 제 눈치를 살피더니 "지훈, 네가 조용하니까 좀 무섭다. 아침과 다른 황무지 보여줄까? 거긴 훨씬 더 넓은데야." 마다할 이유가 없죠. "넌 차를 타고 가고, 내가 오토바이로 너를 뒤따라가는 건 어때?"라고 물으니 거긴 길이 더 안 좋아서 서스펜션이 다 망가져서 차로는 못 간답니다. 수리비가 문제가 아니라 이란은 부품 수급이 어려워서 차가 고장 나면 오랫동안 차를 못 쓴다면서요.

집에서 20분 정도부터 밑에 탁구공이 달린 꽃이 보이기 시작합니다. 근데 이게 아무리 생각해봐도 아프가니스탄에서 날아왔다기보다는 일부러 심은 거네요. 이날 제가 본 탁구공으로 아편을 만들고, 그 아편을 가공해서 헤로인을 만들어 팔면 시그니엘은 아니고저는 강남이 불편합니다 나인원한남이나 한남더힐 가장 넓은 평수에 살면서 월요일에는 아벤타도르로 시작해서 일요일은 컨티넨탈 GT로 마무리하면서 매일 다른 차를 타고 다닐 수도 있을 것 같습니다. 무함마드에게 이게 뭔지 아냐고 물었더니 그냥 웃네요.

양귀비가 이렇게 보이니 마리화나는 그냥 잡초처럼 보입니다. 이런 걸 어떻게 심냐고 물으니 걸리면 재수 없는 거지만 누가 심은 건지는 알 수 없으니 단속할 수 없고, 애초에 땅이 너무 넓고 이런 땅이 너무 많아서 단속할 생각도 못 한다네요. 하긴, 미국에서 101도로나 데스 벨리를 건널 때도 옆은 황무지만 그래도 거긴 사람의 발길이 닿은 느낌이 드는 데 비해 이란은 정말 지구가 생긴 이후로 여긴 그 누구도 밟지 않았겠구나 싶은 땅이 천지입니다.

꼭 이런 것만 있는 게 아니라 피스타치오나 석류나무가 보여서 저런 거 심으려면 물이 있어야 하는 거 아니냐고, 이 황무지에 물을 어떻게 끌어오냐고 물었더니 뭔가를 보여주며 이게 물을 끌어오는 호스를 묻은 거고, 그건 자기 할아버지가 동네 사람들을 위해 만든 거라고 합니다. 물탱크 쪽으로 가니 경비가 무함마드에게 깍듯하게 인사를 하네요. 오~ 무함마드 도련님.

두어 시간 황무지를 달리다 너무 더워 무슨 일이 생길 것 같은 불안감에 집에 왔습니다. 신기한 건 햇볕 아래에선 그냥 몸이 녹아내리는 느낌인데 그늘이나 집 안에 있으면 그냥저냥 선선하고 살만하다는 거죠. 건조해서 그런 것이겠죠?

밍기적거리고 있으니 또 무함마드 어머니가 뭔가를 먹이기 시작합니다. 이란의 과일은 정말 왜 이렇게 맛있을까요? 4월 하순에 그렇게 맛있는 사과를 먹을 수 있다는 게 신기하기만 합니다. 더 신기한 건 사과와 수박을 동시에 먹는데 이 정반대 계절의 과일들이 제철 과일들보다 더 맛있다는 거죠. 정말 로컬처럼, 이 집안 식구처럼 하루를 보내고 있습니다. 음식들이 너무 달거나 신거 제외하면 모든 게 완벽해요. 그렇게 대충 점심을 먹는데 무함마드의 형 무함마드가 저 때문에 매운 음식을 덜 맵게 했다면서 투덜거리네요. 하아, 요 새끼 봐라?

"무함마드야, 너 한국 라면 먹어볼래? 매운 거 좋아하면 이거 아주 좋아할 거야."라고 말하면 안 먹을 겁니다. "무함마드, 너 한국 라면 먹어 볼래? 이게 한국에서 아주 인기 라면이고 맛있기도 한데 너무 매워서 너는 못 먹을지도 모르겠다. 도전?" 당연히 눈에 불을 켜고 먹겠다고 하죠. 이란의 매운 고추를 서너 개 넣고 끓인 틈새라면. 너는 이미 죽어있다! 애초에 호스텔에서 까부는 놈들 참교육용으로 가져간 라면이기에 아낌없이 끓여줬는데요. 처음에는 호기롭게 두 젓가락 먹더니 "이거 사람 먹는 거 맞아? 진짜 사람 먹는 거야?"라며 되묻네요. 이 세상에서 제일 맛있는 걸 먹는다는 표정으로 두 젓가락 먹으니 다시 덤비기 시작합니다. 형은 클레멘타인에 10점 준 사람이야!

거의 울면서 면을 다 먹은 무함마드에게 "한국에서 라면은 밥 말아 먹는 음식이야." 하면서 밥을 말아주니 정말 죽으려고 하네요. 하지만 곧 죽어도 못 먹는다는 말은 안 합니다. 그깟 자존심이 뭐라고 라면 하나에 목숨을 걸고 그럴까요? 무함마드보다 니가 더 나쁜 새끼야!

형 무함마드에게 지옥을 경험시키고 하드 비슷한 아이스크림 하나 사주면서 이렇게 말했죠. "형한테 까불지 마. 죽어." 형 무함마드는 배 아파 죽으려고 하고, 동생 무함마드는 이 광경이 재밌어 죽으려고 합니다. 이렇게 중학생들이나 하는 장난을 치면서 밍기적거리니 그 시절로 돌아간 것 같네요. 하지만 이런 기분도 잠시, 이제는 출구전략을 찾을 때입니다.

200토만에 반다르아바스 항구까지 가는 딜을 끝냈습니다. 캐슘은 들어가고 나오는 배가 매 시간마다 있고, 호르무즈는 하루에 두 번 있다네요. 아무리 호르무즈가 지상낙원이라고 하더라도 이럴 땐 케슘을 선택해야 합니다. 지상낙원이면 뭐하나요? 거기서 나오지 못하면 지상낙원의 지박령이 되어야 할 텐데 저는 대왕발과 칼몬드, 맛밤이 없는 그 동네에서 살 자신이 없습니다.

당연히 케슘에 갈 계획을 짜는데요. 오늘 21일은 금요일이고이란은 금요일이 우리의 일요일입니다 22일은 이드 알피트르가 시작하는 날이라 환전을 못합니다. 이 말은? 오늘 여기서 어떻게든 환전을 하지 않으면 진짜 노숙을 할 수도 있다는 뜻입니다.

무함마드에게 100유로만 환전해달라고 하니 이란 돈으로 얼마냐고 해서 우수리 떼고 5천 토만만 달라고 했습니다. 난감한 표정을 짓네요. "야, 너 이 동네 왕자님이잖아. 왕자님이 꼴랑 5천 토만도 못 만들어?" 이 말에 자존심이 상했는지 여기저기 전화하기 시작합니다. 곧 죽어도 왕자가 아니라고는 안 하는 무함마드 왕자님! 하긴 빈 살만도 이름은 무함마드지.

제겐 좀 놀라운 일이었는데요. 아무리 환율을 고려한대도 이 동네를 만들었다고 해도 과언이 아닌 집안의 자식이 100유로 바꾸겠다고 하는데도 그 돈이 없어서 여기저기 전화를 합니다. 물론 이란 현지인들은 현금을 쓸 일이 거의 없기 때문에 그럴 수도 있지만 아무리 그래도 제게 이해가 되지 않는 장면이었죠 이란에선 거의 모든 사람이 직불카드를 씁니다.

무하마드가 돈을 만들러 나간 사이, 무하마드의 동생과 탁구를 쳤습니다. 정말 백만 년 만에 라켓을 잡아본 것 같네요. 저 학창 시절까지만 하더라도 김완, 김기택부터 시작해서 유남규, 양영자, 현정화 등 우리나라 탁구의 리즈 시절이었고, 외국으로 눈을 돌려도 안재형의 연인 자오즈민부터 세계 최강 마녀 덩야핑, 장자량, 그리고 중국 선수들을 씹어 먹던 스웨덴의 발트너까지 정말 탁구가 인기 종목이어서 동네마다 탁구장이 있었는데 지금은 우리나라에서 탁구를 하는지도 모르겠습니다. 어쨌든 옛날 생각 하면서 라켓을 쥐었는데요.

5분 하고 쓰러질 뻔했습니다. 정말 농담이 아니라 갑자기 숨이 턱 막혀서 심근경색이라도 온 줄 알았어요. 제 모습에 모두들 놀라 걱정 어린 눈으로 쳐다보고, 형 무함마드는 팔을 계속 주무르고, 동생은 119 같은 곳에 전화하고, 어머니는 찬물 떠오고 하여튼 난리가 났는데요. 3분쯤 가만히 앉아 있으니 또 멀쩡해지는 겁니다. '귀신이라도 씌운 건가?' 싶어서 곰곰이 생각해보니 바로 이유를 알았습니다. 아이고야, 요단강 수영하고 왔다.

이란 축구 국가대표팀은 홈 경기 승률이 80%가 넘습니다. 브라질이니, 아르헨티나니, 독일이니 그 누구라도 이란에선 안 돼요. 홈에선 이란이 여포입니다. 이 분야의 원조는 볼리비아 축구 대표팀 이란 축구 대표팀의 홈구장인 테헤란 아자디 스타디움이 해발 1,273미터의 고원지대에 있기 때문입니다. 브라질 축구대표팀도 빌빌거리다 픽픽 쓰러지는 게 이란인데, 게다가 꼴랑 해발 1,273미터에도 쓰러지는데 해발 2천 미터가 넘는 재린 데스 특설 경기장에서 벌어진 탁구 대회에서 해발 24미터에 살던 제가 5분이나 버텼으면 그게 더 대단한 거 아니겠습니까? 이 이야기를 하니 다들 어이없다는 듯이 웃으며 축구 대표팀처럼 누워 자라고 합니다. 그래도 자기네들이 침대 축구를 하는지는 아나 보네요.

4월 21일 여행 18일 차 Pt.2 **연예인 체험**

씩씩거리며 여기저기 뛰어다니던 무함마드. 결국 돈을 만들었습니다. 테헤란 공항에서처럼은 아니지만 쉬라즈처럼 고액권이 없다 보니 5천 토만만 해도 부피가 장난이 아니네요. 반다르아바스도 결코 작은 도시는 아니니 이걸로 케슘에서 쓰고, 반다르아바스에서 다시 환전을 하면 될 듯 싶습니다.

태어나서 100유로짜리 지폐를 처음 본다는 무함마드. 빳빳한 신권으로 주니 정말 좋아하다가 그걸 휴대폰 케이스에 넣습니다. 그러니까 100유로 지폐를 휴대폰 액세서리로 쓰는 거죠. 웃으면서 한국말로 "넌 진짜 해맑아서 좋겠다." 하니 자기도 좋답니다.

다시 원래의 재린 데스의 집으로 와서 쉬다가 마흐사의 집에 갈 시간이 됐습니다. "그래, 가자." 하고 나서는데 잠깐만 기다리랍니다. 왜 그러냐고 물었더니 저를 보고 싶어 하는 사람들이 있어서 잠깐 보고 가자네요. '이 동네에서 나를 보고 싶어 하는 사람이 누가 있을까?' 생각하고 있는데 무함마드 집 앞으로 차 두 대가 서더니 소녀들이 열 명쯤 내립니다. 어린 친구는 아리아나 또래부터 대략 중학교 2~3학년 정도의 소녀가 저를 보기 위해 왔다네요.

일일이 사진을 찍어주고, 그 친구들의 궁금증을 해소해주고 하니 이게 거의 한 시간 가까이 걸리는 일입니다. '왜? 왜 나를? 얘들아, 난 너희 아빠보다도 훨씬 나이가 많은 아저씨야. 왜?'라는 생각이 안 드는 건 아니지만 저를 보기 위해 누군가 찾아온다는 게 기분 나쁜 일은 아니고, 기분 나쁘기는커녕 오히려 고마워해야 할 일이며, 분위기를 보니 무함마드가 '우리 집에 K-팝 관련된 일을 하는 한국인이 왔는데 그 사람이랑 얘기하고 싶으면 나한테 말해. 그럼 내가 보여줄게.' 뭐 이런 이야기를 한 것 같기도 하고, 그들에게 친절하게 대하는 게 한국의 좋은 이미지를 심어주는 일이며, 무엇보다 그 친구들이 저를 30살에서 35살로 봐줘서, 그렇지. 이 오빠의 은발은 간지를 위해 탈색한 거지 그 친구들에게 잘 대해줄 수밖에 없었습니다. 저 35살 때에도 35살로 안 봤는데 35살이라니 얼마나 고마운 친구들입니까?

마흐사 집에 가니 아리아나의 입이 댓발 나왔습니다. "왜 그래 아리아나? 아저씨 오는 거 싫어?" 물었더니 고개를 돌리며 "칫" 하네요. "???"의 표정으로 마흐사에게 물었더니 그게 이란 여자애들이 하는 'No'의 표현이랍니다. 저 온다고 영어 학원도 땡땡이치고 낮부터 기다렸는데 한참을 기다리게 하고, 오늘 밤 자고 가기로 했다가 밥만 먹고 간다고 하니 그것도 섭섭하고 해서 삐쳤다는군요.

그 냥반도 저를 친하다고 생각할지는 모르겠습니다만 하여튼 제 생각에 친한 형 중에 진짜 바늘로 이마를 찔러도 피 한 방울 나지 않을 그런 냥반이 있습니다. 늘 친절하고 젠틀하지만 그 어떤 자리에서도 손해 볼 일 안 하고, 욕먹을 일 안 하는 그런 사람, 그 형이 그런 사람이죠. 근데 이 냥반이 딸자식 얘기가 나오면 눈에 하트가 그려지며 진짜 바보가 됩니다. 이성? 논리? 그딴 거 다 필요 없습니다. 그냥 딸이 최고입니다. 쌍둥이 아들놈에겐 안 그래요. 오직 딸에게만 그렇습니다. 3대 독자 외아들로 고이고이 자란 저로서는 도저히 이해할 수 없는 일이죠. 근데 가까이서 아리아나를 보니까 이런 딸이 있으면 딸 바보가 될 수도 있겠다는 생각이 듭니다. 너무 귀여워서 작게 만들어 늘 호주머니에 넣고 다니고 싶어질 정도예요.

'이란 아이들의 방은 우리나라 아이들의 방과 어떤 게 다를까?' 하는 궁금증에 아리아나에게 방을 좀 구경시켜 줄 수 있냐고 물었더니 이 친구들이 '내가 지금 너무 피곤해서 좀 누워있고 싶은데 괜찮을까?'로 알아들었는지 제가 자고 가기로 했던 방으로 안내하는데 한국의 제 침대만 한 침대가 있습니다.

정말 오해하고도 남을 만큼 이 냥반들이 정말로 날 사위로 생각하는 건 아니겠지? 융숭한 저녁상을 얻어먹고 이야기를 좀 나눴습니다. 마흐사의 아버지는 밥을 먹다 말고 기도를 할 만큼 독실한 무슬림이지만 마흐사와 아리아나는 알라를 따르지 않는 무교입니다. 어떻게 그렇게 되었느냐고 물었더니 아이들은 아이들의 인생이 있고, 자기는 아이들의 선택을 지켜주는 사람이지 선택을 강요하는 사람이 아니라고 말하네요.

그러면서도 늦어도 3년 후에는 아이들이 한국에 가지 않을까 싶다고 합니다. 이란에서 한국에 오는 건 정말 엄청난 일입니다. 그네들 입장에선 20여 년 전, 제가 처음 스웨덴에 갔을 때보다 더 황당한 물가를 경험할 것이고, 그걸 떠나 한국의 비자를 받고, 비행기표를 끊고, 한국행 비행기를 탄다는 것 자체가 아무나 할 수 있는 일이 아닙니다. 1989년 1월 1일부로 전 국민 국외 여행이 자유화되기 전까지 우리나라 사람도 해외여행 하는 건 정말 일부 극소수의 특권층만 누릴 수 있는 자유였잖아요? 이란에서 한국에 오는 사람들은 그 이상인 사람들입니다. 우리나라의 TV나 유튜브에서 볼 수 있는 이란 사람은 이란에서 전국구 천재이거나 왕처럼 살던 사람들이에요.

온 집안을 대리석으로 도배하긴 했지만 마흐사네 집도 그 정도의 재력과 권력을 가졌나 싶어서 "???"의 표정으로 쳐다보니 이란은 형식적이긴 하지만 선거를 통해 정권을 바꿀 수 있는 나라이고, 지금은 온 국민의 불만이 극에 달해 뭔가 일이 벌어져도 벌어질 것이라는, 그래서 3년 후쯤에는 아이들이 편하게 외국에 나갈 수 있게 되지 않을까 하는 희망 섞인 전망을 하는 거랍니다.

이런저런 이야기를 나누다 보니 밤이 깊었고, 이제 갈 시간입니다. 마흐사 아버지가 무함마드의 집까지 태워다주는데 아리아나가 따라오네요. 돌이켜보면 제가 묻는 말에만 대답하고 절대 먼저 말 걸지 않지만 언니와 제가 가까이 앉은 것 같으면 그걸 샘내서 그사이에 끼어들어 앉고, 자기가 하고 싶은 말은 언니에게 귓속말로 해서 어쨌든 자기가 하고 싶은 말은 다 하고. 글쎄요, 생긴 이미지나, 귀여운 거나, 하는 행동 보면 아주 예쁜 러시안 블루 고양이가 사람으로 환생한 느낌이랄까요?

이윽고 무함마드의 집에 도착했고, 이제 진짜 아리아나와 헤어져야 할 시간입니다. "아리아나야, 3년 후에 아저씨랑 한국에서 다시 만나는 거야, 알았지? 너 지금 이렇게 울고 짜고 해도 3년이 아니라 세 달만 지나도 아저씨 까먹을걸? 어쨌든 약속한 거니까 3년 후에 보자. 네가 안 오면 아저씨가 너 보러 다시 온다. 계속 텔레그램이나 와츠앱으로 아저씨랑 이야기하고. 아저씨는 아리아나가 예쁜 아가씨로 커 가는 모습을 보고 싶어. 잘 지내."

결국 울음을 터뜨린 아리아나. 마흐사 아버지의 동의와 허락 아래에 아리아나를 살짝 안아주고 헤어졌습니다. 3년 후에는 영어도 훨씬 잘하고, 지금보다 키도 크고 예쁜 아가씨가 되어 있겠죠? 그때까지 내가 살아 있을지 그게 걱정이다.

새벽 일찍 나가야 하기에 이제 무함마드의 가족과도 인사를 나눌 시간입니다. 무함마드가 자기 집에 온 외국인에게 손 편지와 그 나라의 지폐를 받는 게 자기에겐 기념이라고 하네요. 가족 모두에게 만 원씩 주고, 손 편지도 쓰고, 사진도 같이 찍었습니다. 사진 찍은 모습을 보니 영락없이 가족이네요. 실제로도 저는 새로운 가족이 생겼습니다. 한국에 있는 가족보다 이란에 있는 가족을 더 자주 볼 것 같은 느낌마저 드네요.

여기서 찍은 사진을 한국의 지인에게 보내드리니 "네버님이 이랬다고요? 보고도 못 믿겠어요. 네버님 아닌 거 같아요." 뭐 이런 반응입니다. 사실 저는 여자친구 집에 갈 때도 소변이 튈까 봐, 그리고 혹시 있을지도 모를 내가 모르는 그녀의 다른 남자친구가 나의 존재를 알고 둘이 헤어질까 봐 그런 적이 몇 번 있었습니다. 너희는 계속 만나. 내가 빠질테니 앉아서 일을 보는 사람인데, 그렇게 남의 집이 불편하고 가리는 게 많은 사람인데 남의 집에서 널브러져서 사진을 찍었습니다. 저도 이 사진이 믿기지 않네요.

* 연예인 체험

이란 여행을 담은 유튜브 영상을 볼 때마다 이상한 게 하나 있었습니다. '왜 그렇게 사람들이 다가가서 친한 척을 하지? 저게 가능하긴 한 걸까?' 뭐 엄청난 꽃미남이라서 그런 게 아닙니다. 제 눈엔 그저 지극히 평범한 한국인인데 이란에만 가면 다들 연예인이 되는 겁니다. 사실일까요?

네, 사실입니다. 한국 사람이 이란에 가면 누구나 연예인 체험을 할 수 있습니다. 잘 생겼다거나 하면 아마 난리가 날 겁니다. 여자 혼자 간다면? 요즘에도 그런지는 모르겠습니다만 제가 대학에 다닐 때는 '금토끼'라고 해서 금속공학과, 토목공학과, 기계공학과는 여학생들을 찾아 보기 힘든 과였고, 그렇기에 여학생이 입학하기라도 하면 그 여학생은 입학과 동시에 공주님이 되었습니다. 이란에 여자 혼자 여행하면 아마 기계공학과에 입학한 여학생 이상의 사랑(!)과 관심(!)을 받을 겁니다. 그 도가 심하게 지나쳐서 문제가 될 것 같긴 하지만요.

머리는 허옇고 배 나온 아저씨에게 보내는 관심에 저도 처음에는 어리둥절했습니다. 그렇다고 비싼 명품을 휘감고 다닌 것도 아니고, 돈을 물 쓰듯 쓰며 다닌 것도 아닙니다. 그냥 제가 어딜 가든 사람들의 시선은 모두 제게 꽂혀있습니다. 그렇게 쳐다보는 사람 중 누군가가 제게 말을 걸고 제가 대답을 하기라도 하면 그때부터는 그 근처의 모든 사람이 저를 둘러싸며 서로 먼저 셀피를 찍으려고 하고요. 특히 여학생들 사이에 둘러싸이면 사진 찍느라 30분은 지나갑니다. 이스파한에서는 거의 한 학교의 전교생과 사진을 찍은 것 같은데요.

곰곰이 이유를 생각해봤죠. 제가 내린 결론은 이거였습니다. 일단 이란에서 한류의 인기는 우리가 생각하는 그 이상입니다. BTS나 블랙핑크의 멤버 이름을 모두 외우는 건 물론, 누가 메인 보컬이고 누가 메인 래퍼이며 등의 역할까지 저보다 더 잘 아는 것 같습니다. <오징어 게임>은 안 본 사람이 없는 것 같고, 거의 20년 전 드라마인 <주몽>이나 <대장금>은 아직도 많은 사람이 이야기합니다. 현대물로는 <꽃보다 남자>와 <사랑의 불시착>이 인기인 것 같더군요. 이렇듯 젊은 사람은 K-팝에, 나이가 좀 있는 사람들은 K-드라마에 열광하다 보니 자연스럽게 대한민국이 친한 나라가 되고, 대한민국 여행객은 그들의 친구가 되는 것 같습니다. 이게 문화 콘텐츠의 힘일까요?

두 번째 이유로는 이란이란 나라 자체가 매우 심심한 나라이기 때문입니다. 물론 대외적으로는 하루도 사건 사고가 없는 날이 없는 나라지만 일반 국민의 삶은 유선 전화가 스마트폰으로 바뀐 것 외에는 10년 전이나, 20년 전이나, 30년 전이나 바뀐 게 없어 보입니다.

그러다 보니 어제가 오늘 같고, 오늘이 내일 같은 그런 날들이 이어지는데 뜬금없이 대한민국이라는 나라에서 자기네 나라 보러 왔다고 다니니 그 사람들 눈엔 제가 얼마나 신기한 존재일까요? 더구나 유튜브라고 카메라로 여기저기를 찍고 다니는 모습이 그들 눈에 포착된다면요? 우리는 타인의 모습을 허락 없이 촬영하는 게 범죄 행위지만 그들에겐 '엄마는 외계인' 아이스크림처럼 톡톡 튀는 일입니다. 그러니 다들 <6시 내고향>에 등장하는 시골 장터 아줌마처럼 행동하는 거죠.

이런 일은 좋게 생각하면 스스로에게도 매우 유쾌하고 기억에 남을 만한 경험이고 추억입니다. 하지만 모든 사람이 내게 호의를 보인다고, 그들과 친해진 것 같다는 생각에 우쭐해져서 이성에게 신체적인 접촉을 시도한다거나 해선 절대, 정말 절대 안 됩니다. 신체적인 접촉이란 게 뭐 끌어안는다거나 그런 게 아닙니다. 악수조차 상대방이 먼저 손을 내밀기 전까지는 절대 안 됩니다.

허그? 꿈도 꾸지 마세요. 특히나 보수적인 아랫동네에서는 그것만으로도 험한 꼴을 보거나 재수 없으면 추방당할 수도 있습니다. 제가 아리아나와 가벼운 포옹을 할 수 있었던 건, 아리아나의 아버지가 흔쾌히 승낙했고, 아리아나가 먼저 원했으며, 그들 가족 외에는 아무도 보지 않았기 때문에 가능했던 일입니다. 야즈드에서 자는 시간 외에는 꼬박 3일을 같이 붙어 다녔던 셰이다도 헤어질 때 악수조차 하지 않고 헤어졌습니다. 이란은 그런 나라입니다.

Zarrin Dasht, Iran

Qeshm Island, Bandar Abbas, Iran

이란, 반다르아바스, 케슘

4월 22일 여행 19일 차 Pt.1 21세기 사람, 20세기 매너

새벽 3시 반에 택시가 왔습니다. 프라이드 베타에 제가 왜소한 수준의 덩치 다섯 명이 타니 왜 무함마드가 그렇게 트럭을 타고 가라고 했는지 알겠네요. 정말 죽는 줄 알았습니다. 더 미치겠는 건, 도로 사정은 안 좋고 차도 오래된 차이다 보니 소리는 F1 머신인데 속도는 기껏해야 시속 70km 정도? 게다가 정말 죽을 때까지 잊지 못할 이란의 노래를 계속 틀어대다 보니 머릿속은 계속 '난 누군가? 또 여긴 어딘가?' 이 생각밖에 안 드는 거죠.

이란에선 워낙 거리가 멀어서 그런지 나라시 택시도 휴게소에서 쉬었다 갑니다. 택시 비용에 식대가 포함되어 있나 보네요. 다들 열심히 먹습니다. 주변을 빈둥거리고 있으니 한 명이 불러서는 빵과 치즈를 나눠줍니다. 이란 담배도 한 대 얻어 피웠는데 저보고 몇 살이냐고 물어서 나이를 알려주니 조용해집니다. 그 사람들 눈엔 제가 진짜 어려 보이나 보네요. 담배는 딱 청자 맛이 납니다. 폐에 빵꾸날 것 같아 한 모금 빨고 버렸습니다.

그렇게 영겁같이 긴 시간을 지나 반다르아바스 터미널에 도착하니 한 친절한 친구가 표 끊는 데까지 따라와서 도와줍니다. 해발 2천 미터가 넘는 고원지대에서 해발 0미터의 평지로 내려와 움직이려니 숨쉬기 힘드네요. 어쨌든 친절한 이란 친구 덕에 바로 표를 끊고 케슘에 가는 배에 탈 수 있었습니다. 특이한 건 여긴 캐리어의 숫자대로 따로 요금을 부과하네요. 영수증이 없는 것 보니 그 캐리어 요금은 돈을 받는 사람 주머니 속으로 들어가는 것 같습니다.

케슘 섬은 우리로 치면 제주도 같은 곳입니다. 이란의 남쪽에 있고, 이란에선 가장 유명한 휴양지이지요. 외국인에겐 2주간의 무비자 혜택이 주어지는 것도 비슷하고요. 하지만 케슘 섬에 오고 싶었던 데에는 다른 이유가 있었는데요. 케슘 섬이 위치한 호르무즈 해협은 전 세계 유조선의 1/3이 이동하는 항로입니다. 이란이 다른 중동 국가에 큰소리를 칠 수 있는 이유는 강력한 군사력도 있지만 이 호르무즈 해협을 장악하고 있다는 점도 매우 크죠. 이란이 이곳을 막으면 사우디아라비아를 비롯한 중동의 산유국은 석유를 나를 방법이 막막해지니까요. 저는 바로 그 유조선을 보고 싶었습니다. 호르무즈 해협에선 오만과 아랍에미리트가 보인다는데 그걸 눈으로 확인하고 싶기도 했고요.

배 안은 휴가를 맞아 여행을 떠나는 사람들로 인산인해입니다. 이란도 인구가 감소하는 추세라지만 우리나라에는 비할 수 없이 어린 아이들이 많은데요. 애들이 너나 할 것 없이 뛰어다니거나 울거나 싸우거나 하는데 그걸 제재하는 부모는 단 한 명도 없습니다. 지하철에서도 우는 아이가 있으면 옆 칸으로 자리를 옮기는 저로서는 아수라도 이런 아수라가 없네요.

지옥의 45분을 견딘 후 케슘 섬에 들어왔는데 호텔마다 방이 없습니다. 이드 알피트르라 그렇다네요. 에어컨이 없는 방이라도 잡아야 하나 생각했지만 5분 정도 걸은 후 그 생각은 미친 생각이었다는 걸 깨달았습니다. 이제 겨우 4월 말인데 케슘은 섬 전체가 온도가 그리 높지 않은 습식 사우나입니다. 과장이 아니라 한여름에 공 칠 때 먹는 정제염이라도 먹지 않으면 무슨 일이 생길 것 같은 그런 느낌이에요.

몇 군데 호텔을 전전하다가 이대로 5분만 더 걷다가는 진짜 쓰러질 것 같아 물을 마시며 그늘에 널브러져 있으니 인테리어 공사를 하는 인부 같은 사람들이 저를 쳐다봅니다. 구글 맵에서는 제가 있는 바로 앞에 찜했던 호텔이 있다고 하는데 아무리 찾아봐도 없습니다. 저를 쳐다보던 사람들에게 물어보니 제가 있는 곳이 아니라 훨씬 멀리 떨어져 있다고 하네요. 돈이 아까워서가 아니라 정말로 택시가 있는 터미널까지 가다가 쓰러질 것 같아 스냅을 불러줄 수 있냐고 물었더니 자기 차에 타랍니다.

분명히 구글 맵에선 바로 앞에 있는데 제법 멀리 운전해서 저를 어디론가 데려갑니다. 본능적인 경계심이 일어날 수밖에 없는 상황이죠. 그리고는 검색할 때 나오지 않았던, Irman Boutique Hotel이란 호텔로 저를 데려갑니다. 제가 원래 가려던 호텔은 그 호텔 바로 앞에 있네요. 원래 가려던 호텔로 가려니 거긴 4성급이고 여긴 5성급, 아니 여기가 케슘에서 가장 좋은 호텔이라고 합니다. 그러면서 이 호텔은 비싸서 웬만한 이란 사람은 갈 수 없는 호텔이라 오히려 방이 있을 수도 있을 거라네요. 제가 보기에도 케슘에선 이 호텔이 가장 좋은 호텔처럼 보입니다.

자, 이제 흥정의 시간입니다. 이란은 같은 방이라도 한 명이 들어가느냐, 두 명이 들어가느냐에 따라 방값이 달라지고, 누가 딜을 하느냐에 따라 또 방값이 달라지는 나라입니다. 우리나라로 치면 인터컨티넨탈 호텔이나 신라 호텔처럼 최고급 호텔도 마찬가지입니다. 이럴 때 필요한 건? 페르시아어를 잘하는 로컬입니다.

저를 데려간 아저씨도 그걸 아는지 제가 부탁하기도 전에 자기가 먼저 나서서 딜을 합니다. 방 있냐고 물어보는데 돌아오는 대답은 방이 있다, 없다가 아니라 어느 나라 사람이냐는 질문이네요. 남색의 신형 여권을 보여주니 표정이 밝아지면서 "어? 여권 색깔이 바뀌었네?"라며 묻습니다. 한국인 관광객이 왔던 곳이라는 의미겠죠? 여기 한국 사람이 자주 오냐고 물으니 자주는 아니지만, 한국 사람이 케슘에 온다면 거의 자기네 호텔에서 잔다고 하네요. 자기네 호텔 아니면 한국 사람 잘 곳이 없을 거라면서요. 말투에서 자긍심이 느껴집니다.

저를 태워다 준 아저씨 덕분인지, 아니면 남색의 대한민국 여권 덕분인지 수긍할 수 있는 금액에 더블룸을 구했습니다. 페르세폴리스에서 잤던, 방두 개에 침대 세 개 있는 스위트룸보다 다섯 배 이상 비싼 방이니 엄청나게 비싼 호텔임에는 분명하지만, 지금은 그런 걸 따질 때가 아닙니다. 하지만 한 가지 문제가 있는데요. 저는 여기서 이틀을 있을 계획인데 방은 오늘 잘 방만 있다고 합니다.

이란은 되는 것도 없지만 안 되는 것도 없는 나라입니다. 미소를 지으며 나긋나긋한 목소리로 "난 내일도 내 앞에 있는 아름다운 여인의 예쁜 얼굴을 보고 싶은데? 같이 저녁을 먹거나 차를 마시면서 말이야."라고 말하니 잠시만 기다리라더니 잠시 후에 없다던 방이 생겼습니다. 심지어 방 크기는 같지만 뷰가 달라 더 싼 방이라네요. 이란은 지극히 전형적인 INTJ도 ESFP로 만드는 나라입니다. 이런 거 보면 INTJ가 아니라 ISTJ 같기도 하고... 그래야 살 수 있습니다.

샤워를 하고, 무함마드 어머니가 싸준 간식으로 간단하게 요기를 한 다음, 가장 가까이에 있는 포르투갈 성부터 보려고 나와서 설렁설렁 걷다가 죽을 뻔했습니다. 길거리가 너무 더워서 아무도 다니지 않네요. <아키라>나 <북두의 권> 같은 포스트 아포칼립스 장르의 창작물을 보면 사람들이 모두 사라진 도시 같은 설정 있잖아요? 제가 그런 작품의 주인공이 된 듯한 느낌입니다. 심지어 차도 다니지 않아요. 목적지까지 가기엔 아직 너무 많이 남

왔고, 그렇다고 돌아가기엔 너무 멀리 왔습니다. 이럴 때 선택할 대안은 하나, 밥이 되든 죽이 되든 지나가는 차를 세우는 겁니다.

HP는 급격히 떨어지고 이제는 빨간 물병을 먹어야 할 상황에서 10분 정도 기다리니 차가 한 대 지나갑니다. 히치하이킹 하듯이 차를 세우니 고맙게도 차를 세워주네요. 지금 상황을 설명하니 포르투갈 성은 오후 5시가 넘어야 문을 열어 지금 가봐도 못 볼 거라면서도 여기까지 왔으니 성 주위를 한 바퀴 돌고 호텔을 알려주면 호텔까지 태워다 주겠답니다. 고마운 마음에 커피라도 한 잔 대접하고 싶다고 하니 괜찮다면서 쿨내 풀풀 풍기고 사라집니다.

다시 찬물로 샤워한 뒤 로비에 나와 아이스 아메리카노와 여러 견과류로 만든 디저트를 먹는데 단돈 2.5 유로로 사람이 이렇게 행복해질 수 있다는 게 너무 신기합니다. 컨시어지에게 케슘은 어떻게 돌아보냐고 물으니 케슘은 볼만한 곳이 정해져 있고, 그 볼만한 곳 외에는 거의 사막 같은 느낌이기에 볼만한 곳만 보면 되는데 보통은 택시를 대절해서 다닌다고 하네요. 비용은 코스마다 다르지만, 사람들이 많이 가는 코스가 대략 20불 정도라고 합니다. 20불이면 1,000토만. 그냥 우리나라 기준으로 생각한다면 저 가격에 반나절을 대절하고 가이드까지 해준다는 건 절을 해야 할 일이지만 이란에선 어마어마하게 비싼 가격입니다. 이란 내국인도 그걸 타는 사람이 있냐고 물으니 그냥 웃네요.

절약 같은 것과는 거리가 먼 사람이지만 이건 해도 해도 너무 심하다 싶은 바가지는 피하고 하다 보니 의도와 상관없이 돈을 아끼게 되었는데, 세상 모든 일이 다 그렇긴 하지만 여행은 정말 극명하게 비용과 피로도가 트레이드오프 관계의 그래프를 그립니다. 돈 많이 쓰면 몸이 편하고 돈 적게 쓰면 몸이 힘들단 이야기죠.

이제부터는 일부러 돈도 쓰면서 좀 쉬엄쉬엄 다닐까 하는 생각입니다. 뭐 하나 더 본다고 이란 영주권이 생기는 것도 아니고 영주권이 생긴다고 이란에 와서 살 것도 아닌데 무슨 부귀영화를 보겠다고 그리 열심히 다녔나 하는 생각이 들어서요. 20불 내고 택시 타겠다는 말을 길게도 쓴다

그렇게 아이스 아메리카노와 디저트로 작지만 소중한 행복을 느끼고는 또 기절하듯이 낮잠을 잤습니다. 정말 아주 작은 바스락 소리에도 잠을 깨서 같이 자는 사람이 불편해할까 봐 집에서도 아주 큰 침대를 쓰는데 저와 같은 침대를 썼던 친구들이 봤다면 제가 너무 곤히 자서 제가 죽은 줄 알았을 수도 있을 정도로요.

밤이 되니 조금 선선해지네요. 슬슬 걷다가 지나가는 차 세워서(!) 포르투갈 성까지 얻어탔습니다. 이 정도면 이제 완전 이란 로컬 됐다. 그냥 거기에 말뚝 박아라! 낮에 볼 때와는 느낌이 완전 다르네요. 아름답긴 한데 한편으로는 '포르투갈에서 뭐 주워 먹을 게 있어서 여기까지 왔을까?' 하는 생각도 듭니다. 다들 참 열심히들 산다, 열심히들 살아. 그리고는 빼놓을 수 없는 바자르 구경. 사실 바자르 구경을 하고 싶었다기보다는 사람이 너무 많고, 차도 너무 많이 막혀서 도저히 다른 곳에 갈 수 없었기에 포르투갈 성 옆에 있는 바자르에 갔던 건데요. 아무래도 휴양지의 바자르이다 보니 본토의 바자르와는 분위기가 좀 다르네요. 일단 사람들 분위기가 좀 밝달까요? 사람들의 옷차림도 여느 이란의 도시와는 다릅니다. 히잡을 두른 여자가 거의 없어요. 이 나라가 얼마 전에 히잡 시위로 수백 명이 죽은 그 나라가 맞나요?

차가 조금 빠진 것 같아 지나가는 사람에게 스냅을 불러달라고 부탁했는데 스냅 기사가 없는지, 아니면 모두 열심히 손님을 태우고 다니는지 아무리 기다려도 콜을 받지 않습니다. 어쩔 수 없이 어전스를 불렀는데 말도 안 되는 요금을 부르면서 사람을 불편하게 하는 질문을 하네요.

계속 이야기했듯이 이란 사람과 이야기를 하면 단 한 명도 예외 없이 "이란 어때?"라는 질문을 하고 그럴 때는 그냥 감격한 표정으로 "이란이 최고야." 해주면 됩니다. 그런데 이놈은 호텔에 다 왔는데도 제가 만만해 보였는지 그런 질문을 넘어 제 한 달 수입부터 제 성생활까지 너무 무례한 질문을 던지는 겁니다. 한국 여자에 관해서는 심하게 선을 넘는 질문까지도요.

참고 참다가 "좀 닥쳐줄래? 너 같은 새끼 때문에 이란이 싫어지려고 하거든?" 하니 페르시아어로 욕을 합니다. 저 역시 한국말로 욕을 하며 따라 내리라고 했더니 넌 좀 맞아야겠다. 내려, 이 개새끼야! 어떻게 알아들었는지 따라 내리네요. 어두운데다 동양인이고, 제 앉은키가 작으니 만만하게 봤다가 제 키와 체격, 일주일에 200km씩 타던 사이클로 단련된 다리 근육을 보니 '어? 이게 아닌데?' 싶었을 겁니다. 표정에 두려움이 스쳐 지나가는 게 보이네요.

중국인 단체 관광객이 가기엔 너무 비싼 호텔이라 그 호텔 투숙객 중에 동양인은 저밖에 없었고 제 팁을 받았으니 당연히 저를 기억하는 도어맨이 분위기가 심상치 않음을 느꼈는지 제가 있는 쪽으로 옵니다. 우리나라를 무시했다는 생각에, 그리고 저를 우습게 여겼다는 생각에 그리고 내 돈을 받은 도어맨까지 다가오니 30토만을 그놈 얼굴에 던지며 나랑 붙을 자신이 있으면 붙고 아니면 꺼지라고 했더니 자신 있으면 한 판 뜨고 아님 이거 먹고 꺼져, 이 개새끼야! 돈을 주워서 조용히 사라집니다.

어디나 양아치는 있는 법입니다. 그렇게 착한 사람이 많은 이란에도 이런 놈이 있는 거 보면 '또라이 총량의 법칙'이 괜히 있는 게 아니에요. 바로 이런 이유로 지인 중에 이란에 혼자 여행하겠다는 여자분이 있다면 도시락 싸 들고 다니면서 말리겠다고 한 것입니다.

4월 23일 여행 20일 차 이란의 디즈니월드

낮엔 더워 숨도 못 쉴 것 같아 아침 일찍 호텔 인포메이션 센터로 가서 어제 없던 방을 만들어준 컨시어지에게 아이스 아메리카노이란에선 아이스 아메리카노가 매우 고급 음료입니다 를 한 잔 사주면서 오늘의 관광 노선을 짰습니다. 결코 이 아가씨의 눈웃음이 예뻐서 그런 게 아니라 이제 책에서도 대놓고 거짓말을 하네? 영어를 가장 잘해서입니다. "여긴 어때?" "거긴 꼭 가야지." "요기는?" "글쎄, 거긴 안 봐도 될 것 같은데? 그냥 택시 기사에게 그 주변만 한 바퀴 돌아달라고 해." "그래서 오늘 일 끝나고 뭐해?" (...)

택시를 불렀습니다. 케슘은 주로 남부 해안가를 따라 볼 것이 있는데요. 이 아가씨의 추천대로 행감Hengam island 까지 갔다 오는 코스를 선택했습니다. 거리는 왕복으로 대략 110km 정도 되고, 비용은 어제 들은 대로 20불. 물론 행감까지 가는 스냅을 부르면 저 비용의 1/10까지도 줄일 수 있겠지만, 그러면 거기서 다시 택시 부르고, 당연히 스냅은 안 올 거며, 그럼 또 나크시-에-로스탐에서처럼 엄청나게 고생을 하겠죠. 그때는 '보고자 하는 의지'가 컸지만, 이제는 '편히 보고자 하는 의지'가 훨씬 더 큽니다. 그 고생 더 하고 싶지 않아요. 그런 고생은 한 번으로 충분합니다.

가이드 투어 콜을 하자 정말 3분도 안 되어 택시가 도착합니다. 오~ 현대 엑센트, 심지어 자동변속기 차량입니다. 이란에 와서 처음 본 자동변속기네요. 맨날 프라이드 베타만 타다가 엑센트 타니 차가 정말 크게 느껴집니다. 이란에서 제네시스라도 탄다면 롤스로이스 타는 느낌이겠네요.

행감 섬 선착장에 도착하니 택시 기사가 표 끊는 곳을 알려주며 자기는 기다리고 있을 테니 다녀오라고 합니다. 보트는 수시로 출발해서 기다릴 필요는 없는데 보트의 선장(!)이 제가 만만해 보였는지 승객이 앉아선 안 되는

Qeshm Island, Bandar Abbas, Iran

262

자리이고, 앉는다고 해도 매우 불편한 자리에 앉힙니다. 하지만 그보다 더 불편했던 건 제가 보트에 올라서니 정말 그 안에 있던 모든 사람이 저를 쳐다봤다는 것이랄까요?

한국에서 온 여행객이고, 어디 어디를 들러 여기까지 왔다, 라마단이 끝난 걸 축하한다고 이야기했더니 한눈에 보기에도 교정시설이 어울릴 것 같은, 온몸에 이레즈미를 한 덩어리가 자기가 내 호스트가 되어줄 테니 자기만 따라다니라며 선장에게 막 뭐라 하고 다른 사람들에게도 뭐라 합니다. 그 친구와 그 친구의 친구들을 보니 선장은 아마 죽음의 공포를 느꼈을 것 같네요. 그리고 갑자기 없던 자리가 생겼습니다.

가평이나 청평의 바나나보트처럼 보트를 조종합니다. 그런데 갑자기 사람들이 소리를 치기 시작해서 "뭐야? 왜 그래?"하고 물어보니 바다 한쪽을 가리키는데 세상에나, 돌고래들이 싱크로나이즈드 스위밍을 하듯이 떼를 지어 물 위로 뛰어오르네요. 이게 저~~ 멀리서 하는 게 아니라 기껏해야 보트에서 10미터 정도? 정말 배에서 뛰면 그 돌고래 중 한 녀석 정도는 잡을 수 있겠다는 생각이 들 정도로 가까이서 그러고 있는 겁니다. 눈앞에선 돌고래가 춤추고, 멀리 보면 사진으로만 봤던 유조선이, 그리고 더 멀리 보면 아랍에미리트가 보입니다. 와, 사진으로만 보던 유조선이 그렇게 큰지 이란에 와서야 알았습니다.

섬 자체는 별거 없습니다. 조개로 만든 공예품을 팔거나 시원한 탄산음료를 팔고, 그 덩어리와 친구들의 여자친구들은 다들 팔에 헤나 작업을 하느라 정신이 없네요. 그 덩어리 친구가 저를 부르더니 레모네이드 탄산음료와 생선이 들어간 호떡(!) 같은 걸 사줬는데 이게 글로는 매우 엽기적일 것 같지만 생각보다 정말 맛있습니다. 배가 고팠던 제가 마리화나를 보여주며 같이 하지 않겠냐는 말만 하지 않았어도 참 좋은 추억이 되었을 텐데요. 이제 뭐 이런 건 일상적인 일이라….

나름 휴양지이고 관광지이다 보니 나즈 섬이 보이는 해변에는 패러세일링을 할 수 있는 곳도 있고, 카타르나 사우디아라비아의 부자처럼 낙타를 타고 해변을 거닐 수도 있습니다. 다만 이란 사람은 패러세일링을 할 것 같진 않네요. 5분 타고 950토만, 19불이면 그들에겐 엄청나게 비싼 요금일 테니까요.

Valley of Stars라는 곳은 이란을 구글링하면 쉬라즈의 핑크 모스크와 더불어 가장 많이 보이는 바로 그곳입니다. 모든 걸 사람이 아닌 자연이 만들었다는데 어떤 미친놈이 그 더운데 거기서 돌 깎고 있겠냐? 일출이나 일몰 시각에 필터 잘 써서 찍는다면 본인의 인생 사진을 건질 수도 있겠다는 생각

Qeshm Island, Bandar Abbas, Iran

이 들 정도로 풍광이 신비롭습니다. 아름답다든가 멋지다든가 하는 그런 느낌이 아니에요. 여긴 신비롭습니다. 이 이외에도 몇 군데 더 보고 호텔에 돌아오니 네 시간 정도 걸렸네요.

만약 이란 여행을 한다면, 그런데 반다르아바스까지 간다면 케슘은 꼭 들어갔다가 나오시고, 제가 탔던 택시도 꼭 타보시길 정말 강력하게 권합니다. 적어도 제게는 20불 훨씬 이상 어치의 가치가 있었습니다. 솔직히 말하면 이스파한의 압바시 호텔과 쉬라즈에서의 식사, 그리고 케슘 투어 정도가 정말 돈 안 아깝게 돈을 쓰는 느낌이었습니다. 구글 번역기 없이 영어가 되고, 사진도 제법 잘 찍어서 책에 쓸 수 있을 정도로요. 비록 돈으로 산 친절이지만 그 값어치만큼의 친절을 받았으니 저로서는 나쁘지 않았죠.

호텔로 돌아와 샤워하고, 뭐 먹으러 나가기 귀찮아서 룸서비스로 시켜 먹었습니다. 이 호텔 음식은 정말 맛있다 정도까지는 아니더라도 제가 남기지 않고 먹을 정도면 ~~배고파서 그런 거야~~ 나쁘지는 않았던 것 같네요.

자, 이제 이란에서의 마지막 여행지로 타브리즈와 마슈하드 중에 선택할 시간입니다. 마슈하드는 이란 동북부에 위치한 이란 제2의 도시로 이란에 사는 무슬림이라면 죽기 전에 꼭 한 번은 가봐야 할 성지이며, 이란의 시아파 이슬람을 상징하는 도시입니다. 이란의 연쇄살인범 사이드 하네이의 연쇄살인 행각을 그린 영화 <성스러운 거미>의 배경이 되는 도시이기도 하죠. 워낙 많은 사람이 참배하는 도시이다 보니 호텔 등의 기반 시설이 매우 잘 갖춰져 있는 도시이기도 하고요. 다만 방금 라마단이 끝난 시기이다 보니 마슈하드에는 정말 어마어마한 사람들이 몰려 있을 겁니다.

반면 타브리즈는 이란 서북부 이란령 아제르바이잔주의 도시로 여기는 아리아인이 아닌 아제리인의 도시입니다. 오랜 역사의 도시로 중동 최대의 호수이자 염호鹽湖인 우르미아 호가 있고, <세계 테마 기행> 같은 프로그램에 단골로 등장하는 칸도반 마을이 있는 곳이죠. 타브리즈의 그랑 바자르는 유네스코 세계유산에 등재되어 있기도 하고요.

아니면 반다르아바스를 여행하거나 아예 미리 테헤란으로 올라가서 테헤란을 좀 더 보는 것도 하나의 방법입니다. 하지만 반다르아바스는 너무 더워 호텔에서 꿈쩍도 하지 않을 것 같고, 테헤란은 볼만한 곳은 다 본데다가 이상하게 테헤란은 정이 가지 않더라고요. 도착하자마자 양아치를 만나 거슬렸고, 아기는 팔찌도 도둑맞고, 그 무엇보다 테헤란의 매연을 다시 경험하고 싶지 않았습니다. 중간에 끊었던 시간을 빼더라도 30년 가까이 피웠던 담배보다 테헤란에서의 3일이 더 죽을 것 같은, 이게 글로 설명하기가 참 어려운데 정말 숨을 쉴 때마다 폐를 난도질하는 그런 기분이 들어서 테헤란은 다시 가고 싶지 않습니다.

사실 저는 어디를 가든 상관없습니다. 어딜 가든 호텔만 깨끗하고, 택시 타고 돌아오는데 스트레스만 받지 않으면 됩니다. 그리고 그런 관점에서 여행지를 선택한다면 타브리즈보다 마슈하드가 훨씬 좋습니다.

이란을 여행하면서 가장 힘든 건 '멋진 자연을 본다는 것'입니다. 멋진 자연을 보는 것 자체가 힘든 게 아닙니다. 멋진 자연은 정말 널리고 널렸어요. 그 멋진 자연을 보고 돌아오는 게 너무 힘들기 때문입니다. 마슈하드는 볼만한 곳이 모여 있는데 비해 타브리즈는 차 없이는 엄두도 내지 못할 곳들입니다.

하지만 제 선택은 타브리즈. 이병선 선생님이 우르미아 호와 칸도반 마을 사진을 꼭 보고 싶으시다네요. 이병선 선생님이 안 계셨다면 지금까지 여행은 어림도 없다는 걸 그 누구보다 잘 알기에 '그래, 죽은 사람 소원도 들어준다는 데 가서 고생해봤자 얼마나 하겠냐? 정 안 되면 택시 하루 대절하지 뭐.' 하는 생각으로 타브리즈를 선택한 거죠.

인포메이션에 가서 컨시어지에게 반다르아바스에서 타브리즈로 가는 차편을 예약해달라고 하니 "차 타고 가기엔 너무 먼데? 비행기 타고 가는 건 어때?"라는 대답이 돌아옵니다. "어? 비행기가 있어? 그럼 당연히 비행기를 타야지. 비즈니스든 퍼스트 클래스든 상관없으니 좌석 좀 알아봐 줄래?"라고 물어서 확인하는데 좌석이 없답니다. 이때는 이게 무슨 의미인지 몰랐습니다.

표를 예약했는데 취소되고, 예약했는데 취소되고 하네요. 컨시어지도 지쳤는지 터미널에 가면 테헤란에 가는 버스는 5분마다 있으니 걱정할 것 없다고, 자기가 보증한다면서 내일 터미널에 가서 표를 사도 문제없으니 내일 터미널에 가서 사랍니다. 테헤란까지 간 다음에 거기서 바로 타브리즈로 가는 차를 타면 된다면서요. 너무 심하게 예쁜 아가씨가 생긋 웃으면서 그렇게 이야기하니 화를 낼 수도 없고, 실제로 버스가 많다는 건 알고 있었기에 심각하게 생각하지 않았던 것도 있었고요. 이게 어떤 후폭풍으로 돌아올지 상상도 하지 못한 채요.

5성급 호텔답게 호텔 내부의 식당도 나쁘지 않았지만, 밖에서 뭔가를 좀 먹고 싶어서 슬슬 걸어 나갔습니다. 이란 본토에서는 구경하기 힘든 생선 요리가 많네요. 피쉬 앤 칩스 비슷한 걸 주문했는데 아일랜드의 그 생선 기름에 튀긴 듯한 익숙한 느낌함과는 다른 느낌함이 다가옵니다. 그래도 이란에서 생선을 먹는다는 게 어딥니까?

이날이 이란에 와서 가장 돈을 많이 쓴 날인 것 같습니다. 180유로 정도? 스웨덴 같은 나라라면 호스텔에 자면서 맥도날드나 가야 할 금액이지만 이란에선 성수기에 5성급 호텔에서, 몇 시간 택시를 대절하고, 룸서비스와 주변의 최고급 식당에서 식사를 해결하며, 빨래도 호텔의 세탁 서비스를 맡길 수 있는 돈입니다. 이렇게 생각하니 이란 정말 좋은 나라네요. 버스표를 예약하지 않은 게 마음에 걸리긴 하지만 어쨌든 지금은 지금을 즐기고 싶습

니다. Carpe diem. 이게 최후의 만찬이 될 거라는 건 꿈에도 몰랐자

밥 먹고 와서 커피를 마시는데 아무리 케슘이고 아무리 라마단이 끝났다고 하더라도 이란에서는 어울리지 않는 옷차림과 화장을 한 아가씨 둘이 계속 저를 쳐다봅니다. 본능적으로 켜지는 경고등. 왜? 너 그런 거 좋아하잖아 도어맨에게 "이 아가씨들 뭐야?"라는 눈짓을 보내니 도어맨이 짧게 고개를 가로젓네요. 하긴 그들 눈에는 돈을 물 쓰듯 써대는 동양인, 게다가 남자 혼자 왔는데 이만한 호구가 또 어딨겠습니까? 아이스 아메리카노를 들고 방으로 올라갔습니다.

여기저기, 심지어 동경에도 있는 디즈니랜드 말고 플로리다 올랜도에 있는 디즈니월드에 가면 넓기는 정말 넓은데 딱히 재밌게 볼만한 구경거리나 놀거리는 없습니다. 아이들이 간다면 정말 환상의 나라겠지만 어른들에게는 그 모든 게 다 시시하고 시큰둥해요. 놀이기구도 어린아이들을 태우기 위한 것들이다 보니 어른에게는 디즈니월드보다 에버랜드 놀이기구가 훨씬 더 재밌습니다. 지금은 전직해서 없지만 에버랜드 아마존에는 소울리스좌도 있었죠. 내 앞에 있는 안내 근무자의 안내를 받아 한 자리에 두 분씩 한 보트에 열 분이서~~

그런데 디즈니월드에 가면 죽을 때까지 잊지 못할 추억을 하나 만들어 옵니다. 물론 그 추억은 돈을 내고 사는 거자 폐장할 시간이 되면 불꽃놀이물론 티켓을 구매해야 합니다 를 하는데 그 불꽃놀이가 디즈니 영화의 인트로 장면과 똑같습니다. 영화에서나 보던 걸 직접 두 눈으로 보게 되는 거죠. 케슘에 오면 사진으로만 보던 이란이 있습니다. 케슘은 이란의 디즈니월드입니다.

Qeshm Island, Bandar Abbas, Iran

268

Bandad Abbas, Iran

이란, 반다르아바스

4월 24일 여행 21일 차 **이 모든 괴로움을 또 다시**

호텔에서 나와 케슘 항에서 만난 이란 친구의 도움으로 반다르아바스 나가는 표도 수월하게 끊고, 캐리어 비용도 안 냈습니다. 역시 외국인만 내는 거였네요. 반다르아바스에서 테헤란 가는 표를 끊는 데에도 이 친구의 도움이 필요할 것 같아 도와줄 수 있냐고 물었더니 기꺼이 따라나섭니다. 헤어스타일이나 몸이 딱 군인처럼 보이는데 제복을 안 입어서 뭐 하는 친구냐고 물었더니 어부라네요. 충청남도 태안군 근흥면 도황리 8-20에서 떼돈을 벌고 있는 순생이가 생각납니다.

표 없습니다. 이제야 어제 왜 비행기표도 없는지 이해됐네요. 이란 사람에겐 그 비싼 비행기표가, 더구나 테헤란도 아니고 타브리즈처럼 시골에 가는 비행기표마저 매진될 정도로 사람이 많은데 고속버스 승차권이 남아있을 리가 있겠습니까? 이 친구가 반다르아바스 터미널의 모든 부스를 다 돌아다니며 표를 구했는데도 다음 날 저녁에 떠나는 승차권만 남아있을 뿐, 모든 게 매진입니다.

가뜩이나 너무 덥고 습해 정신이 없는데 차까지 없다니 머리가 띵해지네요. 내일 차가 있다면 오늘은 어떻게든 여기서 하루를 보내야죠. 터미널 앞에 있는 호텔부터 몇 군데를 찾아갔는데 모두 방이 없답니다. 5성급 호텔부터 '이걸 호텔이라고 불러야 하나? 여인숙이라고 불러야 하나?' 싶은 호텔까지 방 있는 곳이 없습니다. 옆에 같이 있던 이란 친구도 난감해하네요. 이 친구가 자기랑 같이 마슈하드에 가는 건 어떠냐고 묻습니다. 하지만 그럴 수 없습니다. 저는 이병선 선생님과 약속했고, 약속은 지켜야 한다고 배웠기 때문입니다.

조급하게 생각한다고, 성질부린다고 답이 나오는 문제가 아닙니다. 그리고 답은 나오기 마련입니다. 이 와중에 정말 좋아하는 영화의 잊지 못할 캐치프레이즈가 떠오르네요. '우린 답을 찾을 것이다. 늘 그랬듯이.' 이렇게 한가한 거 보니 아직 고생을 덜 했구나

어부 친구의 도움으로 차가운 콜라를 마시며 곰곰이 생각합니다. 어떻게 해야 할까? 분명히 방법이 있을 텐데, 분명히 있을 텐데 내가 놓치고 있는 게 뭘까? 이때 갑자기 기가 막힌 아이디어가 하나 스치고 지나갑니다. '서울에서 부산 가는데 꼭 경부선만 타고 가란 법은 없잖아? 중부내륙을 타고 가도 되고, 경부선 타고 가다가 회덕 분기점에서 호남 고속도로를 탄 다음, 88 고속도로를 타고 대구까지 가서 가도 상관없잖아? 어떻게든 부산에만 가면 되는 거 아니야? 테헤란에 꿀 발라 놓은 것도 아니고, 굳이 테헤란까지 가서 버스를 타야 할 건 없잖아. 이스파한에서 갈아타도 가기만 하면 되는 거 아닌가?' 와, 이런 생각을 한 내가 정말 너무 대견스럽다!

이란 친구에게 묻습니다. "이스파한은 큰 도시야?" "당연하지. 이스파한에 가봤다며? 이스파한은 지하철이 있는 도시잖아. 이란에선 지하철 있으면 큰 도시야." "그럼 이스파한에서 타브리즈로 가는 버스가 있을까?" "당연히 있겠지." "터미널로 가자."

제 영어보다는 이 친구의 페르시아어가 훨씬 힘을 쓸 겁니다. 더구나 반

다르아바스에서는 영어를 잘하는 사람을 거의 만나지 못해 이 친구의 도움이 절실합니다. 저보고는 앉아 있으라더니 혼자 여기저기 뛰어다니며 표를 구합니다. 그리고 저 멀리서 저를 부르네요. 오후 네 시에 반다르아바스에서 출발해서 새벽 다섯 시에 이스파한에 도착하는 버스 한 자리가 남아있습니다. 지옥에서 부처를 만난 기분이란 게 이런 걸까요? 아직 해결해야 할 일이 남아있지만. 일단은 위로 올라갈 수 있다는 데에 만족해야 합니다.

손에 표를 쥐니 그제야 배고프기 시작하네요. 비싼 밥 사줄 테니 같이 밥 먹자고 하니 자기는 이제 30분 있다가 가야 한다며 밥 먹을 시간이 없다네요. 그러면서 내게 필요해 보인다며 자기 담배를 주고는 휘이휘이 사라집니다. 존나 쿨하네, 진짜!

대합실에서 기다리고 있는데 게이처럼 행동하는 친구가 계속 친한 척을 합니다. 이란도 사람 사는 곳인데 이란이라고 게이가 없겠냐마는 매춘이나 마약이야 미리 알고 갔으니 그러거나 말거나 당황하거나 하지 않았는데 남자가 이런 식으로 다가오니 이건 좀 당황스럽습니다. 이란에서 동성애는 사형에 처하는 범죄거든요. "너의 성적 자기 결정권은 내가 얼마든지 이해해 주겠는데 그렇다면 나의 자기 결정권도 존중해 줘. 난 남자에게 아주 작은 관심조차 없어."

버스 탈 때 짐칸에 이미 짐이 다 실려있어 대환장파티가 벌어졌습니다. 그렇게 실려있는 짐은 다름 아닌 망고. 아, 이제야 이해됩니다. 그 넓은 나라에서 기차도 없이 어떻게 신선한 과일을 운송할까 궁금했는데 이란에선 우리나라의 고속버스 택배의 개념으로 신선 식품을 운송하나 봅니다.

버스 안도 마찬가지입니다. 바닥에 이불 깔고 누워서 가는 놈, 계속 왔다 갔다 하며 일행과 장난치는 놈, 볼륨을 최대로 틀어놓고 스마트폰으로 축구 보는 놈 등등 어이없는 걸 넘어 정신이 아득해지는 놈들로만 가득 찬 버스를 타니 이스파한 가는 버스가 아니라 염라대왕이라도 만나러 가는 버스 같습니다. 우리나라에서도 영화로 만들어져 인기를 끌었던 미야베 미유키의 소설 <화차>에서 화차는 살아 있을 때 나쁜 짓을 한 악인惡人이 죽은 후 그 혼령을 지옥으로 싣고가는, 불이 타오르는 수레라는 뜻이라는데 이 버스가 화차 같네요. 춘자씨 표현으로는 호떡집에 불났냐? 그나마 다행인 건, 몸이 너무 피곤해서 차 타고 30분도 안 되어 잠들었다는 겁니다. 피곤한 게 다행이라니(...)

이란 할아버지들이 너무 떠들고 결정적으로 버스 안이 너무 추워 깼습니다. 급작스러운 온도 변화 때문인지 몸이 으슬으슬하네요. 긴팔 옷을 꺼내 입고, 에어팟프로의 노이즈 캔슬링 기능을 켠 다음 다시 잠을 청합니다. 제가 탔던 고속버스는 어느 버스건 상관없이 에어컨을 최대한으로 틉니다. 이란에서 고속버스를 타실 때는 꼭 긴팔 옷을 준비하세요. 저처럼 추운 건 잘 견디는 사람도 이 정도라면 추위를 못 견디는 분에게는 이란의 고속버스가 지옥처럼 느껴질 테니까요.

휴게소에서 내려 다들 밥을 먹거나 차를 마시는데 버스 뒤쪽에서 시끄럽게 떠들던 할아버지 패거리들이 있습니다. 근데 정말 신기한 건 분명히 할아버지들인데 자기네들끼리 장난치는 건 딱 스무 살짜리 애들이나 하는 짓들을 하고 있다는 겁니다. 가까이 가니 사람을 좀 깔보는 눈빛으로 쳐다보네요. 어쨌든 이 냥반들이 차를 타야 차가 움직이기에 이 냥반들과 같이 있어야 하는데요. 말하는 게 좀 선을 넘는 거 같아서 "난 이란 사람 얼굴로 나이 짐작이 안 된다. 너희들 몇 살이냐?" 하니까 73학번 창열이 형보다도 훨씬 나이 많아 보이는 할아버지가 나이 많은 게 벼슬이라도 된다는 듯이 44살이라고 합니다. OMG. 이렇게 또 하나의 궁금증이 해소되네요.

이란에 가면 익숙하지 않은 장면 중의 하나가 아이가 너무 많고, 그 많은 아이가 아빠가 아니라 할아버지랑 다닌다는 겁니다. '대체 아이 아빠는 어디 가고 할아버지가 애들을 챙기는 걸까?'가 제겐 이란을 여행하면서 느꼈던 궁금증 중의 하나였는데요. 이제야 알았습니다. 그들은 아이의 할아버지가 아니라 아이의 아빠였던 겁니다!

저는 매달 피부과에서 관리받고, 제 주변 사람들도 대부분 그런 사람들인데다 대부분 사무실에서 일하는 사람들이다 보니 저를 제외하고는 다들 나이에 비해 젊어 보이고, 피부도 하얗고 해서 몰랐는데 이란은 우리나라보다 밖에서 일하는 사람이나 야외 활동이 훨씬 많고, 햇볕이 우리나라와는 비교할 수 없을 정도로 강력하다 보니 자외선에 오래 노출되어 실제 나이보다 늙어 보이는 겁니다. 아무리 그래도 저 할아버지가, 저 중에서도 왕고로 보이는 할아버지가 44살이라니!

그 왕고 할아버지에게 제 나이를 말해주니 다들 웃으며 제가 장난치는 줄 알았나 봅니다. 여권을 보여주니 그제야 무슨 외계인 쳐다보듯이 보네요. 눈 깔아 새캬. 어디 막내동생 뻘도 안 되는 놈들이 큰형님에게 말야!

새벽이 되니 점점 걱정이 커집니다. 이스파한에 도착한다고 하더라도 반다르아바스 터미널에서 알아본 바로는 버스가 오후 다섯 시에 출발하니 터미널에서 열두 시간 동안 있어야 합니다. 짐이 배낭이라면 그냥 움직이면 될 텐데 28인치 캐리어에 배낭 하나, 카메라 배낭 하나, 거기에 크로스백까지 메다 보니 도저히 짐을 가지고 움직일 수 있는 상황이 아닙니다. 그렇다고 우리나라처럼 짐을 보관할 수 있는 보관함이 있는 것도 아니고요.

아무리 생각해봐도 터미널에서 열두 시간을 버티는 건 말이 안 되고, 샤워하고 싶고, 화장실도 가고 싶고, 24시간을 굶다 보니 배도 고프네요. 뭔가 좋은 방법이 없을까요?

불현듯 갑자기 한 장면이 스쳐 지나갑니다. 테헤란에서 묵었던 테헤란 헤리티지 호스텔은 이스파한에도 지점이 있었던 걸로 기억하는데요. 혹시나 싶은 마음에 스마트폰으로 검색해보니 이스파한에도 헤리티지 호스텔이 있네요. 어차피 거기서 잘 게 아니라 짐 맡기고, 샤워하고, 화장실만 가면 되니 호스텔이든 호텔이든 무슨 상관이겠습니까? 샤워하고, 밥 먹고, 잠시 다리 뻗고 누울 수만 있다고 해도 그 호스텔 비용은 뽑고도 남을 일입니다. 이렇게 또 하나의 문제를 해결하네요. 잘했어, 칭찬해! 특급 칭찬이야!

Isfahan, Iran

이란, 이스파한

4월 25일 여행 22일 차 **다시 이스파한**

추위에 오돌오돌 떨며 새벽 다섯 시에 도착한 이스파한 헤리티지 호스텔. 문이 잠겨있으면 어떡하나 했는데 다행히도 문을 열어주네요. 컨시어지가 제 여권을 보더니 한국말로 "안녕하세요." 하면서 어디서 왔길래 이렇게 추워하냐며 차를 한 잔 내어 줍니다. '아, 살았다.' 싶습니다.

여차저차해서 이래저래한 상황이라 오후까지 있고 싶다고 하니 가장 싼 10인실 하루치 방값을 내고 쉬다 나가는 게 어떻겠냐고 합니다. 규정대로 하자면 빈 침대가 있더라도 한 시 이전에는 들어갈 수 없지만, 사정이 그러하니 지금 들어가게 해주겠다면서요. 마다할 이유가 없죠. 아니 마다할 이유가 없는 정도가 아니라 엎드려 절이라고 해야 할 판입니다.

버스 티켓도 알아봐 줄 수 있냐고 부탁했더니 뭐가 문제냐며 열심히 검색하기 시작합니다. 티켓이 없어서 아침 7시 45분에 떠나는 차밖에 없다는 말에 난감해지기 시작했는데요. 이스파한에서 타브리즈까지는 대략 900km이니 이란의 버스 속도를 감안하면 최소한 14~15시간은 걸릴 겁니다. 그러니 아침 저 버스를 타면 타브리즈에는 한밤중에 도착하고, 그렇게 되면 호텔을 잡는데 애로사항이 꽃필 건 자명한 이치죠. 이제 얼마 남지 않은 일정인데 하루가 송두리째 사라지게 되기도 하고요.

　　차라리 여기 제대로 된 방에서 1박을 하고 타브리즈에서의 일정을 줄일까 생각하는데 이 친구가 갑자기 소리치네요. 다른 회사의 오후 5시 차를 찾았다네요. 하느님, 감사합니다. 이번 크리스마스 때는 5만 원 헌금할게요 한 좌석 남았답니다. 주저하는 사이에 다른 사람이 예약하면 말 그대로 꼬이는 겁니다. 학부 때 수강 신청할 때도 그렇게는 하지 않을 것 같은 광클 덕에 그때는 온라인이 아니라 종이에 써서 했잖아. 당연히 해본 적이 없지! 그 남은 한 자리는 제 좌석이 되었습니다.

　　이스파한은 볼만한 곳이 몰려 있어서 정말 관광하기 편한 도시입니다. 이맘 광장 그 자체로도 볼만하지만 이맘 광장의 사각형 중 세 면에 하나는 샤 모스크, 다른 하나에는 셰이크로트폴라 모스크, 나머지 하나에는 알리 카푸가 있고, 거기서 나오면 바로 체헬소툰이 있습니다. 입장료는 모두 100토만. 모두 그만한 가치는 충분하지만 그래도 고른다면 샤 모스크와 체헬소툰은 꼭 가 볼 만 하고, 알리 카푸는 이맘 광장을 높은 곳에서 내려다볼 수 있다는 점에서 볼만합니다. 이맘 광장의 전경을 찍고 싶다면 광각렌즈가 달린 DSLR을 들고 알리 키푸에 가시면 됩니다. 세이크로트폴라 모스크는 내용물은 충실한데 다른 모스크에 비해 좀 작습니다.

　　한가지 주의해야 할 점이 있는데요. 이렇게 유명한 모스크에 가면 말을 걸며 넌 외국인이라 잘 모를 테니 자기가 설명해주겠다는 할아버지가 말을 걸어올 때도 있습니다. 이런 할아버지는 100% 나중에 돈 달라고 하는데요. 보통 이렇게 말합니다. "내가 너를 위해 이렇게 많은 시간을 쓰면서 지식을 전해줬는데 나에게 팁을 좀 줄 생각은 없어? 난 5불 정도 받으면 될 것 같은데?" 이럴 때 그냥 단호하게 "No."라고 말하면 쿨하게 사라집니다. 대부분의 평범한 이란 사람은 내가 먼저 말을 걸기 전까지는 나를 지켜만 보고 있다가

Isfahan, Iran

내가 먼저 말을 걸면 기다렸다는 듯이 말을 하며 친절을 베풉니다. 내게 먼저 말을 거는 사람이 있다면 그 사람은 내게 바라는 게 있는 사람이란 뜻입니다.

버스표를 다시 확인해보니 제가 내린 터미널과는 다른 터미널이네요. 내린 터미널은 케베 터미널, 타야 할 터미널은 소페 터미널. 정말 고맙게도 새벽에 저를 맞이한 컨시어지가 터미널 이름을 크게 써주고 체크 표시까지 해줘서 바로 확인할 수 있었습니다. 내린 터미널에서 무작정 기다렸다가는 이스파한에서 미아(...)는 아니고, 미중년은 더 아니고, 어쨌든 타야 할 차를 못 타고 또 한 차례 난리 부르스를 출 뻔 했는데 컨시어지 덕에 살았습니다.

소페 터미널은 시내와 많이 떨어져 있습니다. 스냅으로 50토만이나 내서 '뭐지?' 싶었는데 택시로 30분 가까이 걸리네요. 케베 터미널보다 넓고 조용해서 훨씬 좋습니다. 버스 회사 역시 영어로 이름을 써준 덕분에 간단하게 확인했습니다.

저를 계속 쳐다보는 경찰이 있어서 인사를 하니 폴리스 박스 안으로 들어오라고 합니다. '내가 뭘 잘못했다고 들어오라는 거야?' 싶어서 들어가니 차를 내주며 "어디 가? 차 몇 시야? 쉬고 싶은 만큼 쉬면서 편하게 있다가 가."라네요. 이란에서 만난 군인이나 경찰은 사진을 못 찍게 하는 거 외에는 정말 친절했는데 이 냥반은 그들 중에서도 손에 꼽게 친절합니다. 덕분에 에어컨 바람 아래에서 시원하게 있었고, 화장실도 편히 다녀올 수 있었어요. 이란에 혼자 여행할 때 정말 괴로운 문제가 볼일을 보는 동안 짐을 맡기는 건데 그 문제가 해결되니 편히 화장실에 갈 수 있었죠. 변비 때문에 실패하긴 했지만

이제 900km 정도를 이동해야 합니다. 작년에 있었던 교통사고의 후유증으로 평소에도 목이 많이 아팠는데 어제 950km 정도를 버스로 이동하니 목을 돌리기도 힘든 상황입니다. 얼마나 버텨줄지 걱정이네요. 저처럼 여행

하는 분은 흔치 않겠지만 이렇게 한 번에 멀리 이동한다면 여행용 목베개는 꼭 준비하세요. 서울에서 부산까지 거리를 대충 400km로 잡아도 두 번 왕복하고 한 번 더 내려갈 정도의 거리입니다.

지금까지의 이란 생활이 스쳐 지나가면서 많은 생각이 듭니다. 내가 여기에 온 것이 잘한 일일까? 시간 낭비, 돈 낭비는 아닐까? 이 여행이 내 인생을 어떻게 바꿀까? 등의 생각과 함께 온갖 잡념이 다가오네요.

제가 정말 싫어하는 말 중의 하나가 '모로 가도 서울만 가면 된다.'는 말입니다. 이 말에는 마키아벨리의 <군주론> 중 가장 유명한 말인 '목적이 수단을 정당화한다.$_{\text{Exitus acta probat.}}$'는 의미를 내포하고 있기 때문입니다. 목적은 절대 수단을 정당화할 수 없고, 이 말은 이 세상의 모든 독재자가 타인의 인권을 억압하고 자신의 행동을 정당화할 때 전가의 보도처럼 쓰는 레토릭이죠. 하지만 지금은 테헤란에서 가든 이스파한에서 가든 타브리즈에만 가면 됩니다. 그게 그 뜻이 아닐 텐데?

이런저런 생각에 잠겨있는데 드디어 버스가 출발할 모양인지 출석 체크를 하네요. 이란에서 버스 예약을 할 때는 마치 국내선 비행기를 탈 때처럼 이름을 적고, 반드시 그 이름인 사람이 타야 합니다. 만약 이름과 그 사람의 신분증이 다르면 그 사람은 그 버스를 타지 못합니다. 정확한 이유는 모르지만, 이란은 버스로 국경을 넘어 다른 나라로도 갈 수 있어서 그런 것 같은데요. 그래도 지금까지는 그냥 형식적으로 "김철수" "네" "김영희" "네" 뭐 이런 식으로 넘어갔는데 여기선 일일이 신분증을 대조하면서 검사를 하네요. 제 티켓엔 티켓을 예약해준 친구의 이름이 적혀 있어서 살짝 긴장했는데 투명인간 취급하며 그냥 지나갑니다.

어제 버스에서 추위로 너무 고생해서 이번에는 아예 탈 때부터 중무장을 했습니다. 그래도 너무 춥네요. 차창으로 들어오는 햇볕이 너무 반갑습니다. 하지만 한 가지 문제가 생겼는데요. 이란의 버스 기사는 대체로 운전이 매우 거칠고, 이란의 도로는 고속도로라고 하더라도 거의 비포장도로 급이라 진동이 정말 심합니다. 이 말은? 버스가 둘코락스 이상으로 장운동을 활성화시켜 변비를 치유한다는 거죠. 아무리 지독한 변비라도 이란의 버스 몇 시간만 타면 바로 해결됩니다. 둘코락스로 먹고 살았던 베링거잉겔하임은 이란에선 명함도 내밀지 못할 것 같습니다. 지금 남의 회사 걱정할 때가 아닌 거 같은데?

정말 미칠 것 같습니다. 더 미치겠는 건 언제 휴게소에 들를지 아무도 모른다는 거죠. 한국 같으면 기사에게 이야기해서 어떻게든 해결하겠지만 여긴 기사가 뭔가를 해줄 수 있는 그런 나라가 아니고 그런 버스 기사도 없습니다. 영겁과 같은 두 시간이 지난 후 그걸 참았다는 게 더 신기하다 휴게소에 들렀는데요. 입구에 책상을 놓고 앉은 사람이 돈을 내라고 합니다. 근데 다른 사람들은 그냥 들어가네요. 실랑이를 벌이고 어쩌고 할 시간이 없어서 주머니에 손을 넣으니 5토만 짜리 지폐가 하나 있어서 그거 던져주고 들어가 드디어 볼일을 봤습니다. 몸무게가 1kg은 빠졌을 거다 속옷이 땀에 다 젖어있네요. 살면서 이렇게 속옷이 젖을 정도로 땀을 흘린 건 태어나서 처음인 것 같습니다. 지린 거 아니야, 진짜!

밖에 나오니 버스에 같이 탔던 한 명이 제가 냈던 5토만 짜리 지폐를 돌려줍니다. 그 사람이 저 대신 싸워줬나 보네요.. 차에 오르자 간식으로 먹으라며 호두와 해바라기 씨를 건넵니다. 타브리즈에서 저를 도와줄 사람이 생겼습니다. 너 당첨!

Tabriz, Iran

이란, 타브리즈

4월 26일 여행 23일 차 **이병선 선생님, 미워요!**

이스파한에서 출발한 지 14시간 만에 타브리즈에 도착했습니다. 화장실에서 만난 친구 이야기를 들어보니 자기도 우르미아 쪽으로 가니 제가 원한다면 태워다줄 수 있다고 합니다. 다만 타브리즈에 있는 집에 들렀다가 가야 한다네요. 지금 제가 찬밥 더운밥 가릴 때가 아니잖아요? 이 친구만 따라다니기로 했습니다.

아주 사소한 문제가 발생했는데요. 2박 3일 동안 비포장도로에 가까운 길을 버스로만 이동하다 보니 허리와 목이 제 몸이 아닙니다. 폰탈을 가져올 걸 가벼운 진통제만 들고 왔다가 똑바로 걷기가 힘들 정도로 된통 고생하고 있네요.

어쨌든 그 친구 집에 갔는데요. 지금이 아침 10시쯤 되었는데 자꾸 한 시에 나간다고 하네요. 한 시간 가까이 "왜 한 시에 가냐? 아무리 샤워를 오래 해도 한 시간이면 충분하지 않냐?" 물어도 죽어도 한 시에 간답니다. 그때 출발하면 우르미아 호를 보고 칸도반 마을까지 가고 하면 도저히 시간이 안 될 것 같아 그럼 시간이 안 맞아 나는 따로 가겠다고 하니 왜 한 시까지 못 기다리냐고 합니다. "야, 지금 10시잖아. 한 시면 세 시간을 여기에 있어야 하는데 세 시간 동안 뭐 하고 있을 건데?" 물으니 왜 세 시간을 있느냐며 한 시간만 있는 거랍니다.

이 자식이 지금 사람 가지고 장난치나 싶어서 짜증이 텍사스 소떼처럼 몰려오는데 곰곰이 생각해보니 이 친구는 한 시간을 1 O'clock이라고 말하는 것이었습니다! 계속 husband 이야기를 해서 혹시 이 자식 게이인가 싶었는데 이야기를 들어보니 그 친구가 말하는 husband는 그의 아내였고요. 이걸 따지느라 한 시간이 걸렸으니 나 원 참.

얼마나 피곤했는지 모르는 사람이 운전하는 차를 타면서 타자마자 조는 것도 아니고 숙면을 취하기 시작했습니다. 한참 지난 후에 그 친구가 깨워서 밖을 쳐다보니 여기가 네가 말하는 우르미아 호라고 하네요. 호수라고는 하지만 물은 거의 없는데, 또 그 와중에 모터보트를 타며 즐거워하는 사람들이 있고, 바닥은 회색이나 흰색입니다. 멀리서 볼 때는 돌처럼 보였던 것이 가까이서 보니 모두 소금이네요. 중동 최대의 염호鹽湖 답게 엄청난 넓이를 자랑하지만, 염분 농도가 높아 생물은 살 수 없습니다. 일반적인 바닷물의 염분이 35‰, 즉 3.5%인데 비해 여기는 15~23% 정도로 사람이 둥둥 뜨는 사해가 35% 정도이니 어느 정도인지 대충 감이 오시겠죠.

하지만 물이 있는 곳은 정말 아주 일부이고, 대부분의 우르미아 호는 그냥 평지처럼 보입니다. 썰물 때 인천국제공항고속도로를 타면 바다의 바닥이 그대로 드러나 보이는 딱 그 모습, 그대로입니다. 그런데 우루미아 호가 6,000㎢ 정도로 엄청나게 넓다 보니 서울이 605.2㎢ 정도이니 딱 서울의 열 배 이게 호수인지 평야인지 구분이 안 됩니다. 그러니까 차로 이동하는데 양옆이 다 우르미아 호이고, 차들이 다니는 길은 우르미아 호 위에 길을 낸 겁니다. 쉽게 말하면 제부도 들어가는 길 같은 길인데 제부도는 물때가 있지만 여기는 24/7 늘 길이 열려있다는 거죠.

더 중요한 건, 물 빠진 소래포구, 아니 소래포구도 아니고 인천의 북성포구나 태안의 황골포구처럼 그 동네 사는 사람들도 잘 모를 것 같은 그런 느낌에 '내가 이걸 보려고 모가지 부러져 가면서 1,800km가 훨씬 넘게 달려왔나?' 싶은 현타가 오는 곳이었습니다. 정말 아무것도 없는 강가인데 강바닥과 주변이 소금으로 되어 있다는 것 외에는 아무것도 없는, 진짜 이병선 선생님만 아니면 한국 들어가서 멱살이라도 잡고 싶은 그런 기분이랄까요?

이게 의미하는 바가 뭘까요? 여긴 출구전략 자체가 없는 곳이라는 뜻입니다! 아이슬란드 같은 곳에서 온 외국인이 충청남도 태안군 이원면 내리 같은 곳에 떨궈진 그런 느낌이라는 거죠. 심지어 차만 다니는 자동차 전용 도로에 잠깐 선 것이기에 택시를 부르거나, 택시를 불러줄 사람도 없습니다. 만약 외국인이 우르미아 호를 구경하고 싶다면 우르미아 호와 칸도반 마을을 묶어서 최소한 80불은 줘야 갈 수 있을 것 같은 그런 느낌이랄까요? 다시 한번 말씀드리지만, 이란의 택시 요금은 거리가 문제가 아니라 그 지역에 얼마나 차가 있느냐, 돌아올 수 있는 차가 있느냐 없느냐가 요금을 좌우합니다. 여긴 택시 기사가 100불 부르면서 "가고 싶으면 가고, 싫음 말고." 이런 배짱을 부릴 수가 있는 곳이에요.

지금까지 봤던 대부분의 이란 사람은 도와달라고 하면 가족처럼, 맏이처럼 도와줬습니다. 그러니까 약점을 보이면 그 약점을 감싸주면서 도와주는, 예를 들어 돈 계산을 하다가 제 돈을 보면 "이란에서 남들에게 그렇게 큰 돈을 보이면 큰일 나. 빨리 지갑 넣어."라고 말을 하지만 이 친구는 맏이 같은 느낌보다는 둘째 같은 느낌입니다. 민족적 특성 때문에 그런 건지는 모르겠지만 그냥 한눈에 보기에도 아리아인이 아니라 아제리인이고요. 어쨌든 민족을 떠나서 이런 사람에겐 약점을 보이면, 사정하는 듯한 뉘앙스를 풍기면 안 됩니다.

불만 섞인 입을 다물게 하는 방법은 두 가지입니다. 먹이거나, 죽이거나. 그렇기에 먹은 자나 죽은 자는 말이 없습니다. 이 친구를 죽일 순 없으니 먹여야죠. "배고프다. 이 동네에서 제일 좋은 식당에 가서 제일 비싼 거 먹자."

도시로 돌아와 그 동네 로컬에게 물어물어 가장 좋다는 식당에 갔습니다. 그 시골에서 둘이서 가볍게 먹은 점심에 600토만이 넘게 나왔을 정도면 비싼 집은 맞네요. 맛은 뭐 그냥저냥이었습니다. 그 친구 보기엔 그 비싼 음식을 몇 번 집어먹다가 내려놓는 모습이 예전에 신라호텔 뷔페에서 "오늘은 먹을 게 없네."라며 샐러드만 반 접시 담아와 루이 로드레 크리스탈 샴페인을 마시던 젊은 친구처럼 보였겠죠.

비싼 밥에 기분이 좋아졌는지 이후의 일정을 물어봅니다. 칸도반 마을에 가서 하룻밤 자고, 내일은 타브리즈 시내에 가서 타브리즈 구경을 할 거라고 이야기했더니 그럼 내일 자기네 식구들과 같이 지내는 건 어떻겠냐고 묻네요. 바로 이때가 이야기의 포인트입니다. 같이 지내는 건 상관없는데 난 너의 집을 모른다. 그러니 나와 같이 지내고 싶다면 네가 칸도반 마을로 나를 데리러 와야 한다고 이야기하니 그러겠다고 합니다. 빙고! 이것으로 칸도반 마을에서의 출구전략이 생겼습니다.

그렇게 그 친구의 차를 타고 도착한 칸도반 랄레 인터네셔널 록카 호텔. 록카 호텔? 람보 호텔은 없냐? 느낌이 쎄합니다. 하지만 진짜 문제는 이제부터. 이 친구가 갑자기 내일 할 일이 생겼다며 데리러 오지도, 같이 있지도 못한다네요. 다시 출구전략을 짜야 할 때입니다.

도착한 호텔은 전 세계에서 특이한 호텔 리스트를 꼽을 때 빠지지 않고 들어가는 호텔입니다. 우리가 일반적으로 생각하는 그런 호텔이 아니라 천연 응회암 동굴을 호텔로 만든, 그런 호텔이죠. 그렇기에 이란을 소개하는 영상에는 빠지지 않고 이 마을이 등장하고, EBS의 <세계 테마 기행> 같은 프로그램에도 단골로 등장하는 지역입니다. 이 말은 외지 사람들이 많이 들어오지만 나갈 차편이 없기에 배짱으로 장사를 한다는 의미이기도 하죠. 실제로 이 호텔은 제가 이란에서 묵었던 호텔 중에 가장 비싼 호텔이었습니다. 하루 숙박비가 80유로 정도이니 케슘의 5성급 호텔이나 이스파한의 압바시 호텔보다도 비싼 호텔이죠. 제가 놀란 건 하루 숙박비가 저렇게 비싼 호텔인데 객실에 에어컨조차 없다는 겁니다.

물론 기온은 에어컨이 필요 없는 기온인 건 맞습니다. 이란의 서북부 지역인데다가 해발고도 2천 미터가 넘는 고원지대이다 보니 에어컨보다는 히터를 틀어야 할 곳입니다. 하지만 애초에 동굴을 개조한 호텔이다 보니 방에 들어가자마자 지하실 곰팡이 냄새 같은 냄새가 코를 찔렀습니다. 평지에서 갑자기 고원지대로 올라오다 보니 그러잖아도 숨쉬기가 힘든데 방에서 냄새까지 나니 정말 견디기 힘들더군요. 히터를 최대한으로 틀고 창문을 두어 시간 열어놔서 환기를 시키고 나서야 잘 수는 있겠다 싶었습니다.

하지만 진짜 문제는 이런 게 아니었는데요.. 왜 들어가자마자 쎄한 느낌을 받았을까 생각해보니 직원들의 태도 때문이었습니다. 여긴 호텔이 경쟁이 아닌 독점이다 보니 "싫음 말고." 뭐 이런 식입니다. '말고'의 대안이 없다는 걸 알기에 저런 배짱을 부리는 것이죠. 이란 사람들이 정말 잘하는 게 있는데요. 바로 상대방을 빡치게 하는 겁니다. 취소선이 아니라면 뭔가 좀 고상한 표현을 쓰고 싶지만, 이 표현만큼 정확한 표현이 없어서 굳이 이 표현을 쓴다면 상대방을 빡치게 하는 데에 이란 사람만큼 뛰어난 재능을 보이는 사람은 적어도 제가 경험한 중에서는 이집트 사람 정도밖에 없어요.

이집트에 한 번이라도 가보셨거나 이집트 사람과 일했거나 하셨다면 이 말이 무슨 말인지 바로 아실 겁니다. 이란이 괜히 협상의 명수가 아니에요. 미국과 이란이 가졌던 수많은 협상 중에 미국 손을 들어줄 만한 협상은 단

한 건도 없습니다. 그러니 공화당의 도널드 트럼프 대통령은 민주당의 오바마 정부 때 맺은 이란 핵 합의를 파기하고 탈퇴했던 거죠. 그리고 상대방을 화나게 하는 건 협상에서 우위를 점하는 가장 효과적인 기술입니다. 지금 호텔 직원들이 저를 상대로 그런 기술을 펼칩니다.

    호텔에 들어가면서부터 호텔 도어맨의 역할을 할 것 같은 직원이긴 인포메이션 데스크가 컨테이너 박스이고, 로비 자체가 없습니다. 내일 어떻게 나갈 거냐며, 6불을 내면 택시를 불러주겠다고 합니다. 스냅 기사 없는 동네에선 일상적인 일이긴 하지만 비웃듯이 생글생글 웃으면서 "스냅 부를 수 있으면 불러 보든지." 이러니까 저처럼 평화를 사랑하고, 폭력을 증오하며, 인류애가 충만한 사람조차도 뭐라고? 정말 한 대 때리고 싶어지더라고요.. 하지만 화내면 지는 겁니다. 저만 빡칠 순 없겠죠? 겸상입니다.

"I've heard that Iranians think their guests as friends of God, but maybe some guys I've met aren't Iranians. Would they be a Jew? Will be jewish. As you.이란 사람은 손님을 신의 친구로 생각하는데 내가 만난 몇몇은 그렇게 생각하는 것 같지 않더라고. 걔네들은 이란 사람이 아니라 유대인일 거야. 그렇지, 유대인이니까 그렇게 하지. 너처럼."

그래도 돈값을 한다고 느끼는 유일한 점은, 나름 세미 스위트룸이라 그런지 욕실에 욕조가 아닌 탕이 있습니다. 저 어릴 때 있던 동네 목욕탕의 작은 열탕 크기 정도. 탕이 커서 그런지 물을 받는데 한 시간 반이 걸리네요.

이 방이 너무 비싸 내일부터 노숙에 굶을지도 모르지만농담이나 엄살이 아니라 예산을 계산해보니 정말 그럴지도 모르겠습니다 그것도 여행의 묘미 아니겠습니까? 내일 일은 내일 걱정하고 일단 오늘은 좀 쉬어야겠습니다.

*   이란에서 오지를 여행하는 법

이란에서 오지는 따로 떨어져 있는 곳이 아니라 스냅을 부를 수 없는 곳이 오지입니다. 물론 돈이 많다면 오지 아니라 오지 할아버지라도 오자-오스본 문제가 없겠지만 돈을 떠나 상대방을 바보 취급한다는 데에 기분이 언짢아지고 여행을 망치는 겁니다. 그렇기에 제가 생각하는 이란의 오지를 여행하는 법은 이렇습니다.

일단 가장 좋은 건, 오지에 가지 않는 겁니다. 제가 갔던 곳 중에선 타브리즈의 우르미아 호와 칸도반 마을, 그리고 페르세폴리스의 나크시-에 로스탐 정도가 오지로 꼽을 수 있는 곳인데요. 상식적으로 생각해봐도 그곳이 오지인 이유는 개발할만한 가치가 없기 때문에 오지이지 않겠습니까? 어떤 곳이 개발할만한 가치가 있고, 수익이 발생할 수 있는 곳이라면 그곳이 왜 오지로 남았을까요?

실제로도 오지라고 할 만한 곳 중에, 아니면 고생을 무릅쓰고서라도 여긴 꼭 가봐야겠다 싶은 곳 중에 가 볼 만한 가치가 있었던 곳은 단 한 곳도 없었습니다. 굳이 그런 오지에 가지 않더라도 볼 건 차고 넘치는 동네가 이란입니다. 괜히 남들 안 가는 데에 가려다가

스트레스받을 필요 없습니다. 남들이 안 가는 데에는 다 그만한 이유가 있는 법이니까요.

그래도 오지에 가고 싶다면 그 동네에 숙박을 하지 말고 택시를 대절하세요. 오지가 아무리 멀리 떨어졌다고 하더라도 도심에서 100km 안쪽이고, 그러면 스트레스 받지 말고 도심의 좋은 호텔에서 편히 있다가 택시 대절해서 다녀오는 게 훨씬 나은 선택입니다.

제가 이란을 여행하던 2023년 4월 현재, 이란 호텔에서 택시를 하루 대절하려면 80~100불 정도 들 겁니다. 그렇다고 내가 가고 싶은 곳 모두 가는 곳도 아니고 두 세 군데만 찍어서 가는데 이 정도 듭니다. 이란 물가로 치면 결코 싼 금액이 아니죠. 그러니 호텔에서 나와 길거리에 다니는 사람에게 "난 어디 어디를 갔다가 여기로 다시 돌아오고 싶은데 스냅 기사에게 이런 말을 해줄 수 있어?"라고 부탁하면 거절할 사람 없고, 그러면 앞에서 말한 금액보다는 싸게 다녀올 수 있습니다.

이게 아니라면 차를 렌트하는 것도 하나의 방법입니다. 2023년 4월 현재, 이란에서 프라이드 베타를 하루 빌리는데 25불 정도 듭니다. 기름값이야 전혀 신경 쓰지 않아도 될 수준이고, 구글 지도를 켜면 이란에서도 내비게이션 비슷하게 쓸 수 있으니 문제 될 것 없습니다. 테헤란 같은 곳에서 운전한다는 건 악몽이겠지만 테헤란에선 오지가 없으니 차를 렌트할 필요 자체가 없고요. 테헤란이 아닌 곳에서 러시 아워만 아니라면, 더구나 오지를 가는데 차가 막혀봤자 얼마나 막히겠습니까? 그렇기에 차를 렌트하는 것도 좋은 방법이 될 수 있습니다. 다만 이란의 렌트카는 아주 비싼 수입차가 아닌 이상 모두 수동변속기입니다. 수동 기어 차량을 운전할 수 있어야 렌트할 수 있다는 뜻이죠.

Tabriz, Iran

4월 27일 여행 24일 차 **인생 셀피를 건지다**

이제 남은 돈은 2,800토만, 유로로 환산하면 대략 50유로 정도. 50유로 정도만 더 환전하면 딱 좋겠지만 환전소가 보이지 않습니다. 2,800토만으로 하루 숙박비와 터미널 가는 비용, 타브리즈 하루 여행 경비, 테헤란 터미널에서 공항 가는 비용까지 모두 충당해야 합니다. 가능할까요?

아침에 잠깐 산책을 하려다가 얼어 죽을 뻔했습니다. 체감기온 40도가 넘는 곳에 있다가 새벽에는 얼음이 얼 것 같은 곳에 오니 가만히 있어도 추운데 하지만 고원지대에 있다 보니 더 춥게 느껴집니다. 이란이 넓긴 넓네요.

하루 80유로의 돈을 받는 호텔이 아침 식사는 3.5유로의 호스텔만도 못합니다. 체력 유지를 위해 억지로라도 밀어 넣었는데 여긴 도저히 먹을 수가 없네요. 사과 하나 들고 방에 가서 마지막 남은 참깨라면 뽀글이를 먹으며 끼니를 해결했습니다.

이 호텔은 특이하게 체크아웃이 한 시입니다. 하지만 이런 호텔은 시간에 맞춰 체크아웃을 하려 하면 괜히 시간 끌며 레이트 체크아웃이라고 돈을 더 내라고 할 그런 호텔입니다. 체크아웃 한 시간 전에 나왔습니다.

저는 될 수 있으면 호텔 직원들에게 팁을 두둑히 챙겨주는 편이고, 심지어는 우리나라에서도 고깃집이나 일식집에 가면 서빙하는 분에게 단돈 1~2만 원이라도 팁을 꼭 챙겨드리는데요. 그 돈 있어도 살고, 없어도 사는데 그 돈에 그분은 도움이 되고 나도 양질의 서비스를 받을 수 있다면 그거야말로 포지티브섬 게임 아니겠습니까? 하지만 정말 여기는 그 누구에게도 팁을 주고 싶지 않았고, 그랬기에 가장 높은 곳에 있는 방에서부터 컨테이너 박스까지 낑낑대며 야외 계단으로 짐을 끌고 내려왔습니다.

인포메이션 직원이 바뀌어있네요. 어제 결국 5불에 합의했는데 자기가 한 게 아니라면서 6불 아니면 못 불러주겠답니다. 너희 직원이 얘기한 거 아니냐고 따졌더니 그럼 그 직원에게 가서 불러달라 하랍니다. 짜증은 났지만 대안이 없기에 불러달라고 하고 기다리는데 약속한 시간이 30분이 지나도록 안 와서 왜 안오냐고 물으니 좀 전에 제가 기다리라고 해서 택시 취소했다며 알아서 가라네요. 와, 신발 가지고 들어가야 했던 쌍팔년도 여인숙도 이러진 않았는데 정말 대단합니다.

이 어이없는 와중에 사람 외모 가지고 이런 말을 하는 게 좀 그렇긴 하지만 스물대여섯 정도 되어 보이는 친구가 우리 엄마보다도 더 진한 눈썹 문신을 하고, 모발이식 수술과 코수술 밴드를 붙인 채 인포메이션 데스크에 앉아서 저러고 있으니 디스토피아나 포스트아포칼립스가 배경인 영화에서 어설프게 깝치다가 주인공의 한 방에 나가떨어지는 악당 졸개가 생각나 미친 듯이 웃었습니다. 이 상황에 웃는 네가 더 웃겨

 어쨌든 너무나 고맙게도 택시 기사가 아무 말도 하지 않고 타브리즈 시내의 호텔까지 데려다줘서 마음 편히 왔습니다. 그 외에는 가장 평화로운 하루를 보낸 날이 이날인 것 같네요. 호텔 방값을 1,300토만으로 흥정하고 깎아서 모든 게 해결됐습니다. 아이, 왜 그래? 형제의 나라끼리. 싸게 해 줘 테헤란 터미널에서 공항까지 갈 택시비 500토만에 나머지는 식대와 차비, 입장료로 쓰면 빠듯하긴 하지만 불가능할 것 같진 않습니다. 칸도반 마을이 이상한 거지 타브리즈 시내에선 호텔 직원이든 지나가는 사람이든 정말 친절하네요.

Tabriz, Iran

타브리즈의 그랑 바자르와 블루 모스크, 아제르바이잔 박물관 등을 돌아보니 하루가 지나갑니다. 처음으로 모스크 안에서 셀피를 찍어봤는데 배경이 파란색이라 그런지 사진이 정말 잘 나오네요. 진작 알았으면 모스크마다 셀피를 찍을 걸 그랬어요. 그 셀피는 지금도 제 SNS와 블로그의 프로필 사진으로 잘 쓰고 있습니다.

아제르바이잔 박물관은 조금 조잡한 느낌이 들긴 하지만 아제르바이잔의 역사를 아는 데는 큰 도움이 됐고, 블루 모스크와 그랑 바자르는 꽤 볼만합니다. 특히나 블루 모스크는 그걸 복원하는 과정 중인데 타일 색깔 하나까지 신경 쓰며 복원한다는 게 좋았습니다. 다행히 돌아다니다가 환전소를 찾아 30유로를 환전하니 정말 마음이 놓이네요. 더구나 다니면서 젊은 친구들 무리를 만났는데 그 친구들이 저랑 다니며 여기저기를 보여주고 역사적 의미를 설명해주니 저야 더 바랄 게 없었죠.

그런데 어딜 가든 사람들의 시선이 느껴집니다. 그냥 동양인이 신기해서 보는 것과는 좀 다른 시선이에요. 뭔가 대단히 신기한 동물을 보는 눈빛으로 저를 쳐다본달까요? 같이 다니는 친구들에게 "야, 사람들이 왜 그렇게 신기하게 쳐다보는 거야? 내가 그렇게 잘생겼어?"라고 농을 거니 한국 사람은 다들 그렇게 웃기냐며 배 아파 죽으려고 하네요. 그러면서 바지라고 알려줍니다. 바지?

생각해보니 이란에서 수없이 많은 사람을 만났지만, 타이츠를 입고 다니는 남자는 단 한 명도 보지 못했습니다. 남자 건 여자 건 몸매가 드러나지 않는 옷을 입는 이란에서 타이츠는 VPN으로 몰래 보는 미국 영화에서나 보던 옷인데 그런 옷을 입고 돌아다니니 신기하기도 했겠죠.

내일은 온종일 차를 타고 테헤란 가자마자 공항으로 가야 하니 실질적으로 오늘 저녁이 이란에서의 마지막 만찬입니다. "얘들아, 형이 맛있는 거 사줄 테니 저녁 같이 먹자." 하는데 자기네들 스터디가 있는데 저 때문에 못 했다며 가서 공부해야 한답니다. 와, 이란의 미래 존나 밝네. 축하한다, 이란! 그러면서 호텔 바로 앞에 있는 쇼핑센터 푸드코트가 꽤 괜찮으니 거기서 저녁 먹으라고 하고는 휘이휘이 사라지네요. 아 형은 햄버거 같은 걸 먹고 싶은 게 아니란 말이다!

양고기 스테이크를 먹고 싶었지만 푸드코트의 양고기 스테이크 퀄리티를 알 수 없기에 그냥 가장 무난한 햄버거를 먹었습니다. 마지막 만찬을 햄버거 따위로 때우고 싶지는 않았지만 다시 검색을 하고, 찾아가고 하는 게 너무 힘들어서요. 그 친구들에게 약국에서 진통제나 좀 사달라고 할 걸 그랬습니다.

허리도 아프고, 목도 아프고, 피곤하기도 해서 일찍 누웠는데, TV 볼륨을 최대로 틀어놓고 TV를 보는지 옆방의 TV 소리에 도저히 잠을 잘 수가 없습니다. 정말 해도 해도 너무하네요. 옆방 덕분에 저는 장윤정의 <트로트 - 퀸: 데뷔 10주년 베스트 결정판 40!!>을 처음부터 끝까지 다 들었습니다. 마음 같아서는 영인스님의 반야심경과 천수경을 메들리로 틀고 싶었지만 이슬람 국가에서 불경佛經 을 트는 불경不經 한 짓을 했다가 불경不敬 한 도덕 경찰에게 잡혀갈까 봐 반야심경은 참았습니다. 천수경 대신 양수경 노래라도 틀어볼까 했지만 떨어지는 나뭇잎도 조심해야 할 말년에 경찰에 끌려가기라도 하면 어떡합니까? 소심하긴 쯧쯧쯧

'트로트 - 퀸' 덕분에 조용해졌는지, 그게 아니면 졸려서 자는지 옆방이 조용해져서 저도 잠자리에 들었는데요. 새벽 한 시 반에 어떤 미친놈이 전화해서는 어버버하면서 "How are you?"랍니다. 새벽 한 시 반에, 본인이 누군지 말도 하지 않고 'How are you?'가 가당키나 한 말입니까? 제가 누워있는 이곳이 정말 이란 맞습니까?

간신히 잠들었는데 잠들자마자 깨니 욕이 절로 나왔습니다. 영어로 쌍욕을 한바탕 퍼부어주고 나니 또 어버버. 이렇게 한 번 자다 깨면 잠을 잘 이루지 못하고, 다시 잠든다고 해도 곧 다시 깨서 메인으로 쓰는 전화기에는 자는 시간엔 알림 차단 설정을 해놓았는데 메인으로 쓰는 전화기가 아닌 보조 전화기에 이란 유심을 꽂으니 이런 일이 벌어진 것 같습니다. 아프고 피곤해 죽을 것 같은데 잠까지 설치니 드디어 폭발했습니다. 새벽 네 시 반에 전화해서 한국말로 쌍욕을 퍼부어준 다음, 전화를 끊고 그 번호를 차단하는 만행을 저질렀네요. 네 시 반까지 못 잤다는 얘기지

평소 같으면 이 정도의 반응을 보일 일은 아니지만 아픈데 진통제도 없이 끙끙 앓고 있으니 신경이 날카로워졌나 봅니다. 오늘 밤은 제가 생각해도 평소보다 더 예민하네요. 뭔가 대책을 세워야 합니다.

Tehran, Iran

이란, 테헤란

4월 28일 여행 25일 차 **Adios Tehran, Adios Iran!**

이제 다시 튀르키예에서의 일정을 생각해야 할 때입니다. 원래 목적지인 안탈리아까지는 YHT튀르키예의 고속철도. 우리로 치면 KTX 가 없고 콘야에서 갈아타야 하네요. 이동 시간만 10시간인데, 중간에 대기 시간까지 고려하면 이동에만 하루 반이 걸립니다. 반다르아바스에서 타브리즈까지 버스로 이동하면서 너무 고생해서 이제 육로 장거리 이동은 더는 못할 것 같다는 생각에 비행편을 알아보니 제가 내릴 공항은 이스탄불 공항이고, 안탈리아 가는 비행기를 타는 공항은 사비하 괵첸 국제공항으로 공항이 다른데 이 공항 사이의 거리가 대략 90km 정도로 전혀 가깝지 않고, 교통체증도 어마어마하다고 합니다. 이스탄불 공항에서 가는 비행기도 있지만 그 비행기는 비용이 딱 두 배이고요.

이병선 선생님께 이 이야기를 했더니 몸이 안 좋으면 그냥 이스탄불에 있는 건 어떻겠냐고 제안하셨습니다. 이 세상에 말 들어서 손해 보지 않을 사람이 몇 명 있는데요. 엄마, 여자친구, 의사, 그리고 변호사입니다. 엄마와 여자친구는 없으니 의사 말이라도 들어야죠. 어차피 안탈리아에 가도 딱히 돌아보기보다는 그저 바다나 보면서 쉬다 올 생각이었는데 그 짐을 들고 거기까지 가서 쉴 이유는 없습니다. 바다 보고 싶으면 그냥 양양 가. 양양 좋아!

이스탄불의 호텔을 검색하는데 '왜 이렇게 비싸지?' 하는 생각과 더불어 '왜 아침밥을 안 주지?'하는 생각을 했습니다. 이란 사람이 다 됐네요. 좀 잘만한 호텔은 최소한 이란의 두 배 이상인데 방 사진을 보니 미아리에 몰려 있는 부띠끄 호텔보다도 훨씬 못해 이스탄불이 안 좋은 게 아니라 미아리가 너무 좋은 거야! 이스탄불에서는 그냥 싼 호스텔에서 밍기적거리다가 싱글룸 나오면 옮기고, 아님 말고, 떠나기 전날에나 공항 근처의 좋은 호텔로 옮겨 체력을 보충하고 비행기 타는 걸로 결정했습니다.

튀르키예도 이전 나라 이름처럼 이게 나라 이름을 바꾼 가장 큰 이유입니다 가금류를 많이 먹는 나라라 뭘 먹기가 겁납니다. 호스텔에선 조리해서 먹을 수 있으니 송아지 고기나 좀 사다가 구워 먹으면서 밍기적거리는 게 제겐 베스트 플랜이 되겠네요.

목과 허리의 통증을 도저히 더는 못 참겠어서 컨시어지에게 이야기하니 아스피린을 몇 알 줍니다. 위장장애고 뭐고 일단 살아야겠기에 받은 아스피린을 모두 입에 털어 넣었습니다. 그리고 별 기대 없이 찾아간 조식. 와, 여기 호텔 조식이 제가 다녔던 이란의 호텔 중에서 최고입니다. 4성급 호텔이지만 방이나 카페가 마음에 들지 않는 수준이라 알리지 않으려고 했는데 여긴 올만 합니다. Tabriz International Hotel. 대구의 한 비즈니스호텔 리버틴 호텔인가? 이 호텔은 그냥저냥 한데 조식이 정말 기가 막혀서 그 조식 먹으려고 대구에 가면 묵는 호텔이 있는데 여기가 그런 느낌이네요.

버스 시간을 검색해보니 10시간 걸린답니다. 도착하면 밤 12시. 메트로는 끊겼을 시간이고, 그 시간에 스냅은 없겠죠. 어쩔 수 없이 택시를 타야 한다고 생각하니 암담하네요. 그래도 뭐, 어떻게든 되겠죠. 인샬라.

역시 호텔에선 스냅을 불러주지 않아 호텔 밖으로 나온 후, 근처 대학으로 수업 들으러 가는 여학생의 도움으로 25토만에 터미널 도착했습니다. 거리를 보니 호텔에서 어전스를 불렀다면 아무리 못 줘도 100토만은 줬어야 했을 거리였어요. 심지어 그 친구도 그 지역에 익숙하지 않았는지 다른 사람에게 부탁해서 택시를 불렀습니다. 고마운 학생이에요.

터미널에 도착해서 경찰에게 표를 보여주니 경찰이 누굴 부르고, 그 사람이 저를 버스 회사로 데려갔습니다. 계속 이야기하지만, 이란은 동일 노선도 회사가 다르기 때문에 우리와는 달리 목적지가 아니라 버스 회사 데스크를 찾아가야 합니다. 어쨌든 한숨 놨네요.

아무래도 불안해서 사람들에게 물어보는데 도착 시간이 말하는 사람마다 다 다릅니다. 누구는 열 시간, 누구는 여덟 시간, 누구는 아홉 시간. 그 한 시간 때문에 어떤 택시를 타느냐가 달라지고, 그것 때문에 택시를 탈 수 있느냐 없느냐가 결정되는데 답답하네요.

테헤란까지 가는 데에는 별문제 없었는데 테헤란에 가까이 가면서부터 러시아워의 교통체증에 걸리고, 중간에 사고까지 나면서 한 시간을 길거리에서 서 있었습니다. 피가 바짝바짝 마른다는 게 이런 느낌일까요? 어쨌든 11시 반에 테헤란 서부 터미널에 도착했습니다. 다행히도 아직 택시는 많이 있고, 사람들이 워낙 많다 보니 스냅도 부를 수 있을 것 같습니다.

같은 버스를 타고 온 사람 중에 가장 착해 보이는 아가씨에게 지금 스냅을 부를 수 있냐고 물었더니 아직은 부를 수 있는 시간이라고 합니다. 공항까지 가야 하는데 불러줄 수 있냐고 물었더니 터미널은 너무 복잡해서 터미널 밖으로 나가서 불러주겠다고 하네요. 요금은 235토만. 밤이니 팁까지 해서 250토만 정도 주면 될 것 같다고 합니다. 이 친구의 도움으로 택시에 짐을 싣고 나니 그제야 마음이 풀리면서 테헤란에서 마지막으로 해야 할 일이 생각납니다. 돌아서는 아가씨를 불러서 제가 가지고 있는 이란 돈을 모두 주며 이렇게 말했습니다.

나는 당신 덕분에 스냅을 탈 수 있게 되었습니다. 감사합니다.

이 돈은 내가 가진 이란 돈의 전부로 800토만 쯤 됩니다.

나는 당신이 이 돈을 메트로의 어린 거지들에게 조금씩 나누어주길 원합니다.

나는 어린아이들이 구걸하는 모습을 볼 때마다 너무 마음이 아팠습니다.

이게 내가 이란 사람들에게 주는 마지막 선물입니다. 늘 행복하세요.

사실 돈을 일부러 흥청망청 쓰지 않는다면 굳이 어제 환전하지 않아도 됐었는데 굳이 돈을 환전한 이유가 이거였습니다. 이란을 여행하는 내내, 아니 원고를 정리하고 있는 지금까지도 테헤란 지하철역에서 옷도 제대로 입지 못한 채 노래를 부르며 구걸하던 아기의 모습이 떠올라 마음이 무거웠거든요.

돈을 받은 아가씨가 처음엔 돈을 주니 영문을 몰라 하다가 구글 번역기로 위의 문장을 보여주니 미소와 함께 고개를 숙이며 고맙다고 말하면서 꼭 그들에게 전해주겠다고 합니다. 제가 이란에서 돈을 쓰면서 가장 기분 좋게 돈을 쓴 순간이었습니다.

점심, 저녁을 못 먹어서 뱃가죽이 등가죽에 붙을 것 같습니다. 아니야, 그럴 리 없어. 뻥치지 마! 공항에서 햄버거를 주문하는데 시내보다 세 배 넘게 비싸네요. 우리나라의 괜찮은 수제버거집보다 비싼 가격이에요. '어디 한 놈만 얻어걸려라.' 뭐 이런 마인드로 장사하는 것 같습니다.

비단 이 가게뿐만이 아닙니다. 테헤란 공항은 소득 대비 구매력, 그러니까 PPP의 개념으로 본다면 제가 갔던 그 어떤 공항보다 비쌉니다. 공항에서 바가지로는 이스탄불 공항을 따를 공항이 없는데 여긴 이스탄불 공항 싸대기를 후려치는 수준이에요. 대표적인 예가 물. 출국심사대를 통과하려면 당연히 물을 버려야 하고, 그래서 공항 내에서 물을 마시려면 사 마시는 수밖에 없는데 작은 물 한 통에 18토만을 받습니다. 아무리 바가지가 심한 곳도

Tehran, Iran

물 만큼은 어디든 5토만에 살 수 있었는데 공항은 그 세 배가 넘습니다.

어쨌든 아무리 비싸도 그 비싼 만큼의 가치만 있다면 상관없습니다. 제 기준에 이 세상에서 가장 가성비가 좋은 차 두 대를 꼽으라면 폭스바겐 골프 GTI와 포르쉐 박스터 S입니다. 절대적인 가격으로만 보자면 가성비라는 단어 자체를 꺼낼 수 없는 차지만 가격 대비 그 차가 주는 즐거움은 그 어떤 차들보다도 크기 때문입니다. 하지만 여기의 햄버거는 아니네요.

비행기는 아침 8시 55분 비행기이니 일곱 시간을 터미널에서 버텨야 합니다. 저는 주로 전 세계에서 가장 싼 비즈니스를 타고 다녔고, 그래서 라운지를 이용해서 공항에 갈 때마다 터미널 벤치에서 누워 자는 사람들이 정말 신기했는데 제가 그런 사람이 되었네요. <터미널> 이었나요? 톰 행크스 나왔던 영화. 제가 그 영화 속 톰 행크스가 된 기분입니다. 그 영화에는 캐서린 제타 존스라도 나오지, 너는? 집에서도 깨지 않고 세 시간을 이어 자는 날이 없는 사람인데 눈을 떠보니 새벽 다섯 시가 되어 있습니다. 그만큼 피곤했단 얘기겠죠.

출국장에서 대한민국 여권을 보여주니 딱 하나만 물어보네요.. "이란 어땠어?" 택시 빼고는 모든 게 환상적이었다고 대답하니 이란을 제대로 돌아본 것 같다며 웃네요. 그렇게 이스탄불행 비행기에 오르면서 정든 이란을 떠났습니다. Adios Tehran, Adios Iran!

Istanbul, Türkiye

튀르키예, 이스탄불

4월 29일 여행 26일 차 **문명 세계로의 복귀**

이스탄불 공항에 도착하니 입국대에서 여자 경찰이 시비를 겁니다. 우리나라로서는 상상도 하지 못할 정도로 고압적인 자세로 아무 의미 없는 것까지 따지며 입국 심사만 10분을 넘게 했는데요. 튀르키예는 정말 경찰이 튀르키예의 이미지를 다 까먹는 것 같습니다.

다시 튀르키예 리라가 필요해서 공항에서 환전하는데 와, 공항에서도 사기치는 놈들은 정말 처음 봤습니다. 제가 받아야 할 돈보다 훨씬 적은 돈을 줘서 "야, 난 800을 받아야 하는데 왜 680만 줘?"라고 따지니 그제야 "어? 내가 680만 줬나?"라고 되묻네요. 이스탄불 공항에서는 정말 지하철 타고 호텔까지 갈만한 돈 외에는 절대 환전하지 마세요. 환율도 너무 나쁠 뿐만 아니라 이런 장난을 치는 일이 한두 번이 아닙니다. 하지만 이것도 나중에 알고 보니 사기를 당한 것이었습니다.

어쨌든 탁심 광장에 도착하니 길거리에서 인터넷이 되고, 신용 카드를 쓸 수 있고, 신호등은 물론 무려 횡단보도(!)가 있으며, 택시에 미터기가 있고, 아라비아 숫자가 보이며, 영어로 된 메뉴가 있고, 스타벅스와 버거킹이 있습니다. 우리에겐 그냥 숨 쉬는 것처럼 너무나도 당연한 일인데 이란에 있다가 오니 이 모든 게 신기하게 느껴지며 문명의 세계로 복귀했다는 생각이 드네요. 문명의 세계에 온 기념으로 와퍼 세트 먹습니다. 여기 와퍼도 한국에서 먹는다면 한 입 먹고 쓰레기통으로 버릴 맛이지만 이란 햄버거를 먹다가 와퍼를 먹으니 천상의 맛이네요. 역시 인간은 간사합니다.

생각했던 호스텔로 가니 오늘은 방이 없고 내일부터 잘 수 있다고 해서 오늘은 옆에 있는 호스텔에서 묵기로 했습니다. 그런데 와, 동네 분위기가 살벌하네요. 미칠 듯한 언덕만 아니지 동네 분위기는 딱 이번 여행에서 제가 처음 이스탄불 왔을 때의 그 동네와 똑같습니다. 아니나 다를까, 이 동네는 쿠르드인과 시리아인의 동네이고, 튀르키예인은 다니지 못하는 동네라네요. 한 마디로 할렘.

하지만 뭐, 어차피 동양인도 그들 눈에는 똑같은 이방인일 뿐이고, 이제 이런 동네라고 하더라도 겁날 것 없습니다. 이제 간땡이가 배 밖으로 나왔다는 거지 뭐 혼자서 여기저기 풀 태우는 냄새 자욱한 이란의 뒷골목 밤거리를 활보하던 제가 쿠르드인이라고 겁먹고, 시리아인이라고 쫄겠습니까? 오히려 겁먹은 약한 모습을 보이는 게 그들에게 먹잇감이 될 뿐입니다. 그리고 무엇보다 사람 사는 건 아디나 다 똑같습니다.

지금까지 살면서 저 박사과정 말년 차 때에 들어온 석사과정 중국인 학생을 제외하고는 어딜 가든 정말 웬만하면 중국인과는 말을 섞지 않았는데요. 여기에도 중국인 친구가 하나 있는데 이 친구는 여느 중국인과는 좀 다릅니다.

일단 혼자 호스텔에 왔고 중국인과 한국인을 가장 쉽게 구별하는 방법은 몰려다니냐, 혼자 다니냐입니다. 중국인은 몰려다니고, 한국인은 혼자 다닙니다, 다른 나라 친구와도 아주 잘 어울립니다. 보통 중국인은 중국인들끼리만 말하거든요.

그 친구와 튀니지에서 온 친구가 이 호스텔의 개그 콤비인데 둘의 대화를 들어보니 정말 너무 웃긴 거예요. 너 영어 진짜 잘한다고 말을 걸었더니 자기가 태어나긴 중국에서 태어났는데 러시아와 캐나다에서 유학을 하다 보니 영어가 자연스럽다고 하네요. 어쩐지 행동거지가 여느 중국인과는 달랐습니다.

이 튀니지 친구는 얼굴 한 번 본 이집트 여자에게 돈을 빌려줬는데 그 여자는 이틀째 행방불명으로 연락이 되지 않고, 영어를 못하는 이란 친구는 계속 겉돌고, 그의 여자친구는 보기만 해도 가슴이 웅장해지는(!) 몸매를 훤히 드러내며 야릇한 표정으로 계속 한국에 관해 묻고, 저 중국인 친구는 조증躁症이 아닌가 싶을 정도로 활달하고, 이 이상한 조합에 저까지 이스탄불의 뒷골목을 어슬렁거리며 같이 낄낄거리고, 같이 담배 피우며, 같이 밥을 먹었습니다. 처음 만난 기념으로 제가 밥을 샀는데요. 동네의 싸구려 쿠비데가 110리라, 미화로 5.5불입니다.

이란에서 튀르키예로 넘어오니 많은 게 생경하지만, 그중에서도 가장 적응이 안 되는 게 물가였는데요. 이란에선 골레스탄 궁전 입장료가 650토만13유로 라 비싸다고 투덜댔는데, 이스탄불에선 돌마바흐체 450리라22.5불, 톱카프궁전 500리라25불, 예레바탄 지하저수지 300리라15불 이고, 여기서 와퍼 세트 먹을 돈이면 이란에선 스타터부터 디저트까지 풀세트로 쿠비데 정식을 먹을 수 있습니다. 튀르키예 사람들 살기 힘들겠네요.

전날 테헤란 공항에서 노숙해서 컨디션이 제로라 일찍 잠자리에 들었는데 이렇게 몸이 피곤한데도 쉬이 잠을 이루지 못합니다. 앞으로 어떻게 살 것인가, 무슨 일을 해야 하나, 어떤 순서로 해야 할까 등등 머리 아픈 문제들과 함께 이란에 두고 오고 싶었던 마음의 상처는 얼마나 치유됐나 등등의 감정적인 문제까지 머리 복잡한 일이 너무 많네요.

혼자서는 정말 여행하기 어려운 나라를 한 달 가까이 돌아다녀서인지

외로움을 많이 느낍니다. 그렇게 힘들어도, 그래서 다른 감정이 다 희미해지고, 오직 생존을 위한 여행을 하는데도 외로움은 희미해지지 않네요.

복잡한 생각은 인제 그만! 좋은 일만 생각해야 살 수 있고, 그런 생각 덕분에 이란에서 버틸 수 있었습니다. 한국 들어가면 가장 먼저 여권을 도난당했을 때 도움을 주신 분들의 돈을 갚고 중국집에 가서 소양해삼과 고기 튀김, 공심채 볶음을 주문해서 천진 고량주와 함께 배가 찢어질 때까지 먹고 기절할 겁니다. 생각만 해도 행복하네요.

4월 30일 여행 27일 차 동로마제국에서 '아저씨'가 되다

일요일 아침. 오늘은 이병선 선생님의 조언대로 산타마리아 성당에서 미사를 드리는 것으로 일정을 시작합니다. 동로마제국이었던 이슬람 국가에서 드리는 로마 정교회의 가톨릭 미사는 어떤 의미일까요?

성당 찾아가는데 못 찾아서 헤매다가 다른 성당에 갔다가, 분위기가 좀 아닌 것 같아 안내하는 분에게 물어보니 산타마리아 성당은 아래로 100미터 쯤 가면 있다네요. 성당이 지하에 있는 건 처음 봅니다. 미사 시간 바뀌었는데 이유를 알아보니 신부님 지각해서랍니다. 태어나서 신부가 지각하는 건 처음 봐요.

계단에 앉아 하릴없이 기다리고 있는데 한국인처럼 보이는 사람을 만났습니다. 미사 시간을 기다리면서 커피 마시며 잠깐 이야기를 나눴는데 현대제철 이스탄불 법인의 신훈동 법인장님이네요. 그분도 아직 가족이 오지 않아 집에 가봤자 할 일도 없다기에 같이 미사 드리고, 신 법인장님이 알려주신 동네 맛집에서 같이 밥 먹고, 이 세상에서 가장 아름다운 스타벅스 매장이라고 알려진 베벡의 스타벅스 매장도 가보고, 바로 옆의 카페에서 파리지앵처럼 야외에 테이블을 놓고 커피도 마셨습니다.

베벡의 스타벅스 매장은 평일 아침 일찍 오면 한산해서 정말 좋은데 오늘처럼 일요일에는 사람이 미어터진다고 합니다. 그렇기에 이스탄불 여행 중에 베벡 근처에 숙소를 정하셨다면 여기는 평일 오전에 가볼 만합니다. 바로 눈앞에서 넘실거리는 파도를 보면서 커피를 마시면 스타벅스 아메리카노마저도 향기로울 것 같은 느낌이었습니다. 인스타에 올리면 따봉 100개는 우스울 정도의 분위기 바로 옆의 카페는 그 정도의 뷰는 없지만, 커피 맛은 우리나라의 웬만한 카페에도 빠지지 않을 정도로 괜찮았고요.

커피까지 마시고 이제 뭘 할 거냐 물으셔서 보스포루스 해협의 선셋 유람선이나 탈까 생각 중이라고 했더니 웃으시며 그건 관광객들이 타는 배라며 로컬들처럼 그 경로를 갈 수 있다고 알려주시네요. 한 바퀴를 도는 페리는 없지만 이스탄불의 페리라는 게 우리의 버스와 비슷한 개념이라 개찰구를 나가지 않으면 몇 번이고 갈아탈 수가 있다면서 어디까지 가서 내린 다음 개찰구로 빠져나가지 말고 배를 기다리는 사람들 사이로 들어가 베벡으로 가는 배를 타고 오면 된다고 하시면서 표까지 끊어주셨습니다.

저는 솔직히 외국에서 한국 사람이 말 걸어오면 영어나 일본어 쓰면서 한국 사람 아닌 척합니다. 한국인이라며 다가오는 사람 중에 좋았던 기억이 단 한 번도 없었기에요. 그런데 성당에서 만나니 좀 마음의 벽과 경계를 무너뜨렸나 봅니다. 그분도 제가 신기했겠죠. 이스탄불까지 여행하러 와서 주일 미사를 드리겠다고 한국어 미사 시간에 찾아온 관광객이 흔치는 않았을 테니까요.

좁은 곳은 한강의 이쪽에서 저쪽까지의 거리도 안 되어 보이지만 이 좁은 바다를 경계로 한 쪽은 아시아, 반대쪽은 유럽이 됩니다. 이 좁은 해협 때문에 고대로부터 역사가 이어지는 내내 수없이 문화가 충돌하고, 그 과정에서 수많은 사람이 죽어 나간 비극의 바다이면서 이 바다를 통해 문명이 교차할 수 있었던 그런 바다이기도 하죠. 우리나라도 한강을 중심으로 강남과 강북이 매우 다르지만 여긴 그 정도가 아니라 아예 주택 양식부터 다릅니다. 아시아 사이드는 누가 봐도 아시아이고 유럽 사이드는 누가 봐도 유럽인 그런 동네입니다.

오는 길에 축구팀 경기가 있었는데 홈팀이 이겼는지 아주 난리가 났습니다. 리그 우승이라도 했다가는 롯데 우승한 날 광안리는 우스울 듯한 풍경이 펼쳐졌는데요. 1998년 프랑스가 월드컵에서 처음 우승했을 때 여기 폭동 났다고, 한국 다시 들어가야 할지도 모르겠다며 벌벌 떨면서 전화했던 큰누이가 생각났습니다.

길거리에 이상하리만치 경찰이 많이 깔려 '무슨 일 있나?' 생각하며 호스텔에 돌아와서 원래 자기로 했던 호스텔로 가려고 하니 방이 없다고 합니다. 무슨 말이냐고 물었더니 제가 원래 12시에 오기로 했었는데 안 와서 다른 사람에게 그 방을 줬다고 하네요. "무슨 말이냐? 난 이미 방값을 다 치렀고 그렇다면 그 방은 내방이다."라고 말해도 막무가내로 제가 안 왔으니 제 잘못이라는 말만 앵무새처럼 반복합니다.

이스탄불이 아무리 막장이라도 이 정도는 아니잖아요? 하지만 이놈이 이러는 데에는 이유가 있습니다. 원래 가려고 했던 호스텔이 더 비싼 호스텔이에요. 그래봤자 3~4불 차이지만 이게 3일이 되면 대략 10불 정도의 차액이 발생하니 그걸 먹고 싶어서 이러는 겁니다. 너무 말 같잖은 소리를 해서 한국말로 쌍욕을 퍼부어줬더니 이 자식이 저를 밀칩니다? 키는 저보다 작지만 다부진 흑인이 밀치니 순간 호스텔 안에 정적이 흐릅니다.

여기서 밀리면 끝장이라는 생각에 저도 그 자식을 밀치니 힘없이 나가 떨어지네요? 내가 언제부터 이렇게 힘이 세진 거지??? 친해진 중국인 친구와 튀니지 친구가 조용히 제 옆으로 오더니 "빨리 짐 싸서 나가. 안 그러면 너 죽을 수도 있어."라네요. "레온중국인 친구 이름, 겁나면 너나 나가. 난 오늘만 사는 사람이야." 네가 무슨 원빈이냐? 오늘만 살게? 레온의 걱정대로 이 자식이 친구 몇 놈을 불러와서는 저보고 나오라고 하네요. 나가려고 하니 호스텔 주인이 절대 나가지 말라며 자기가 나갑니다. 나가서 몇 마디 하니 그놈들이 씩씩거리며 사라집니다.

레온이 주인에게 뭐라고 말을 했기에 저놈들이 저렇게 순순히 가냐고 물으니 "경찰 불렀어. 경찰 앞에서 똑같이 얘기해 봐. 그리고 너희들 다 불법

체류자지? 불법체류자가 폭력 사건에 연루되면 추방되거나 교도소 갈 텐데? 쟤는 한국인이라 바로 나올 거고 어차피 쟤야 한국 가면 돼. 이집트랑 시리아로 쫓겨나기 싫으면 조용히 꺼지고, 앞으로 쟤 건드리지 마."

호스텔 주인에게 고맙다고 말하면서도 이것 때문에 튀르키예 인상이 안 좋아졌다고 말하니 호스텔 주인은 "그 흑인 녀석은순화한 표현입니다 튀르키예 사람이 아니라 이란 사람이야. 튀르키예에는 저런 사람 없어."라며 선을 긋네요. 이 말도 거짓말인 게 이란엔 흑인이 없습니다. 튀니지 친구가 이란 친구에게 "너희 나라 왜 그래?"라고 농을 거니 이 친구가 정색하면서 이란 사람이 아니라 이집트 사람이라고 합니다. 아, 이집트 사람이란 말에 모든 의문이 해소됩니다.

제 나이의 딱 반인 중국 친구와 튀니지 친구가 거의 맞먹듯이 까불다가 이 사건 이후로 확실하게 서열 관계가 정리되었네요. 남자는 죽을 때까지 남자야 튀니지 친구가 묻습니다. "한국 남자는 다 그래?" "난 한국에서 고개도 못 들고 땅만 보고 다녀. 그러니 괜히 한국 사람이랑 시비붙지 마."

막 잠들려는 때에 총소리를 들었습니다. 권총도 아니고 소총 소리. 대체 이 나라는 뭔가요?

Tehran, Iran

*   **보스포루스 해협**

전기 기타의 브릿지에는 플로이드 로즈라는 방식의 브릿지가 있습니다. 줄을 양쪽에서 고정하기 때문에 한 번 튜닝 하면 좀처럼 튜닝이 틀어지는 일이 없지만, 브릿지가 공중에 떠 있는 방식이기에 줄 하나의 장력이 바뀌면 모든 줄의 튜닝이 틀어져서 초보자들은 튜닝에만 시간이 넘게 걸리는 방식의 브릿지이기도 하죠. 예를 들어 1번 줄의 장력을 높이면 다른 줄, 특히 반대쪽 끝에 있는 6번 줄의 장력이 바뀌기 때문입니다.

중동 지역의 힘의 역학관계를 보면 마치 플로이드 로즈 브릿지를 보는 듯합니다. 한 나라가 큰 소리를 내면 주변 나라의 목소리가 작아지고, 그렇게 목소리가 작아진 나라 덕분에 힘이 생기는 나라가 있고 등등 우리 상식으로서는 이해하지 못 할 일들의 연속이지만 그들 나름대로는 정말 치열한 머리싸움이 벌어지며 온갖 전략과 전술이 난무하는 곳이 그곳이죠.

그런 그곳에서 남들 눈치 보지 않고 자기 목소리를 내는 나라가 몇 있습니다. 이란, 이스라엘, 튀르키예 정도, 그리고 무함마드 빈 살만 집권 이후의 사우디아라비아 정도가 그런 나라인데요. 이란이야 사우디아라비아 정도는 석기시대로 돌릴 수 있을 정도의 재래식 미사일을 가지고 있고, 이스라엘이야 뒤에 미국이 있으니 그렇다 쳐도 튀르키예는 대체 뭘 믿고 저러는 걸까요?

실제로 튀르키예는 스웨덴과 핀란드의 나토 가입을 방해하고, 아르메니아-아제르바이잔 전쟁에서 아제르바이잔을 지지하고, 그리스와 영해 분쟁을 벌이고, 시리아 쿠르디스탄 지역을 침공했음에도 불구하고 미국은 그 어떤 액션도 취하지 않고 그저 못 본 척만 하고 있습니다. 세계의 경찰을 자처하는 미국이 왜 질풍노도의 시기를 겪는 중학교 2학년 같은 행동을 하는 튀르키예를 가만히 놔둘까요?

바로 이 보스포루스 해협 때문입니다. 만약 튀르키예가 저 보스포루스 해협을 막아버리면 어떤 일이 벌어질까요? 지도에서도 확인할 수 있듯이 흑해 연안의 국가, 이를테면 루마니아, 우크라이나, 조지아는 내륙국이 되고, 러시아는 전략적 요충지의 부동항을 잃게 됩니다. 만약 튀르키예가 러시아와 손을 잡는다면? 유서 깊은 러시아 해군 부대 중 하나인 흑해 함대에 날개를 달아주는 꼴이 되죠.

튀르키예가 러시아보다 미국과 우호 관계를 유지하고 있는 이유도 여기에 있습니다. 2차 세계대전 이후 보스포루스 해협이 탐났던 소련이 계속 튀르키예를 도발하고 자극하며 분쟁을 벌이자 미국 편으로 붙었던 거죠. 그 결과 흑해 함대는 손발이 묶이게 되었고, 순양함 이상의 군함을 가질 수 없게 되었습니다. 관광객에겐 그저 아시아와 유럽을 나누는 해협 정도로만 생각할 수 있는 곳이지만 이런 엄청난 배경을 가진 지역이 바로 보스포루스 해협인 거죠.

5월 1일 여행 28일 차 **환상의 콤비**

　아침에 산책하다가 그 이집트 흑인을 만났습니다. 마치 아무 일 없었다는 듯이 대하네요. 그 호스텔에서 잘 마음이 싹 사라져 지금 있는 호스텔에 있겠다는데도 100리라 더 내놓으라고 합니다. 난 이미 방값을 다 치렀고 하루 방값이 200리라라 더 줄 수 없다, 오히려 내가 받아야 한다고 했더니 오늘은 휴일이라 250리라이고, 택스가 50리라라 100리라를 더 내야 한다고 하네요. 갑자기 등장한 세금은 뭐고, 세상에 250리라에 택스가 50리라 붙는 방이 어딨습니까? 상식적으로 말이 안 되잖아요?

　어이가 없어서 지금 호스텔을 관리하는 이란 친구를 쳐다보니 저 이집트 놈 말이 맞다고 합니다. 이 친구도 이렇게 말하는 이유가 있는데요. 사실 이 친구는 튀르키예에 관광으로 왔다가 돈이 없어서 호스텔에서 일하며 로비 소파에서 잠을 자는 친구입니다. 이 친구 역시 불법체류자라는 말이죠. 저야 내일이면 이곳을 떠날 사람이지만 만약 제 편을 드는 데 앙심을 품고 이집트 놈이 이 친구를 신고하면 이 친구는 이란으로 끌려가야 하고, 이렇게 불법체류를 하다가 이란으로 끌려가면 어떻게 될지 아무도 모릅니다. 재수 없게 꼬이면 목숨이 왔다 갔다 하는 문제예요. 더구나 100리라면 5불, 외국인 물가가 적용되는 제겐 햄버거 세트도 하나 못 사 먹을 돈이지만 돈이 없어 로비의 소파에서 잠을 자는 이 친구들에겐 결코 적은 돈이 아닙니다.

　현지에 사는 교포나 주재원들이 하는 말이 있는데요. 튀르키예는 같이 일하기 정말 힘든 나라라고 합니다. 그 튀르키예 사람들조차 고개를 젓는 게 이란 사람이라죠. 그 이란 사람들조차 상종 못할 인간이라고 말하는 게 이집트 사람이랍니다. 그 이집트와 이란의 콤비에 어떻게 버티겠습니까? 이건 세계 대회 72회 우승이라는 전대미문의 금자탑을 쌓은 박주봉-정명희 콤비나 이에리사-정현숙, 현정화-양영자, 마이클 조던-스카티 피펜, 샤킬 오닐-앤퍼

Tehran, Iran

322

니 하더웨이도 울고 갈 콤비예요. 여기에 이길 수 있는 사람은 없습니다. "옛다 먹어라." 하며 100리라를 뿌려주니 거지처럼 줍네요. 이렇게 그 환상의 콤비에게 5불이나 뜯겼습니다. 50만 불이나 5만 불도 아니고 꼴랑 5불을 사기치는 데 그 정성을 쏟다니, 역시 사자는 토끼를 잡을 때도 최선을 다한다는 게 이런 건가요?

탁심 광장에 갔는데 길을 막아놨습니다. 탁심 광장 전체를 봉쇄했는데요. 단지 광장을 봉쇄했다는 걸로 끝나는 게 아니라 도심 한복판에 장갑차와 완전무장한 경찰, 심지어 탄창까지 결착했고, 그 외에도 예비 탄창을 가지고 있으며, 하늘에는 쉴 새 없이 헬리콥터와 전투기까지 날아다니고 있습니다. 교민들에게는 오늘 밖에 다니지 말라는 공문이 전달되었다고 하고요.

작년에 탁심 광장에서 대규모 자살 폭탄 테러가 있었고, 노동절을 맞아 극렬한 시위가 있었으며, 대통령 선거가 얼마 남지 않은 시점에서 흉흉한 소문작년의 자살 폭탄 테러는 현 정부의 지지율을 올리기 위한 자작극이었다는 소문이 있습니다 이 돌았고, 올해에도 그런 일이 있지 말란 법이 없기에 이러는 게 아닌가 싶네요.

이병선 선생님과의 약속을 지키기 위해 걸어 걸어 언덕을 넘고 힘겹게 돌마바흐체 궁전에 갔더니 문 닫았습니다. 아 냥반, 사실은 나 괴롭히는 재미에 사는 거 아닐까? 버스 타고 예레바탄 사라이로 가는데 구글이 잘못 알려줘서 한참을 헤맸습니다. 그냥 블루 모스크로 가면 될 것을. 구글 너 마저!

어쨌든 예레바탄 사라이는 이스탄불에서 본 곳 중에 가장 인상에 남는 곳이었습니다. 실제로도 블루 모스크, 아야 소피아, 예레바탄 사라이가 다 몰려 있는데 블루 모스크와 아야 소피아는 입장료가 없음에도 불구하고 입장료가 비싼 예레바탄 사라이에 늘 가장 긴 줄이 서 있을 정도로 이스탄불에서 인기가 많은 장소이고요.

영화 <벤허>를 찍었다는 곳이 있다던데 직접 가보니 그냥 술탄 아흐메트 광장이었고, 바로 앞에 있는 블루 모스크는 오늘 외국인 입장 금지입니다. 오늘 여기저기서 계속 삐걱거리네요.

어쨌든 민생고를 해결하기 위해 식당을 찾았는데 밥값이 어마어마합니다. 우리로 치면 김밥헤븐의 순두부찌개 정도 될 것 같은 레벨의 쿠비데가 500리라, 25불이에요. 심지어 맥도날드의 빅맥 세트조차 8.5불 정도 합니다. 저는 케첩 하나 더 달라는데 안 된다고 하는 맥도날드 매장은 태어나서 처음 봤습니다. 정말 배가 고파서 쓰러질 것 같지 않다면 아야 소피아나 블루 모스크 근처에선 식사하지 마세요. 심지어 사설 환전소의 환율도 안 좋습니다.

어제 축구 때문에 돌아오는데 너무 고생해서 오늘은 메트로를 탔는데 탁심 광장 주변으로 전철역 세 개를 봉쇄했다는 안내 방송이 나왔습니다. 쉽게 말해 강남역에 가려면 논현역에서 내려 걸어가란 말이죠. 강남역에서 논현역이야 사실 거리도 얼마 안 되고, 다 평지라서 걷는 게 뭐가 문제겠냐마는 이스탄불 메트로의 한 정거장은 우리나라와는 달리 내방역에서 고속터미널역까지의 거리만큼이나 멀고 더 큰 문제는 우리나라 같은 평지가 아니라 성북동이나 평창동 부럽지 않은 언덕길이 많기에 정말 죽을 것 같습니다. 그런 언덕길을 오르락내리락하며 5.5km를 걸어가야 합니다. 당연히 버스는 서지 않고 택시도 길이 막혀 가지 못합니다. 오직 걷는 수밖에 없습니다.

제가 정말 놀란 건 바로 이 대목인데요. 적어도 제가 봤던 튀르키예 사람들은 우리나라 사람 부럽지 않은, 아니 더하면 더했지 결코 덜하지 않은 다혈질들인데 단 한 명도 불평하거나 불만을 표시하지 않고 묵묵히 걸어갑니다. 이런 일이 너무 익숙해서일까요? 아니면 이 정도 일에 불만을 표시했다가는 어디에 끌려가기 때문에 그런 것일까요?

하지만 이것보다 더 큰 문제가 발생했습니다. 휴대폰 배터리가 거의 없어요. 구글 맵을 못 쓰고, 그렇기에 호스텔이 있는 동네를 못 찾는다는 뜻이죠.

탁심 광장까지만 가면 찾아갈 수 있으니 문제 될 것 없지만 탁심 광장까지 가는 게 퇴계 선생 과거 보러 한양 가는 길만큼이나 멀게 느껴지고, 구글 맵이 없기에 "이 산이 아닌가벼?" 하며 돌아갈 수도 있다는 문제가 있다는 겁니다.

메트로에서 같이 내린 사람을 따라 걷는데 언덕에서 너무 힘들어하니까 같이 걷던 사람이 가는 길을 알려주며 이 길 따라 쭉 걷기만 하면 된다고 합니다. 문제는 그 길조차 경찰이 봉쇄한 길이라는 거죠. 근데 웃기는 게 봉쇄했으면 아무도 안 다녀야 하는데 몇몇은 그 길을 따라 걸어 다니고 있습니다. 그러니까 만만한 무지렁이나 못 다니게 한다고 생각할 수밖에 없는 거죠.

저는 이 길 외에는 다른 대안이 없습니다. 어떻게든 이 길로 들어가야 합니다. 경찰 중에 가장 어려 보이는 친구를 불러 사정 이야기를 했습니다. "형이 한국 사람이고, 숙소가 탁심 광장 근처인데 거기까지 가는 길을 몰라. 너야 이스탄불에 살 테니 잘 알 테지만 형은 이 동네 지리를 모르잖니? 더구나 형 전화기가 배터리가 없어서 지금 길도 못 찾아. 얘기 들어보니 이쪽으로 쭉 가면 된다고 하던데 형이 좀 지나갈 수 있을까?"

이 친구가 자기가 감당할 수 없었는지 다른 사람을 부릅니다. 여권을 보여주고, 숙소 위치를 알려주고, 가방 수색, 몸수색 끝에 탁심 거리로 들어갈 수 있었습니다. 그 거리가 우리로 치면 명동 같은 거리인데 그런 거리에 사람이 없는 게 생경하게 느껴지네요. 어쨌든 그렇게 산 넘고 물 건너 숙소에 도착했습니다. 이걸로 튀르키예에서의 일정도 끝입니다. ~~내가 이놈의 나라에 다시 오면 한지훈이 아니라 개지훈이다!~~

그동안 재밌게 같이 지내준 것에 대한 고마움의 표시로 밤에 중국인 친구와 튀니지 친구에게 밥을 사주니 중국인 친구가 여기 호스텔은 나가는 사람을 위해 맥주를 마시는 전통이 있다며 나가서 맥주 한 잔씩만 하자고 합니다. 하여튼 술 마실 핑계는 어쩜 그리들 잘 찾는지.

해가 지니 봉쇄됐던 길도 다시 열렸네요. 맥주 한 잔 마시고 돌아가려는데 중국인 친구가 좋은데 구경 가지 않겠냐고 하고, 그 말을 들은 튀니지 친구가 좋아 죽네요. 저는 그런 데에 관심 없다고 해도 젊은 친구들이라 그런지 가자고 계속 졸라서 구경이야, 구경! 그럼 너희만 갔다 오라고 하고 저는 호스텔에 들어왔습니다. 그 젊음이 부럽긴 하지만 병 걸린다. 가지 마라!

이걸로 진짜 튀르키예에서의 일정이 끝났습니다.

5월 2일 여행 29일 차 The last day in Türkiye

비행기는 내일 오후 4시 25분 비행기이기에 오늘 하루 더 이스탄불에서 관광해도 문제될 건 없습니다. 하지만 이스탄불에서 볼만한 건 다 봤고, 무엇보다 체력이 완전히 방전되어서 어딜 다니거나 하고 싶지 않습니다. 오늘은 조용하고 깨끗한 호텔에서 푹 쉬다가 내일 비행기를 타고 싶습니다.

이 이야기를 한국의 컨트롤 타워인 이병선 선생님께 드렸더니 자기도 그렇게 생각하셨다며 오늘은 선물로 공항 근처의 힐튼 호텔을 예약하시겠다며 거기서 편히 지내다 오라고 말씀하십니다. 역시 선의 화신! 지금 체면 차리고 어쩌고 할 형편도 아니고, 그럴 기운도 없고, 그분과 저 사이에 그 정도 돈을 누가 내느냐 뭐 이런 걸로 감정 상하고 그럴 사이는 아니기에 "감사합니다!" 하고 그 호텔을 찾아 나서기 시작했죠.

지금 있는 곳에서 대충 33km 정도 되네요. 이란 같으면 당연히 스냅을 타고 갈 거리지만 이스탄불은 지하철도 있고, 버스도 탈 수 있고, 빨리 간다고 밥 차려놓고 기다리고 있는 마누라가 있는 것도 아니고, 어쨌든 마지막이기에 조금이라도 이 거리를 눈에 담아 두고 싶어 버스를 타고 가겠다고 마음

먹었습니다. 물론 이스탄불의 황당한 택시 요금도 한 이유였고요.

두 번만 이스탄불 시내의 풍경을 눈에 담았다가는 비행기 못 탈 뻔했습니다. 꼴랑 33km 가는데 버스 기다리고, 갈아타고, 또 기다리고, 그러다 잘못 타고, 그래서 돌아가고 하다 보니 세 시간이 넘게 걸렸네요. 그러다 이스탄불 지박령 되겠다 하지만 더 큰 문제는 '내가 찾아온 데가 힐튼 맞나?' 싶게 모든 게 너무 엉성합니다.

일단 힐튼, 그것도 공항 가까이에 있는 힐튼에서 컨시어지 중에 영어를 못하는 사람이 있다는 것 자체가 당황스러운데, 그러니 자동응답기처럼 자기 할 말만 반복하고, 호텔 이름에 Airport를 붙인 호텔이 공항 가는 셔틀은 커녕 리셉션에서 객실까지 짐 옮겨주는 직원도 없고, 심지어 손님이 부른 택시를 다른 손님을 태워 보내놓고는 택시 타러 내려온 손님에게 택시가 없다고 말하는 것을 봤습니다. 그 말을 들은 미국인은 저를 보고 어찌 된 일이냐고 물었고, 제가 본 걸 이야기해줬더니 황당함에 화도 못 내고 나가네요. 저도 적지 않은 나라를 다녔고, 적지 않게 힐튼에서 잤지만 이렇게 황당한 힐튼은 처음 봅니다. 패리스, 요즘 돈 좀 번다고 일 안하나 보지?

어쨌든 짐을 풀고 뭐라도 먹으려고 나왔습니다. 그런데 호텔 앞이 휑합니다. 여긴 차 없인 와선 안 될 호텔이네요. 다시 차를 타고 나가기도 그래서 주변을 살펴보니 식당처럼 보이는 곳과 구멍가게가 하나 있습니다. 선택의 여지가 없어 식당에 들어가니 오, 겉에서 보는 것과는 달리 좀 제대로 된 식당처럼 보입니다.

쿠비데를 주문하고 먹는데 샐러드가 쿠비데 주문하면 기본으로 포함되어 나오는 샐러드이기엔 너무 내용물이 충실하고 양도 많습니다. 바로 감이 오네요. 일부러 보란 듯이 그 샐러드는 테이블에서 멀리 떨어뜨려 놓고 밥을 먹기 시작했습니다.

아니나 다를까, 그 샐러드는 쿠비데 메뉴에 들어있는 샐러드가 아니라 단품 주문을 하는 샐러드였고, 당연하다는 듯이 계산서에 샐러드 항목이 있었습니다. 튀르키예에선 흔하디흔한, 하지만 튀르키예에 처음 간 사람이라면 멋도 모르고 "이 사람들 친절하네." 말하다가 덤터기 쓰는 그런 수법이죠.

계산하면서 "난 저걸 주문한 적이 없고, 그렇기에 다른 테이블에 가야 할 게 내 테이블로 온 것 같아 저렇게 빼놓고 먹었다. 너희들이 잘못 갖다 놓은 걸 내가 계산할 이유는 없는 것 같다."라고 말하고 제가 먹은 것만 계산하니 꿀 먹은 벙어리가 됩니다.

부끄러움을 모르는 건지, 아니면 낯짝이 두꺼운 건지, 이도 저도 아니면 그냥 이런 일이 일상이라 이런 일이 잘못된 건지 모르는 건지 팁을 좀 줄 생각은 없냐고 묻습니다. "너 같으면 네가 주문하지도 않은 걸 돈 내라고 하는 사람에게 팁을 주고 싶겠니? 그리고 네가 팁을 받을 만한 서비스를 제공했다고 생각해?"라고 말하고는 그냥 나왔습니다. 이거 튀르키예에선 매우 흔한 일이에요. 음식 주문할 때는 꼭 주문서에 적힌 항목을 체크해야 합니다.

원래의 계획은 호텔 근처나 호텔 안에서 룸서비스로 편히 밥 먹고, 설렁설렁 주변 구경이나 하다가 호텔에서 운영하는 셔틀버스 타고 편하게 공항에 가는 것이었는데, 그렇기에 여기 하루 숙박비가 전날 잤던 호스텔 보름치에 가까운 호텔에 들어왔는데, 당장 오늘 저녁은 굶게 생겼고 내일 공항에 갈 때는 길거리에서 택시를 잡아야 합니다. 근처에 공항 가는 버스가 있긴 하지만 45분마다 한 대씩 온다는데 튀르키예는 우리나라와 달리 버스 시간이 정확하지 않아서 한 시간이고, 두 시간이고 기다릴 수도 있기에 그 버스 기다렸다가는 비행기 못 탈 수도 있어서 택시 타야 합니다. 이럴 거면 왜 그 돈 주고 여기서 자는 거야? 마지막까지 쉽게 가는 게 없네요.

Tehran, Iran

*   튀르키예의 사기 수법

앞에서 말한 것처럼 주문하지 않은 음식을 내놓고 값을 청구하는 건 정말 고전 중의 고전입니다. 어버버하다가 당할 수도 있겠지만 저처럼 조금만 신경 쓰면 이런 수법에 당할 사람은 이제는 흔치 않을 겁니다.

요즘 유행한다는 대표적인 튀르키예의 사기 수법 중의 하나는 친한 척 다가와 말을 걸면서 예쁜 여자가 있는 곳에서 술을 마시자고 하고, 그래서 술 마시러 가면 엄청난 바가지를 씌우는 겁니다. 그 술값은 무려 500불 정도부터 2,000불 정도까지 다양하다는데요. 이건 앞에서 말한 것과는 달리 어쨌든 먹긴 먹은 거니 무조건 돈을 내야 합니다. 더구나 셔터 내리고 바운서들이 협박하는데 안 낼 재간이 있습니까? 경찰을 부르고, 총영사관에 연락해도 소용없습니다. 어차피 튀르키예 경찰 자체가 믿을 수 없고, 어쨌든 먹은 건 먹은 거니까요.

이 이외에 제가 당했던 숙소 사기도 있고, 휴대폰 유심으로 사기를 치기도 합니다. 유심 사기는 어떻게 치냐면 한 달짜리 유심이라고 샀는데 일주일 쓰니 유효기간이 만료되었다거나 하는 일이죠. 저처럼 공항에서 환전 사기를 당하는 경우도 있습니다. 이 이외에도 일반 가게에서 달러나 유로를 내면 말도 안 되는 환율, 예를 들어 1불이 20리라인데 1불을 10리라, 심지어는 5리라로 생각하고 돈을 받는다거나 하는 일은 정말 흔하디흔한 일입니다. 그렇다면 이런 문제는 어떻게 대처해야 할까요?

첫째로, 어딜 가든 친한 척하며 다가오는 사람에게 절대 대꾸하지 마세요. 특히 비영어권 국가에서 친한 척하면서 먼저 다가온 사람이 영어를 잘한다면 100% 사기꾼입니다. 평범한 튀르키예 사람은 영어 잘 못해요. 간혹 자기도 관광객이라며 다가오는 사람이 있는데 관광객인지 로컬인지는 옷차림만 봐도 알고, 어떻게 관광객이 그 동네 로컬처럼 술집을 찾아갑니까? 절대 엮이지 마세요. 뭐 <오징어게임> 좋아하네, BTS 좋아하네, 그런 말로 환심을 사려 해도 못 들은 척하세요.

둘째로, 뭘 주문하든 주문서를 잘 확인하고, 뭘 사든 그걸 파는 집 세 군데는 돌아다니며 가격을 확인하고 사세요. 구글 맵의 평점도 꼭 확인하시고요.

마지막으로 이 세상에 싸고 좋은 건 없습니다. 유심을 파는 사람이 저를 언제 봤다고 제게 반값에 유심을 줍니까? 싼 데는 다 싼 이유가 있는 겁니다. 그렇기에 유심 같은 건 비싸더라도 공항이나 대형 쇼핑센터에서 구매하시길 권합니다. 공항에서 환전은 시내로 들어갈 차비만큼만 하시고요. 이 정도만 숙지해도 튀르키예에서 사기당해 돈 잃고 감정 상하는 일은 없을 겁니다.

5월 3일 여행 30일 차 다시 튀니스로?

이스탄불에서 두바이를 거쳐 인천 공항으로 들어오는 길은 에미레이트 항공을 이용하기 때문에 에어버스 A380을 탑니다. 지구상에서 가장 큰 여객기이고, 그렇기에 상대적으로 공간이 조금 넓어 다른 비행기보다 편합니다. 게다가 이스탄불에서 두바이까지 가는 길에서는 공항 데스크 직원이 영어를 잘하는 직원이라서 상대적으로 좋은 자리에 앉았습니다.

그렇다면 이코노미 클래스에서 좋은 자리는 어떤 자리일까요? 엑싯 로? 물론 엑싯 로도 좋은 자리지만 그보다 더 좋은 자리는 양 옆자리가 빈자리입니다. 다행히도 제가 탈 비행기는 이상하리만치 탑승객이 적고, 사람들은 보통 앞쪽 자리를 선호하기에 저는 뒤쪽의 복도쪽 좌석을 부탁했고, 될 수 있으면 옆에 사람이 없으면 좋겠다고 하니 무슨 말인지 알겠다며 일단 빈 줄에 자리를 잡았지만 옆에 사람이 더 앉을지 안 앉을지는 신만이 아신다네요. 인샬라.

그렇게 항공사 지상 근무자와 10분 가까이 수다를 떨며 좌석 배정이 끝났고, 여자 예뻤구나? 신의 뜻대로 3열 좌석에 혼자 앉게 되어 이스탄불에서 산 애드빌 PM을 먹고 누워서 갈 수 있었습니다. 기내식? 그딴 거 필요 없습니다. 지금 상황에선 편히 가는 게 그 무엇보다 중요하니까요. 경제적인 관점에서 돌아봐도 기내식 비용보다는 좌석 비용이 훨씬 더 비싸고요.

어쨌든 그렇게 두바이까지는 편하게 자면서 왔는데 두바이에서 헬게이트가 열렸습니다. 그 큰 A380을 모두 한국 사람으로 채울 만큼 한국 사람이 많았고, 더 큰 문제는 할머니 할아버지들의 단체 관광이 주를 이루었다는 거죠.

공항 대합실에서 이불 깔고 누워 자는 건 기본이고, 온 공항이 떠나가도록 시끄럽게 떠들고, 계속 왔다 갔다 하며 사람을 건드리는데 그 누구도 사과하지 않고, 왜 그렇게 공항과 비행기에선 깨끗한 척을 하시는지 화장실 갔다가 손도 안 씻고 나오는 사람이 공항에서 양치질을 한다며 칫솔을 물고 다니고 등등 아비규환도 이런 아비규환이 없었습니다. 진짜 혼돈의 카오스? 대환장파티? 중국인 단체관광객이 있는 곳이 아니라 제가 있는 바로 여기가 그곳입니다.

하도 사람을 건드리면서 깨우고 해서 참고 참다가 나중에는 결국 영어로 화를 내니 그제야 주변 분위기가 싸해지며 잠시 조용해졌습니다. 아마도 그 할아버지들은 제가 일본인이나 미국인인 줄 알았을 겁니다.

도저히 이분들과는 같은 비행기를 타고 아홉 시간을 날아갈 자신이 없어 공항에서 급하게 튀니스로 가는 항공편을 알아봤지만, 너무 오래 기다려야 하고, 라바트나 탕헤르는 아예 당일 비행편이 없어서 어쩔 수 없이 애드빌 PM을 용량 이상으로 먹었습니다. 지금 제가 바라는 건 단 하나, 빨리 잠이 오는 것뿐입니다.

아니나 다를까, 비행기 안에서도 난리가 아니었습니다. 그깟 안대가 뭐라고 그거 하나 더 달라고 떼쓰는 할머니들부터 블랭킷 훔치려다 걸려서 망신당하는 사람들, 개도 안 먹을 것 같은 기내식 하나 더 달라고 떼쓰는 할머니, 식사 시간마저도 시트를 세우지 않아 욕이 나오게 만든 사람까지 지금 생각해도 끔찍한 기억입니다.

어쨌든 그 혼돈의 카오스에서 쿨하게 밥은 먹지 않고 잠만 자면서 한국에 들어왔습니다. 옆자리의 점잖으신 한국인 노부부가 식사 후 화장실에 가고 싶었는지 계속 안절부절하다가 승무원을 불러 화장실 가고 싶다는 말을 전해달라 했고 "그럴 땐 그냥 편하게 말씀하세요."라는 내 한국말에 황당한 표정을 짓고는 화장실에 다녀왔습니다.

저는 우리나라가 사람들의 의식 수준이나 매너가 일본인까지는 아니더

라도 중국인과는 다른 줄 알았는데, 제 큰 착각이었습니다. 배기지 클레임에서 가방을 들지 못해 쩔쩔매는 일본인 아줌마의 가방을 빼주니 계속 고개를 숙이며 고맙다고 말하는 일본인 관광객에게 "いいえ。楽しい旅行になってください。아니요. 즐거운 여행 되십시오."로 대답하는 정도까지는 아니더라도 제발 기본적인 매너는 지켰으면 좋겠네요.

어쨌든 그렇게 무사히 대한민국에 도착했고, 단골 중국집에서 크림새우와 덴뿌라고기튀김, 잡탕에 고량주로 배를 채운 다음 18시간을 잤습니다. 몸속의 소화기관이 어디에 붙어있는지 알려주는 고량주와 그런 속을 달래주는 짬뽕 국물이 뱃속에 들어가니 그제야 한국에 들어온 실감이 나네요.

이렇게 한 달간의 여행은 끝이 났습니다.

* **이병선 선생님**

처음 이병선 선생님을 뵌 건 태안에서였습니다. 고개를 꾸벅하며 "안녕하세요, 네버님." 하고 들어오셨는데 난리 난 개념이와 까뮈를 보고 "아, 네가 개념이, 네가 까뮈구나." 하시며 강아지들과도 인사를 하시는 걸 보고 바로 제 글을 오래 읽은 분이라는 걸 알았죠.

이 분이 제가 있던 곳의 보건의료원 소아 청소년과 과장으로 오셨던 데에는 저도 모르게 제가 깊숙하게 관여되었는데요. 사모님과 함께 개원의 생활을 하시다가 개원의 생활을 접고 페이 닥터를 하시겠다며 공고가 나온 곳을 찾아보시다가 제가 있던 곳의 보건의료원에 채용 공고가 올라온 걸 보시고 '어? 여기 네버님 있는데 아니야? 그럼 여기로 가야겠네.'라며 이쪽으로 오신 거랍니다.

이 분의 성품을 잘 알 수 있는 일화가 하나 있는데요. 개념이와 까뮈가 한때 금단의 간식인 붕어싸만코 맛을 알고 나서 붕어싸만코만 보면 정신줄을 놓았었고, 나중에는 '까만색 비니루 봉다리'만 봐도 안에 붕어싸만코가 들어있는 줄 알고 난리가 났었습니다. 모르는 사람에겐 30초에서 1분 정도 짖는 개념이와 까뮈가 짖지 않게 하는 치트키가 바로 붕어싸만코였던 거죠.

그날도 개념이와 까뮈의 환심을 사기 위해 붕어싸만코를 한 봉다리 사 가지고 오신 이병선

Tehran, Iran

332

선생님. 하지만 까뮈에게 이병선 선생님의 새 패딩 점퍼는 안 보이고 붕어싸만코가 들어있는 까만 봉다리만 보였나 봅니다. 이 녀석이 이병선 선생님의 봉다리를 향해 부웅 날았는데 문제는 까뮈가 31kg 정도의 대형견이었고, 까뮈의 발톱이 이병선 선생님의 새 패딩을 긁었는지 <웰컴 투 동막골>에서 팝콘 튀기는 장면처럼 이병선 선생님의 패딩에서 거위털이 튀어나오기 시작했죠. 저와 이병선 선생님, 심지어 개념이와 까뮈까지 모두 얼음이 된 상황. 진짜 큰 문제라면 그 팝콘 튀기듯 터져 나간 패딩이 평소에 매우 검소하신 이병선 선생님이 이렇게 비싼 패딩도 입나? 싶은 생각이 들 정도로 고가의 패딩이었던 겁니다.

순간 머릿속을 빠르게 스쳐 지나간 생각은 '아, 잣됐구나.'였는데 그 순간 정적을 깨는 이병선 선생님의 웃음소리가 들렸습니다. "까뮈야, 이게 그렇게 먹고 싶었어?"라며 소아청소년과 선생님 특유의 부드럽고 인자한 목소리로 개념이와 까뮈에게 간식을 나눠주시며 옷은 신경 쓸 거 없으니 걱정하지 말라시네요. '아, 이 냥반은 착한 척을 하는 사람이 아니라 정말로 착한 사람이구나.' 싶었습니다. 그날 이후로 저는 이병선 선생님을 '선의 화신'이라고 부르기 시작했죠.

이 분과 이야기하다 보면 '아, 이 이야기는 남에게는 하지 않는 이야기겠구나.' 싶은 이야기를 하실 때가 가끔 있습니다. 저도 그 누구에게도 하지 못할 이야기도 이분에게는 합니다. 그러면서도 서로 존댓말을 씁니다. 적당한 거리가 실수를 줄이고 관계를 오래 유지하는 데에 도움이 된다는 걸 알기 때문이죠.

새로 알게 된 맛집이 있으면 이병선 선생님을 모시고 가고, 새로 읽은 책이 괜찮다고 느껴지면 이병선 선생님께 한 부 보냅니다. 어머니 치매 때문에 고생할 때도 정말 많은 도움을 주셨고, 이란 여행의 여파인지 허리 수술할 때도 계속 신경 써주신 분이 이병선 선생님입니다. 유튜브에 출연하게 됐을 때도 가장 먼저 필요한 물건들을 보내 주신 분이시고요. 서로 마음이 통했기에 가능한 일이었겠죠.

제가 마음을 터놓고 이야기하는, 정말 그 누구 앞에서도 '친구'라고 말할 수 있는 사람은 딱 한 명, 이병선 선생님입니다.

A Night in Persia

초판 1쇄 발행 2024년 4월 29일

지은이 한지훈

펴낸곳 스테레오마인드
펴낸이 한지훈 nevermindcaf@naver.com
편집인 한지훈
디자인 아트퍼블리케이션 디자인 고흐

출판등록 2016년 11월 23일 제2016-000002호
주소 (32130) 충청남도 태안군 근흥면 용도로 2
전자우편 nevermindcaf@naver.com
인스타그램 @jihoon_stereomindbooks
페이스북 @nevermindbyjihoon

ISBN 979-11-959743-1-3 (03670)
값 20,000원

ⓒ Jihoon Han, 2024
이 책의 내용을 무단 복제하는 것은 저작권법에 의해 금지되어 있습니다.